现代城市群演化与公共服务体系构建

李　磊　著

本书系国家自然科学基金面上项目“城市群文体公共设施资源优化配置研究”（71874120）、“城市公共服务数据资源优化与合作生产研究”（72174139）和天津市自然科学学术著作出版资助项目（KXZZ2020-02）的阶段性成果。

科学出版社
北　京

内 容 简 介

随着我国培育世界级城市群、促进区域协调发展及参与国际竞争合作的需要，构建现代城市群公共服务体系尤为重要。本书重点从现代城市群演化机理及现代城市群公共服务供给两方面入手，一方面分析现代城市群形成的基本条件与动力发展机制，描绘城市群不同阶段的分布特征以及国内外典型城市群的演化过程；另一方面探讨城市群公共服务（文体、教育、医养结合、环境保护）协同发展的政策依据，分析国内外公共服务协同发展的案例，提出提高城市群公共服务治理能力的发展路径，创新性提出从善治角度区分政府组织间及政府与其他组织间两种不同的协同供给机制。最后，在大数据时代“智慧型”城市群的发展趋势下，分析现代城市群公共服务发展的思维逻辑和行动框架，提出促进我国公共服务治理的政策建议。

本书适用于公共管理、政治学、城市区域规划、城市经济发展等相关专业科研人员及高等院校师生，规划建设、发展改革等政府部门或研究院所等相关人员阅读参考。

图书在版编目（CIP）数据

现代城市群演化与公共服务体系构建/李磊著. —北京：科学出版社，2022.3

ISBN 978-7-03-068596-4

Ⅰ. ①现… Ⅱ. ①李… Ⅲ. ①城市群–发展–研究–中国 ②城市–公共服务–研究–中国 Ⅳ. ①F299.21 ②D699.3

中国版本图书馆 CIP 数据核字（2021）第 064837 号

责任编辑：王丹妮 / 责任校对：宁辉彩
责任印制：张 伟 / 封面设计：无极书装

科学出版社 出版
北京东黄城根北街 16 号
邮政编码：100717
http://www.sciencep.com
北京凌奇印刷有限责任公司 印刷
科学出版社发行 各地新华书店经销
*
2022 年 3 月第 一 版 开本：720×1000 1/16
2022 年 9 月第二次印刷 印张：13 1/2
字数：267 000
定价：138.00 元
（如有印装质量问题，我社负责调换）

作 者 简 介

李磊，男，教授、博士生导师，兼任教育部高等院校管理科学与工程类专业教学指导委员会保密管理专业分委会委员、中国医学救援协会救援防护分会副会长、中国行政区域与区域发展促进会政区经济专委会委员、中国民族建筑研究会宜居城市与城乡治理专业委员会专家委员、天津市行政决策咨询服务专家库专家、天津市行政管理学会理事等职务，长期从事城市可持续发展、城市群治理创新、城市应急管理等方面的研究工作。主持并完成多项纵向课题，包括国家自然科学基金 6 项、其他省部级项目二十余项。近年以第一作者（通讯作者）在国内外高水平期刊发表论文五十余篇，研究成果被多位国内外知名学者引证。

序

党的十九大以来，以习近平同志为核心的党中央把城市群发展和公共服务建设摆到国家治理的突出位置。2019 年 10 月，《中共中央关于坚持和完善中国特色社会主义制度 推进国家治理体系和治理能力现代化若干重大问题的决定》中提到："优化行政区划设置，提高中心城市和城市群综合承载和资源优化配置能力，实行扁平化管理，形成高效率组织体系。"中央政府陆续推出一系列政策文件以推进现代城市群公共服务体系构建，如在《国家新型城镇化规划（2014—2020 年）》中指出要"重点探索建立城市群管理协调模式，创新城市群要素市场管理机制"，"推进跨区域互联互通，促进基础设施和公共服务设施共建共享"。当前，现代城市群已成为经济发展格局中最具活力和潜力的核心地区，也是区域协调发展、国家治理、参与国际竞争合作的新单元。公共服务水平作为衡量现代城市群建设水平的重要标准，建立健全现代城市群公共服务体系已经成为我国治理的重要任务。为此，研究现代城市群演化机理和发展规律，分析现代城市群发展过程中的公共服务供给现状，构建现代城市群公共服务协同供给机制和公共服务治理体系，对于新时代背景下区域协同发展、促进产业结构调整、建设生态文明和提高区域整体竞争力具有重要意义。

李磊教授的新作《现代城市群演化与公共服务体系构建》，对现代城市群和公共服务进行全面系统的研究。全书共十二章，分为理论篇、实践篇和展望篇，是在现有城市群和公共服务理论研究成果的基础上，提出现代城市群发展的新态势，即构建以城市群为主体的公共服务体系，并以演化机理、动力机制、演化过程对城市群的发展脉络进行分析，以公共服务为新视角从因果分析的角度阐明其对现代城市群的作用机理，由此引出对中国城市群公共服务管理现状的实证研究，将相关理论研究和方法同中国城市群的特点相结合，从文体、教育、医养结合、环境保护等方面对公共服务进行系统分析，总结现代城市群公共服务的特征和规律。最后从城市群公共服务协同供给体系和公共服务治理体系出发，明确现代城市群公共服务管理的发展思路，提出促进我国公共服务治理的政策建议。总体而言，该书有以下特点。

一是紧扣时代主题。该书立足于当前国内外研究理论和公共服务发展现状，试图就我国城市群规划布局和公共服务共建共享存在的短板及问题，提出现实的可行措施，紧扣时代主题。城市群的演化机理和发展过程研究聚焦现代城市群规划布局、高质量发展问题。城市群公共服务管理现状和文体、教育、医养结合、环境保护公共服务研究聚焦协同发展和一体化问题。城市群公共服务供给和治理体系研究聚焦发展不平衡不充分之间的矛盾。

二是提出令人深思的学术问题。该书提出城市群资源配置中的冲突与错配问题，城市群公共服务供给主体之间的利益博弈和冲突问题，政策规制中的漏洞问题，城市群建设如何高质量发展，如何实现城市群公共服务均等化，大数据时代下如何创新现代城市群公共服务管理等问题，其中许多值得进一步思考与研究。

三是研究视角独特。该书聚焦现代城市群，梳理当前形势下城市群公共服务发展问题并从更为细致的方面（如文体、教育、医疗等）展开对城市群公共服务的探讨，试图构建出我国城市群公共服务发展的整体框架。

四是理论与实践相结合。该书第一章至第五章为理论篇，从城市群的相关概念、演化机理、公共服务的作用机理入手，搭建公共服务的理论框架，为实践篇中对现代城市群公共服务的案例或实证分析奠定理论基础，不但选取典型城市群进行具体分析，而且从多方面进行实践经验的总结，综合性地提出城市群公共服务协同发展的路径。

构建现代城市群公共服务体系是实现基本公共服务设施均等化的基本要求，更是促进城市群向更高质量发展，提高人民生活幸福感的必然要求。该书在新时代背景下，以新视角和新思路对现代城市群公共服务进行研究，政策文本充分，内容数据翔实，典型案例剖析深入，分析方法得当，见解独特，既注重理论的积累与思考，又紧密联系现实需求与问题，对公共服务体系的构建具有重要的借鉴意义和参考价值。该书既能帮助相关专业科研人员系统了解城市群公共服务相关理论知识，又能够提高政府部门或研究院所等相关人员对城市群规划建设、发展改革的重视，为其提供参考，促进我国城市群公共服务健康发展。该书脉络清晰，逻辑明了，论述充分，在体现学术价值的同时也能在现实中发挥社会实践价值，是一部极具现实意义的学术著作。

天津大学管理创新研究院院长

前　言

从世界范围看，经济全球化快速推进，现代交通、通信技术快速发展，城市形态发生显著的转变，城市群成为城市化建设的主体形态。聚焦于我国的发展现实，持续的城镇化进程不断助推城市群的空间重构。2017 年 10 月，习近平总书记在党的十九大报告中指出，“实施区域协调发展战略”，“以城市群为主体构建大中小城市和小城镇协调发展的城镇格局”。根据《中华人民共和国国民经济和社会发展第十三个五年规划纲要》，优化提升东部地区城市群，培育中西部地区城市群，形成更多支撑区域发展的增长极。

从公共管理的角度审视现代城市群构建，更应认识到公共服务体系建设在城市群协同发展中的重要作用，关注人们在现代城市群建设中对各类公共服务的需求现状，破解人们对城市群高质量的公共服务需求同公共服务体系发展不平衡不充分之间的矛盾。应该看到，目前我国城市群建设中基本公共服务供给仍然不足，公共服务均等化程度不高，城市群公共服务发展中的资源错配、政策失当等问题依然存在，广大居民在医疗、教育、养老、住房等方面面临很多现实短板亟待解决。

本书系国家自然科学基金面上项目“城市群文体公共设施资源优化配置研究”（71874120）、“城市公共服务数据资源优化与合作生产研究”（72174139）和天津市自然科学学术著作出版资助项目（KXZZ2020-02）的阶段性成果。本书分为理论篇、实践篇和展望篇。理论篇在梳理国内外研究现状的基础上，重点分析城市群的演化机理和动力机制，还原国内外现代城市群的建设历程，以此展现出现代城市群的宏观发展格局，同时明确公共服务体系对现代城市群发展的作用及建设需求；实践篇从文体、教育、医养结合、环境保护四个方面入手，分别阐述城市群各类公共服务协同发展的理论政策依据及典型案例，着眼于国内城市群建设中公共服务体系建设的探索与实践，针对现实困境提出对策建议；展望篇先从公共服务供给体系、公共服务治理体系两个维度探讨现代城市群公共服务供给与治理中的影响机理与体系构建，最后将大数据背景下智慧城市群公共服务治理作为本书展望部分的落脚点，尝试从现实困境出发，提出这一问题的治理策略。

在本书的完成过程中，笔者确定了本书的框架，提炼并撰写现代城市群公共服务体系构建的主要理念、内容和方法。马韶君负责对全书的内容进行统稿工作，并带领课题组成员胡楠、李梓阁、肖新月进行认真的审校和细致的修改，最终定稿。另外，马韶君具体负责相关参考资料的收集整理和全书初稿的汇总及校对工作，为本书的完成作出了一定贡献。

著作成稿历时近三年，特此感谢国家自然科学基金委员会、天津市科学技术协会、天津大学“十四五”规划教材的资助！感谢书稿撰写期间共同合作的老师和学生们，部分章节由课题组的凌帅老师和学生们参与执笔。其中，主体部分主要由笔者负责完成撰写，课题组的教师、硕士、博士们也参与本书部分内容的撰写：第一章“绪论”由晏志阳负责并完成；第二章“国内外研究进展与理论基础”由代文学负责，武雅楠配合完成；第三章“现代城市群演化机理”由徐然负责，孙燕菲配合完成；第四章“现代城市群发展模式”由徐然负责，孙燕菲配合完成；第五章“公共服务对现代城市群的作用机理及困境”由郑依琳负责，柯慧敏配合完成；第六章“现代城市群文体公共服务协同发展研究”由顾辰影负责，代亚轩配合完成；第七章“现代城市群教育公共服务协同发展研究”由肖琳娣完成；第八章“现代城市群医养结合服务协同发展研究”由晏志阳完成；第九章“现代城市群环境保护公共服务协同发展研究”由武雅楠负责，郑依琳配合完成；第十章“现代城市群建设与公共服务供给体系”由顾辰影负责并完成；第十一章“现代城市群公共服务的治理体系”由顾辰影负责并完成；第十二章“‘智慧型’城市群公共服务治理逻辑与回应策略”由马韶君负责并完成。感谢天津大学科研院、天津大学人文社会科学处、天津大学管理与经济部的支持和帮助，感谢科学出版社的各位老师在过审、校稿、出版环节予以斧正。

现代城市群和公共服务体系建设的方方面面伴随着社会治理理念的革新和技术手段的更新，其政策制度、实践模式等方方面面都发生着日新月异的变化。我们欣喜地感受到这些变革和变革背后传递的声音，对于未来现代城市群建设和公共服务的发展前景更加充满期待。本书受撰写时间和能力的限制，有更多内容亟待补充完善。对于本书存在的不足之处，敬请广大读者给予批评和指正。

李 磊

2021 年 12 月

目　　录

理　论　篇

第一章　绪论……3
第一节　研究背景与依据……3
第二节　研究意义与研究目标……6
第三节　研究内容与逻辑路线……7
第二章　国内外研究进展与理论基础……11
第一节　现代城市群概念与国内外研究进展……11
第二节　公共服务体系概念与国内外研究进展……14
第三节　现代城市群演化的理论基础……16
第四节　公共服务的理论基础……19
参考文献……22
第三章　现代城市群演化机理……25
第一节　现代城市群形成的基本条件……25
第二节　现代城市群演化的发展阶段……28
第三节　现代城市群形成的动力机制……31
参考文献……33
第四章　现代城市群发展模式……35
第一节　现代城市群典型类别及特征……35
第二节　国内现代城市群演化发展模式……39
第三节　国外现代城市群演化发展模式……43
第四节　现代城市群演化启示……47

参考文献……49

第五章　公共服务对现代城市群的作用机理及困境……51

第一节　现代城市群的公共服务供给体系……51
第二节　公共服务对中国城市群发展的作用机理……54
第三节　中国城市群公共服务发展困境及原因……59
参考文献……63

实　践　篇

第六章　现代城市群文体公共服务协同发展研究……67

第一节　现代城市群文体公共服务协同发展的意义……67
第二节　现代城市群文体公共服务协同发展的背景介绍……72
第三节　国内外城市群文体公共服务协同发展的实践及经验……76
第四节　现代城市群文体公共服务协同发展的路径……80
参考文献……86

第七章　现代城市群教育公共服务协同发展研究……88

第一节　现代城市群教育公共服务的内涵及模式……88
第二节　现代城市群教育公共服务协同发展的政策梳理……91
第三节　国内外城市群教育公共服务协同发展的案例……96
第四节　现代城市群教育公共服务协同发展的路径……102
参考文献……105

第八章　现代城市群医养结合服务协同发展研究……106

第一节　现代城市群医养结合服务协同发展背景……106
第二节　现代城市群医养结合服务的内涵及模式……109
第三节　国内外城市群医养结合服务协同发展的案例及经验……111
第四节　现代城市群医养结合服务协同发展的路径……118
参考文献……122

第九章　现代城市群环境保护公共服务协同发展研究……124

第一节　现代城市群环境保护公共服务协同发展的必要性和意义……124
第二节　现代城市群环境保护公共服务的政策分析……127

第三节　现代城市群环境保护公共服务协同发展案例分析…………………131
第四节　现代城市群环境保护公共服务协同发展的路径……………………143
参考文献…………………………………………………………………………146

展　望　篇

第十章　现代城市群建设与公共服务供给体系……………………………151

第一节　现代城市群公共服务协同供给的主体…………………………………151
第二节　现代城市群公共服务协同供给的逻辑基础……………………………154
第三节　政府主体内部协同供给机制……………………………………………158
第四节　政府与其他主体间协同供给机制………………………………………163
参考文献…………………………………………………………………………166

第十一章　现代城市群公共服务的治理体系………………………………170

第一节　现代城市群公共服务治理体系的构成要素……………………………170
第二节　现代城市群公共服务治理能力的影响因素……………………………176
第三节　现代城市公共服务治理实践……………………………………………180
第四节　现代城市群公共服务治理体系构建……………………………………185
参考文献…………………………………………………………………………191

第十二章　“智慧型”城市群公共服务治理逻辑与回应策略………………193

第一节　智慧城市群的现代意涵与大数据技术耦合分析………………………194
第二节　基于大数据的智慧城市群公共服务治理功用…………………………195
第三节　智慧城市群下大数据治理公共服务的现实困境………………………197
第四节　智慧城市群下大数据公共服务治理的回应策略………………………199
参考文献…………………………………………………………………………201

理　论　篇

第一章 绪　论

第一节 研究背景与依据

一、现代城市群空间重构：时代背景和发展需要

四十多年来，随着社会变迁和全球经济政治格局的变化，我国城市的空间形态不断扩张，不断衍生出新的空间格局，现代城市群成为全球城市空间建设的载体。现代城市群演变与时代背景、社会政治经济等宏观环境密切关联，是满足人类社会发展各项需要的必然路径。从全球背景来看，经济全球化的快速推进及信息化的发展，迫使承载人类活动的城市形态发生快速的转变。现代交通和通信技术的发展加快城市之间的信息交换速度，强化城市之间的时空联系，同时经济全球化背景下各个国家和地区的经济竞争更加激烈，作为主要竞争单元的核心城市与周边地区形成紧密的共同体参与到国际竞争之中。但是，发达国家正在高高筑起新一轮与发展中国家之间颠覆创新的技术壁垒，面对国际竞争的严峻形势和工业信息化高质量发展的迫切要求，为满足更大规模经济生产和空间扩张的需要，城市群成为城市化建设的主体形态，传统的单中心城市结构向多中心城市结构转变，形成城市群、都市圈等结构。全球范围内世界级城市群正在如火如荼建设，在当今信息时代背景下探索建成功能多元、形态各异的现代城市群尤为重要。

从我国发展进程来看，经济快速增长和持续的工业化拉动城镇化进程，工业和信息化事业持续发展为推动经济持续健康发展奠定坚实基础。一方面，我国快速的城镇化进程不断助推现代城市群的空间重构。大量人口涌入城市，对城市规划提出更高的要求，高效的土地资源利用、基础设施建设促使城市群向结构更加紧密、功能更加多元的现代城市群建设过渡，转变经济发展方式成为我国现代城市群建设的另一推动力。我国已经从经济的高速增长阶段进入高质量发展阶段，

在供给侧结构性改革、提高全要素生产率等方面对城市空间重构提出新的要求，新型产业、现代服务业的发展需要更加紧密的空间布局、结构功能和信息传输，推动城市群综合承载和资源优化配置能力提升是适应我国社会主要矛盾变化、全面建成小康社会和全面建设社会主义现代化国家的必然要求，必须加快形成并推动完善中国城市群的政策体系、制度体系、标准体系、绩效评估、法律体系，创建和完善制度环境。

另一方面，近年中国政府越来越重视现代城市群的发展。2017 年 10 月，习近平总书记在党的十九大报告中指出："实施区域协调发展战略"，"以城市群为主体构建大中小城市和小城镇协调发展的城镇格局"。习近平总书记的讲话强调了城市群在我国新型城镇化规划建设中的主体地位，是对近年来我国城市群发展模式日益重视的体现。2016 年 3 月，十二届全国人大四次会议表决通过的《中华人民共和国国民经济和社会发展第十三个五年规划纲要》提出："坚持以人的城镇化为核心、以城市群为主体形态、以城市综合承载能力为支撑、以体制机制创新为保障。"根据该纲要，我国计划建设 19 个城市群，依据城市群现状和规划进行分级，以形成更多支撑区域发展的增长极。2017 年 7 月，国家发展和改革委员会（以下简称国家发改委）组织编写的《国家新型城镇化报告 2016》提出推进新型城镇化的重点之一是培育发展城市群和新生中小城市。《2019 年新型城镇化建设重点任务》指出："坚持以中心城市引领城市群发展，推动一些中心城市地区加快工业化城镇化，增强中心城市辐射带动力，形成高质量发展的重要助推力。"2019 年 10 月，《中共中央关于坚持和完善中国特色社会主义制度 推进国家治理体系和治理能力现代化若干重大问题的决定》中提到："优化行政区划设置，提高中心城市和城市群综合承载和资源优化配置能力，实行扁平化管理，形成高效率组织体系。"现代城市群发展需要不断将我国制度优势更好地转化为国家治理效能。

总体来看，现代城市群网络化的结构形态正在呈现更加紧密的发展。作为经济、政治、文化、社会、生态相互交融的复杂空间体系，现代城市群的构建视角也从单一的物质层面转移到人文、生态、社会行为等多元化视角，共同构成现代城市群发展规划的目标体系和衡量标准。公共政策与社会治理体系成为现代城市群建设的重要内容。但是，面临着来自发达国家和发展中国家的双重压力、经济方式变革、社会结构变动、社会主要矛盾的新变化、人民对美好生活的新需求，以上种种新时代的变化均需要在现代城市群建设中得到有力回应和有效解决。长期以来，我国"摊大饼式"的城市扩张打破了原有的城市平衡和空间秩序，在打造现代城市群的过程中，城市空间脆弱的自我恢复能力难以应对经济社会进程的新节奏、新问题。我国发展不平衡不充分的矛盾问题日益凸显，城市内部协同水平相差较大，需要区域之间的协同发展。同时，城市群存在内部中心城市功能过度集聚、现代交通体系滞后、内部城市的同质化竞争突出、城市创新能力不足等问题，制约着城市群高质量发展。

二、构建现代城市群公共服务体系建设的迫切需求

现代公共服务体系建设是城市群建设的核心任务之一，在城市群从“数据驱动”向“智慧协同”的转型中，公共服务体系也必然要向现代化转型，公共服务水平是衡量现代城市群建设水平的重要标准，公共服务体系建设与现代城市群建设协同发展是时代发展和社会进步的必然选择。一方面，现代城市群有利于聚集资源要素推动创新、优化空间布局、促进区域协同发展，能够带动城市群内部公共服务体系的发展与构建，如通过城市群的发展提升综合承载能力及各项公共服务水平。另一方面，现代城市群公共服务体系的完善能够支撑城市群整体的协同发展，公共服务一体化是经济发展的重要载体和平台，也是现代城市群一体化发展的重要保障，两者相辅相成。

目前，建立健全现代城市群公共服务体系已经成为我国的重要任务，中央政府出台了一系列政策文件来创新资源配置方式、促进现代城市群公共服务体系构建。例如，2014 年 3 月，国务院发布的《国家新型城镇化规划（2014—2020 年）》提出，“建立城市群发展协调机制”，“建立完善跨区域城市发展协调机制。以城市群为主要平台，推动跨区域城市间产业分工、基础设施、环境治理等协调联动”。2016 年 3 月，《中华人民共和国国民经济和社会发展第十三个五年规划纲要》提出，“建立健全城市群发展协调机制，推动跨区域城市间产业分工、基础设施、生态保护、环境治理等协调联动，实现城市群一体化高效发展”。

构建现代城市群公共服务体系不仅是实现公共服务设施均等化的需要，也是促进城市群人居环境建设、提升城市群建设质量和提高人民生活幸福感的必然要求。改革开放以后，我国的城市面貌得到明显改善，公共服务体系建设水平也得到很大提升，但是随着经济社会的快速发展，在现代城市群建设过程中，人们对教育、医疗、交通、就业、住房等公共服务的需求越来越强烈，现代城市群公共服务体系建设同样面临着人们对高质量公共服务的需要同公共服务体系发展不平衡不充分之间的矛盾，这给现代城市群治理带来了一系列问题和挑战。以公共服务体系中的公共服务设施为例，随着当前居民物质生活水平的不断提高及城市群协同发展，居民对基本生活公共服务设施的需求迅速扩张，但与之相矛盾的是相应公共服务设施的供给出现普遍短缺的状况。现代城市群的公共服务体系构建问题成为当务之急，是现代城市群发展过程中需要解决的首要问题。

第二节 研究意义与研究目标

一、研究意义

（一）理论意义

本书丰富了现代城市群公共服务的架构和内容，为构建现代城市群公共服务体系提供了一个新视角。当前，现代城市群演化及在公共服务发展过程中的相关问题已经被学术界普遍关注，并且在多方面开展了相关探索性研究。大多数研究往往是从较为微观的角度，选取具体地区运用，某些分析方法对公共服务某一方面的各要素间关系、资源配置状况、不同层级行政单位的交互作用进行分析。然而，在目前现代城市群主体地位提升和城市群公共服务体系构建的背景下，聚焦城市群公共服务整体发展的研究比较鲜见。本书从较为宏观的角度进行论述，运用现代城市群演化的相关理论，梳理与构建当前新形势下的城市群公共服务发展研究，从文体、教育、医养结合、环境保护等角度展开城市群公共服务研究，试图构建我国城市群公共服务发展的整体框架。

（二）现实意义

本书对我国城市群规划布局和公共服务共建共享的实践具有一定的参考借鉴，对于中国现代城市群建设与公共服务一体化发展具备一定的指导意义。从国家宏观战略层面来看，目前我国在民生领域还有不少短板，城乡区域发展和收入分配差距依然较大，基本公共服务供给仍然不足，群众在就业、教育、医疗、居住、养老等方面面临不少难题。现代城市群布局和公共服务体系构建能够更好助力战略目标的实现。从区域协调发展来看，十九大报告提出“以城市群为主体构建大中小城市和小城镇协调发展的城镇格局，加快农业转移人口市民化。以疏解北京非首都功能为‘牛鼻子’推动京津冀协同发展，高起点规划、高标准建设雄安新区。以共抓大保护、不搞大开发为导向推动长江经济带发展”。本书针对当前我国城市群公共服务发展存在的资源利用不合理、盲目竞争、忽略环境保护、规制政策难以与现实的多元需求相匹配等问题，通过对国内城市群公共服务的发展阶段、政策等的梳理，结合公共服务协同发展的典型案例，从城市群公共服务治理理论出发，提出城市群公共服务协同发展的路径。

二、研究目标

本书基于现代城市群演化理论，对现代城市群公共服务展开研究，力求达到以下目标。

（1）从现代城市群的历史溯源入手分析城市群演化机理，搭建公共服务的理论框架，奠定现代城市群公共服务案例或实证分析的理论基础。

（2）通过对我国城市群各类公共服务政策进行梳理，收集各类公共服务资源配置相关数据，掌握我国城市群公共服务发展整体现状。针对资源配置中的冲突与错配问题及政策规制中的漏洞，试图提出城市群各类公共服务发展的实现路径，实现公共服务的可持续发展。

（3）从整体上分析现代城市群公共服务供给主体之间的利益博弈和冲突，构建现代城市群公共服务协同供给机制；明确现代城市群公共服务治理体系的要素和标准，深入探讨现代城市群公共服务治理体系构建；在大数据发展的时代背景下，提出大数据时代现代城市群公共服务管理的发展思路。

第三节 研究内容与逻辑路线

一、研究内容

本书内容共十二章，分为三个部分。

第一部分为理论篇，包括第一章至第五章。

第一章是绪论。主要从城市群发展与城市群公共服务体系构建的角度出发，阐述本书研究的背景、意义与目标，明确研究的内容与逻辑路线。第二章是国内外研究进展与理论基础。该章首先定义现代城市群、公共服务体系的概念，其次介绍国内外相关研究进展、现代城市群演化的基础理论，最后引入公共服务相关的理论，包括协同论、善治理论和新公共服务理论。第三章是现代城市群演化机理。该章主要从三方面进行介绍：第一，介绍现代城市群形成的基本条件，从现代区位条件、现代产业发展条件、空间资源条件、政策条件等角度进行分析，介绍城市群形成应具备的条件和因素；第二，介绍现代城市群演化的发展新阶段，从区域经济形成阶段、国际贸易驱动化阶段、现代全球化阶段进行划分和研究；第三，介绍现代城市群形成的动力机制，不同于基本条件，从动力机制的角度进行介绍，主要有现代产业集聚和扩散的驱动、区域网络化的驱动、区域智能化的驱动、政府调控的驱动等。第四章是现代城市群发展模式。该章从四个方面进行阐述：第一，介绍现代城市群典型类别及特征，包括具有完善金字塔产业结构的现代城市群、具有绿色生态理念的现代城市群、超高速发展的现代城市群、从工业到金融转型的现代城市群、时尚经济带动下的现代城市群、多城市集聚发展的现代城市群；第二，对国内现代城市群演化发展模式进行分析，包括长江三角洲现代城市群、长株潭现代城市群、京津冀现代城市群；第三，介绍国外现代城市群演化发展模式，对北美现代城市群、欧洲现代城市群、日本现代城市群进行介绍；第四，现代城市群演化启示。第五章是公共服务对现代城市群的作用机理及困境。该章首先介绍现代城市群的公共服务供给体系，分析其应然性与实然性，从善治角度考虑现代城市群的公共服务供给；其次分析公共服务对中国城市群发展的作用机理，从中国城市群发展问题入手，得出现代城市群建设需要公共服务的结论；最后分析中国城市群公共服务发展困境及原因。

第二部分为实践篇，包括第六章至第九章。

第六章是现代城市群文体公共服务协同发展研究。该章首先介绍现代城市群文体公共服务的内涵、具体内容等基本情况，并对其在国家发展中的功能定位进行简要介绍；其次梳理国家部门和地方为推动现代城市群文体公共服务协同发展颁布出台的相关政策，并对政策的变迁路径和演变逻辑进行简要总结；再次以国外美英和国内京津冀城市群等为例，介绍国内外城市群文体公共服务协同发展的实践及经验；最后从顶层设计、体制机制创新、供给手段、发展模式等方面提出现代城市群文体公共服务协同发展的路径。第七章是现代城市群教育公共服务协同发展研究。该章首先介绍现代城市群教育公共服务的内涵、分类、消费特性等基本内容，并对其执行模式进行简要介绍；其次梳理国家部门和地方为推动城市群教育公共服务协同发展颁布出台的相关政策，并对政策关注的重点内容进行简要总结；再次以国外欧盟和国内京津冀、长江三角洲等城市群为例，介绍教育公共服务协同发展的先进经验；最后从原则、机制等方面提出现代城市群教育公共服务协同发展的路径。第八章是现代城市群医养结合服务协同发展研究。首先从我国老龄化社会的现状入手，分析医养结合产业存在的困境，得出城市群医养结合服务协同发展的必要性；其次在明晰医养结合内涵的基础上阐述现代城市群医养结合服务的内涵，并且对现代城市群医养结合服务的模式进行介绍；再次以国内长江三角洲城市群、京津冀城市群及美国城市群医养结合产业作为案例，介绍城市群医养结合服务协同发展的先进经验；最后结合前面的分析，提出现代城市群医养结合服务协同发展路径。第九章是现代城市群环境保护公共服务协同发展研究。首先介绍现代城市群环境保护公共服务协同发展的必要性和意义；其次总结现代城市群环境保护公共服务的政策分析；再次以国外伦敦城市群和中国主要城市群为例，对现代城市群环境保护公共服务协同发展进行案例分析；最后综合性地提出现代城市群环境保护公共服务协同发展的路径。

第三部分为展望篇，包括第十章至第十二章。

第十章是现代城市群建设与公共服务供给体系。该章首先从政府、市场和第三部门等供给主体的角度分析城市群公共服务治理过程中存在的主要矛盾；其次结合善治理论提出现代城市群公共服务协同供给的逻辑基础，对现代城市群公共服务供给体系进行善治设计；再次从善治理论框架下的城市群公共服务协同供给机制的创新之处入手，构建政府组织内部公共服务协同供给机制；最后提出政府与其他主体间协同供给机制的解决思路，通过多政府+多市场协同供给、多政府+多非营利组织协同供给、多政府+多市场+多非营利组织协同供给，推动现代城市群公共服务协同供给体系的建构。第十一章是现代城市群公共服务的治理体系。该章首先对现代城市群公共服务治理体系的构成要素，包括三类治理主体、治理原则与内容、治理目标以及治理模式的演变进行详细梳理；其次对影响现代城市群公共服务治理能力的因素进行作用机理分析，包括财政投入模式、政策网络、公民需求表达、资源统筹协调、监督考核及人才队伍建设等因素，同时选择典型的国内外现代城市公共服务治理实践案例进行分析；最后指出城市群公共服务治理体系的构建方向，并从公共部门、私人部门、公民的角度解释城市群公共服务治理体系共建共享的社会动因及推进策略。第十二章是“智慧型”城市群公共服务治理逻辑与回应策略。该章首先对智慧城市群的现代意涵进行介绍，阐述大数据驱动下的城市群公共服务供给模式的作用及优越性；其次分析基于大数据的智慧城市群公共服务治理功用，主要体现在数据处理、场景模拟、环境测度等方面；再次梳理出智慧城市群下大数据治理公共服务的现实困境，包括技术困境、结构困境和伦理困境；最后提出智慧城市群下大数据公共服务治理的回应策略。

二、逻辑路线

本书研究的具体逻辑路线图如图 1-1 所示。

根据以上的研究内容，本书将“现代城市群”与“公共服务”作为研究对象，构建出了研究的具体逻辑路线图（图 1-1），具体有如下四个部分。

首先，基于文献分析的方法，本书对两个重要概念——“城市群”和“公共服务”的研究进展和概念内涵进行分析，从而提出本书的重要研究课题，即在现代城市群发展新趋势下，如何实现现代城市群公共服务体系的重构。其次，基于已有城市群演化、发展模式的理论基础，本书从因果分析的思路提出现代城市群中公共服务体系的困境。再次，本书从不同领域公共服务的背景、案例研究及发

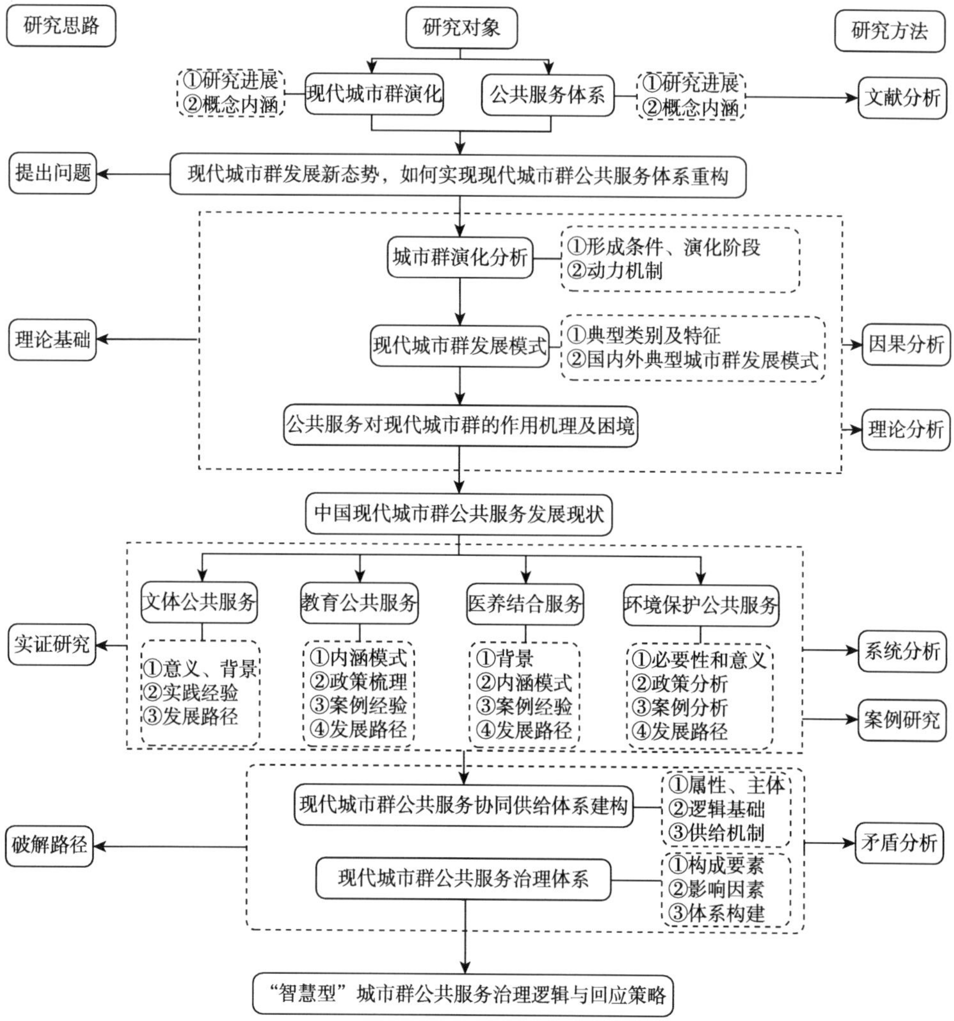

图 1-1 本书研究的具体逻辑路线图

展路径，系统分析中国现代城市群公共服务发展现状；从破解方案的角度，提出现代城市群公共服务供给体系构建思路、治理体系内容。最后，本书基于智慧城市群发展和建设的背景，提出公共服务治理的逻辑与回应策略。因此，本书运用文献分析、案例研究、理论分析及实证研究等方法，使得现代城市群的演化与公共服务体系构建的研究过程详尽、内容详细、环环紧扣，以期对读者有所思考。

第二章　国内外研究进展与理论基础

第一节　现代城市群概念与国内外研究进展

一、现代城市群概念界定

城市群是以一个或多个中心城市为核心，由若干不同规模和等级的城市之间良性联动、协同发展构成的城镇空间体系。城市群不是地级城市行政区域的简单聚集，它既是一个经济共同体，也是一个利益共同体，它能够有效整合产业布局、基础设施建设、社会发展、生态环境保护、社会保障制度等。关于城市群的定义，由于不同学科领域学者对城市群研究关注的重点不同，城市群概念的界定存在不同的观点（表 2-1）。例如，1957 年法国地理学家戈特曼（Gottmann）在研究美国东北部沿海城市发展时，第一次使用希腊词语 Megalopolis（大都市带）来形容逐渐以交通运输连接的人口密集城市团体，该界定对诸多学者的学术研究影响深远；除此之外，urban agglomeration（城市群）、metropolitan area（大都市圈）、city circle（都市圈）、city region（都市区域）等词也拥有较高的使用率。城市群可以从四个角度进行特征描述：首先，从城市能级角度来看，城市群能提升区域资源环境和生态系统的承载能力，加快推进区域经济结构调整和增长方式的转变；其次，从城市空间形态演变角度来看，城市群能促进城市空间重构和区域城市功能优化升级；再次，从城市人口规模来看，城市群是由一个或多个不同规模的城市组成的，跨行政区域的组织结构；最后，从协同联动视角来看，城市群更加突出交通系统的互通互联，它是多个城市之间共建共享，强调核心城市的辐射带动作用，并逐渐形成一体化的过程。

表 2-1　城市群及其相关概念

项目	出处	概念
巨型城市区域	Hall 和 Pain（2006）	这是一个以全球城市或世界城市为中心，由数量可多达 30~40 个城市以及周边的小城镇所形成的结构复杂的庞大网络状城市复合体

续表

项目	出处	概念
都市圈	《国家发展改革委关于培育发展现代化都市圈的指导意见》（2019 年）	都市圈是城市群内部以超大、特大城市或辐射带动功能强的大城市为中心、以 1 小时通勤圈为基本范围的城镇化空间形态
城镇密集区	孙一飞（1995）	在一定地域范围内，以多个大中城市为核心，城镇之间及城镇与区域之间发生着密切联系，城镇化水平较高，城镇密集分布的连续地域。城镇密集区具有城镇高密度、城镇化高水平、区域整体性、结构多层次性、发展动态性等特征
城市群	姚士谋等（2001）	在特定的地域范围内具有相当数量的不同性质、类型和等级规模的城市（包括小城镇），依托一定的自然环境条件，以1个或2个特大城市和大城市作为地区经济的核心，借助于现代化的交通工具和综合运输网络的通达性以及高度发达的信息网络，发生与发展着城市个体之间的内外联系，共同构成一个相对完整的城市“集合体”
都市连绵区	史育龙和周一星（2009）	以都市区为基本组成单元，以若干大城市为核心并与周围地区保持强烈交互作用和密切社会经济联系，沿一条或多条交通走廊分布的巨型城乡一体化地区。都市连绵区形成有 5 个必要条件：①具有两个以上人口超过百万的特大城市作为发展极；②有对外口岸；③发展极和口岸之间有便利的交通干线作为发展走廊；④交通走廊及其两侧人口稠密，有较多的中小城市；⑤经济发达，城乡间有紧密的经济联系

现代城市群是城市群发展的新特征。进入21世纪后，随着城市化进程的不断加快以及新技术革命浪潮的涌现，现代城市群即建立在新型城市的基础上，城市群内部各城市绿色发展、创新发展，实现智慧式管理，注重人文建设，实现高质量的城市群建设。现代城市群聚集一个国家或地区的创新、人才、科技要素，是区域经济发展的重要引擎，是城市群发展到一定阶段而演化的高级组织形态。现代城市群通过加强不同城市间的联系和地区的网络功能，成为工业和经济竞争的重要平台。随着进一步建设，现代城市群将成为中国未来经济发展的重要形式和载体，也将成为世界未来城市区域的发展趋势。

二、国内外现代城市群研究进展

（一）国外城市群研究进展

19世纪中期，Howard（1898）首先提出城市和乡村结合理想模式，该研究被认为是城市群空间规划理论的开端。Geddes（1915）以英国城市演化为研究对象，提出城市集群（conurbations）的概念，对这类集合城市的演化过程进行分析。Gottmann（1957）最先提到城市群的概念，该研究成为现代意义上城市群研究的起点。Hagestrand（1967）运用现代空间扩散理论，对不同形式的空间扩散意义深远。Friedmann（1966）通过长期以来对发展中国家的空间组织形态的研究，提出“核心–边缘”理论。Florida 等（2008）将巨型区域（mega region）定义为城市和周围郊区的腹地组合而成的一体化区域，该区域能以较低的成本实现资源的合理配置。此外，随着全球化进程加速，在经济的作用下，Scott（2001）认为全球城市与经济实力较雄厚的大中城市联合构成全球城市区域（global city region）。以美国罗伯特·亚罗为首的宾夕法尼亚大学课题组与美国相关机构合作，提出美国存在 8 个“超级城市”，并且展望了美国城市群的空间发展的趋势。美国学者戴瓦尔（2007）创新性地开始对城市群如何规划进行研究，从经济、交通、环境等六个方面对城市群进行规划，并且提出涉及城市群的规划方法和适用条件、数据收集方式及具体的应用技术。

（二）国内城市群研究进展

国内学者从 20 世纪 80 年代才开始对城市群的研究。宋家泰（1980）最早用联系的眼光看城市空间发展，他认为城市与周边联系紧密的地区之间构成“城市–区域”地域结构体系。于洪俊（1983）、宁越敏（2013）将戈特曼的大都市带理论引入国内，提出“巨大城市带”的概念。周一星和于艇（1988）用都市连绵区来描述中国城市特有的集聚现象，认为 Megalopolis 是都市区而不是城市建成区的连绵，并提出界定中国都市连绵区的标准及大都市带形成的五个条件。姚士谋等（2001）最早对“城市群”的概念进行明确界定。目前国内对城市群的界定都缺乏明确的人口规模指标和空间范围指标。各位学者切入角度各有不同。顾朝林（1990）结合图论原理和因子分析方法，针对中国城市发展形态提出 107 个城镇群的初步设想。方创琳（2015）对城市群作出类似的定义，划分出 28 个城市群。杨建荣（1995）提出都市圈的概念，对都市圈的特征和形成进行阐述。牛凤瑞（2006）提出比城市密集区更高级别的都市密集区的概念。刘静玉和王发曾（2004）基于对城市群相关概念的理论阐述，归纳出产业集聚与扩散等六大因素的驱动是城市群形成发展的动力。吴福象和刘志彪（2008）选取长江三角洲地区部分城市为研究对象，通过对样本城市投资、贸易、专利申请等数据的研究，提出长江三角洲城市群中城市化率与经济增长之间存在显著正相关关系。方创琳和关兴良（2011）通过构建投入产出效率指标体系，对中国城市群投入产出效率、变化趋势及空间分异特征进行定量和定性的研究。刘阳和秦曼（2019）以东部沿海四大城市群为研究对象，采用三阶段数据包络分析（data envelopment analysis，DEA）方法，综合测度城市群绿色效率的时空特征。

第二节 公共服务体系概念与国内外研究进展

一、公共服务体系理论内涵

公共服务体系，是指以政府主导、社会共同参与为供给主体，为保障公民生活、提供基本公共服务、使公民平等享有国家公共服务资源而制定的一系列制度。公共服务体系包括教育体系、公共文化服务体系、公共体育服务体系、公共卫生体系、社会福利体系等。

我国重视公共服务体系的建设和发展。2006 年，十六届六中全会通过的《中共中央关于构建社会主义和谐社会若干重大问题的决定》明确提出，构建社会主义和谐社会的目标和任务之一是“基本公共服务体系更加完备”；2007 年，党的十七大进一步阐明加快公共服务体系建设的基本方针和内容，提出公共服务体系建设的原则、指导思想、长远目标，要使得公共服务体系惠及全民；2018 年，中央全面深化改革委员会第三次会议通过的《关于建立健全基本公共服务标准体系的指导意见》强调通过规范责任、明确标准、落实保障三个方面促进基本公共服务标准体系的建立和完善。

随着中国特色社会主义进入新时代，人们对美好生活的追求不只是更高水平上的物质生活，也包含对公平、正义、法治、环境、安全等方面的向往。所以，新时代要突出强调建设现代化的公共服务体系，以充分满足人民提出的新要求，促进社会全面发展进步。近年来，虽然我国公共服务体系发展取得巨大成就，但是仍然存在发展不健全、不完善、不平衡、不充分的问题，而且我国进入新的发展阶段，公共服务体系也应进行或多或少的改变以适应当前环境，所以在新的条件下，公共服务体系朝着什么方向发展以及怎样发展就成了一个重大关注点。

二、国内外公共服务研究进展

刘伦武（2018）对比美国、德国、法国及澳大利亚四个国家基本公共服务体系的发展，总结出不同类型基本公共服务的成功经验，并根据西方发达国家经验提出新形势下中国发展基本公共服务体系的建议。韩晓静（2018）根据上海市场化的公共服务供给方式、深圳均等化的公共服务体系建设、苏州标准化的公共服务体系建设及昆山系统化的公共服务体系建设的地方方案，认为公共服务体系建设要因地制宜，建设具有自身特色、符合当地发展的公共服务体系。丁元竹（2018）提出在新常态下，要立足于互联网和信息基础设施、人工智能、公共服务供需平台三个着力点创新基本公共服务体系，促进公共服务体系向绿色、智能、多样、便利的方向发展，实现基本公共服务体系与互联网、大数据的接轨。周笑安（2018）从法律的角度出发，立足于公共服务体系的现状，提出要完善公共服务立法并加强监管力度，此外，还要构建对违背公共服务法规的惩罚机制，更好地保障公民权益，使得公共服务体系的发展有强有力的制度保障。

改革开放以来，我国经济迅速增长，人民的生活水平也越来越高，人民对生活的需求层次已经不仅仅只是“量”的追求，更多地开始注重“质”的改变，尤其是体现在公共服务的方方面面。因此，政府开始重视构建更完善的公共服务体系，尽可能地为人民创造一个良好的、满足其需求的生活环境。公共服务体系包含很多方面，如文化、体育、卫生、社会保障、医疗等，所以我国学者就公共服务体系涉及的各个内容进行了研究。

就具体的公共服务体系的侧重面而言，熊选国（2017）研究公共法律服务体系建设的现状和问题，并提出从司法行政机关、专业领域、公共法律服务平台三个方面深入推进公共法律服务体系的建设。杨琳琳（2018）从理念层面、国际层面、社会层面三个维度提出我国构建社会救助服务体系的可能性，并详细地论述促进社会救助服务体系突破单一模式的若干建议。匡亚林（2018）论述新时代社会保障体系建设的价值目标和功能目标，提出构建一个全面覆盖、城乡统筹、制度保障、可持续的社会保障体系，以及社会保障体系的构建模式。王坤等（2019）对我国公共卫生服务体系的发展历程、现状以及现阶段所面临的问题和挑战进行分析，提出相应的策略建议。樊咏梅（2019）从教育公平的角度分析城乡教育体系差距大、教育投资与实际需求差别大、教育发展不平衡之间的问题。

如今“互联网+”逐渐深入各个方面，给我国公共服务体系带来新的转变。孙乐生（2018）论述在互联网平台下中小企业服务需求、运营方式、服务方式的改变，需要扩展公共服务供给方式，提出中小企业公共服务体系的若干建议。随着互联网、物联网、云计算等新一代技术的发展，栾滨（2017）以智慧城市为研究背景，从资源配置和建设现状两方面对公共服务体系现状进行概述，提出智慧城市下的公共服务体系构建要遵从“以人为本、服务至上、责任到位、多方参与”的原则，利用新技术创新公共服务体系。徐益波等（2018）研究在“一带一路”倡议下海疆地区公共文化服务体系建设的必要性。张振等（2018）从我国实现“健康中国”目标出发，阐述当前社区公共体育体系的现状、地位、构建要素及其服务模式，同时强调不仅要注重公共体育服务体系的发展速度，更重要的是质量的提升，从而构建成“亲民、惠民、便民”的服务体系。

十八大以来，以习近平同志为核心的党中央加快对现代公共文化服务体系的建设，明确强调要在2020年基本建成现代公共文化服务体系。近年来，现代公共文化体系的建设和发展成为我国的一个重要方向和目标，其发展也深受众多学者的关注和研究。陈会谦等（2017）结合国内外公共文化服务体系发展的经验，提出公共文化体系要沿着管理科学化、供给合作化、发展集群化、布局合理化、服务多维化方向发展。李媛媛（2017）从国家文化治理角度论述现代公共文化服务体系的理念、内涵特点、途径方式，使得公共文化服务体系朝着社会化、分众化、精准化、现代化发展。

第三节　现代城市群演化的理论基础

一、“田园城市”理论

19 世纪中期，Howard 针对城市（尤其是伦敦）发展过程中所存在的人口、环境、交通等问题，在其著作《明日：一条通向真正改革的和平之路》（*Tomorrow: A Peaceful Path to Real Reform*）中提出“田园城市”的设想：“田园城市”是以健康、生活及产业为目的而设计的城市，它的规模限定在一定程度内，并且能够满足居民的社会生活，它要求周围要永久保留一定绿地，城市的土地统一归城市机构支配。

Howard对“田园城市”作了具体的规划，采用城市与农村相结合的方式，城市部分由一系列同心圆组成，有中心和内环、中环、中外环和外环共四层环带。从花园核心区开始建设公众需求的设施或服务性建筑，如体育馆、图书馆、市政厅、医院等。围绕这个市中心的是补充性的城市公园，公园周围布置着的廊道连接着一些商店、商品展览馆，再外一圈为居住用地，可以在居住用地中设置一些文化生活设施，如游乐场、学校等。为减少环境污染和噪声影响，各类工厂、仓库等应设在最外圈，同时环形的道路交通也为这些场所的运输、交易提供了便捷，在保证居民生活环境的前提下，也促进了经济发展。

“田园城市”是现代城市规划理论的开端，Howard提出的“田园城市”是对城市规划的初期探索，为城市群空间结构的布局和演化提供参考和启示，也为公共服务设施建设者提供借鉴与指导。从最初 Howard 在英国伦敦附近建立起莱切沃斯（Letchworch）和韦林（Welwyn）两座“田园城市”的实验，到新加坡、堪培拉等城市已成为现代意义上的“田园城市”，“田园城市”从理想变为现实。

二、中心地理论

20 世纪 20~30 年代，德国经济地理学家克里斯塔勒（Christaller）通过对德国南部地区三年的考察和研究，详细论述德国南部中心地区的布局方式和数量规模，并首次提出著名的中心地理论概念。中心地理论从经济地理的视角出发，对城市公共服务设施的选址设计进行完善，同时深入探讨一定区域内城镇的数量、规模、等级及职能四者之间的关系，解释空间结构所蕴含的规律。克里斯塔勒通过六边形图示（图 2-1）形象展示了城镇等级和规模之间的关系。

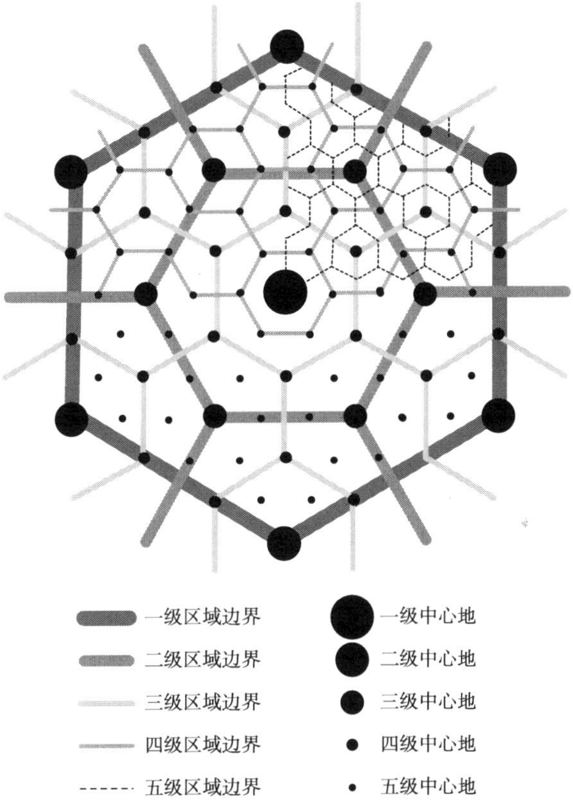

图 2-1　克里斯塔勒的中心地体系模型

中心地理论认为，城市中心地（central place）最基本的目的就是将商品和服务传输到居民手中，其提供商品的质量和服务的等级是中心地划分级别的标准。按照所提供商品的质量和服务的等级，中心地可以分为低级、次级、高级三个等级。其中，低级中心地的数量偏多，分布较广，但其提供服务的范围很小；高级中心地的数量较少，分布面也较窄，但其服务范围要大很多。

由此看来，中心地的等级、数量、分布面及服务范围存在一定的关系，即中心地所处等级与其数量、分布面负相关，与其提供服务的范围正相关。不同等级的中心地会提供不同种类和数量的各类设施，中心地的等级越高，其所能提供的商品和服务就越多，即两者呈正相关关系。此外，相较低级中心地的服务范围，高级中心地的服务范围更大，并且包含低级中心地的服务范围。等级相同的中心地提供服务的范围彼此是独立存在的，而且呈排斥现象。中心地理论将居住区的公共服务设施职能和整个城市的发展联系起来，这对城市群公共服务设施的布局和发展有极大的促进作用，同时促使很多学者开始研究空间规律和法则在地理学上的作用。

三、大都市带理论

1957 年，法国地理学家戈特曼在其著名论文“大都市带：美国东北海岸的城市化”中，对现代意义的城市群进行研究。他用“大都市带”来描述沿美国东北海岸 600 英里（1 英里≈1 609.344 米）范围内从新罕布什尔州到加利福尼亚州之间集聚发展而成的城市群体。

他认为大都市带是在具备特定条件的地区内，沿着特定周线发展出现的大规模的多核心城市系统，其包括多个异质子系统（都市区），这些子系统在空间上相连，在多个层面上相互联系，各个子系统以人口、交通、信息、资金、物质和文化活动等各种“流”形式发生着交互作用，彼此间的相互作用也使这一城市网络在空间景观和社会职能等各个方面与周边地区存在着差异性，具有多核心城市网络经济形态的已经不再是单一的某个都市区，而是都市区通过集聚效应形成的互相联系的城市群体。

戈特曼认为大都市带是高度密集型的。从空间上表现出人口、资金等各种要素及其所构建网络的高度密集型和多中心的星云状空间结构，住宅区和产业区纵横交错。从空间组织上来看，其特性表现为都市区内部组成基本单位的多元性，不同的都市区人口、地理、社会、文化、经济等各有不同，内部都市区各有分工又彼此联系。

此外，戈特曼总结出大都市带形成的四个阶段。第一阶段是独立分散的阶段，即城市孤立发展、结构分散；第二阶段是区域性城市体系产生阶段，即城市间的联系在重工业迅速发展和铁路运输兴起的影响下更加紧密；第三阶段是大都市带的初始阶段，随着交通和重工业的进一步发展，城市间的联系更加紧密，中心城市的集聚效应不断增强，区域城市的枢纽功能开始发挥作用，各种产业和经济活动在空间上向中心城市靠拢，规模不断扩大，第三产业高速发展；第四阶段是大都市带的形成阶段，即经济产业不断发展，城市体系的空间规模进一步扩大，大都市带逐渐走向成熟阶段。城市之间新的联系方式是人类生活空间组织形式的新秩序，城市之间各种要素的流动对区域的发展具有积极作用。

四、核心–边缘理论

1966 年，美国地理学家弗里德曼（Friedmann）的作品 *Regional Development Policy：A Case Study of Venezuela*，以委内瑞拉区域发展为研究对象，从行为角度提出核心–边缘理论，阐述区域空间演化发展模式。他认为一个完整的空间系统由核心区域和边缘区域组成。核心区域通常是指城市或城市集聚区，边缘区域是指经济较为落后的乡镇地区，边缘区域处于较低层级，由核心区域决定其经济发展方向。

弗里德曼认为区域经济在空间上的演化通常会经历四个阶段。第一阶段是工业化前阶段。此时各地区之间彼此独立分散，自给自足，生产力水平低下，经济差异度小。第二阶段是工业化初期阶段。在这一阶段，城市开始形成，成为核心区域，资源要素向核心集中，与边缘区域发展差异逐渐拉大。第三阶段是工业化成熟阶段。这一阶段核心区域快速发展，核心与边缘之间不平衡加剧，此时在资金、人口流动等方面出现矛盾。相应地，资源要素在此时开始向边缘地区回流，在边缘地区积聚出现规模较小的产业群。第四阶段是后工业化阶段，这一阶段资源要素从核心区域向边缘区域流动的趋势加强，整个区域内部相互联系，空间实现相对均衡。

这一理论通过分析不同发展水平区域之间的关系，解释了一个区域内部由彼此独立分散演化到相互联系，由发展均衡演化到发展不均衡，又从极不均衡实现相对均衡的空间演化模式，它有助于区域内部经济协调发展，同时对研究发达地区与落后地区、发达国家与发展中国家的发展关系也有一定的应用价值。

第四节　公共服务的理论基础

一、协同论

协同论是 1971 年德国著名物理学家哈肯提出的，主要用于研究不同事物之间所共有的特征以及之间的联系。该理论的主要内容可以概括为三个方面。

（1）协同效应。协同效应本是一种物理现象，其主要是强调当两个或两个以上的组结合在一起时所产生的效应比各种组分单独产生的作用的总和大。在哈肯提出协同论之后，协同效应主要强调社会各系统虽然属性各不相同，但是之间是相互作用、相互影响的，因此各系统可以通过共同合作、共同配合产生更强的效应。

（2）伺服原理。伺服原理从系统内部各自描述了系统自发形成其功能结构的一个过程。在整个形成过程中，其速度取决于某些变化较慢的参量。

（3）自组织原理。自组织原理是指在没有外界支配、组织、管理的情况下，各系统的内部子系统自动构建属于自己的结构、功能的过程。该原理强调系统的内生性和自发性，其对于子系统所形成的时间结构、空间结构等都作出了合理的解释。

在城市群的发展过程中，协同论认为城市群内部各个子系统之间是相互影响的，正是由于各系统之间的相互作用、相互配合，城市群中的各城市才能够协同发展、共同进步。协同论为城市群的不断推进提供了强有力的理论基础。

二、善治理论

虽然治理理论可以在国家和市场的调控和协调中发挥积极作用，但这些治理仍存在许多不足之处。在很多方面，治理理论不能够确保新模式功能的正常使用，甚至会存在治理失效的现象。由此，善治这一治理方式开始发展起来。

中共十八届三中全会提出将“完善和发展中国特色社会主义制度，推进国家治理体系和治理能力现代化”作为全面深化改革的总目标。中共十九大的政治报告中提到“以良法促进发展、保障善治”，“善治”已被视为国家治理的理想状态。

善治，通俗来讲是指好的治理，但随着社会的发展与进步，我国公民的政治参与度逐渐增强，越来越多地参与到社会公共管理当中，所以“善治”已不仅仅只是与政府有关的活动，其更多地需要整个社会的配合。总的来说，善治是一个治理过程，这个治理过程不仅需要政府不断优化治理模式，还需要调动全体公民乃至整个社会的积极性，共同对社会公共事务进行治理，使整个国家、社会处于最优状态，实现公共利益的最大化。因此，善治通过彼此之间的良好合作共同管理国家。善治作为一种全新的治理方式，具有以下特征。

（1）善治的治理主体不再是政府。一直以来，政府都在治理过程中占主体位置，是治理的中心，公民根据政府下达的命令行动，但是善治理论的出现改变了以往的治理模式，强调治理主体的多元性，其不再将大多数权力放在政府手上，而是将权力下放到多个机构乃至每个公民手中。这种模式的出现，改变了政府在公共事务管理上公共权力过大的情况。这种全新的方式使得每个公民都能够参与到公共事务治理当中，在很大程度上提高了我国政治参与的公平性和开放度。

（2）善治理论对我国来说是一种新型的、相互依赖的平等合作关系。善治治理模式模糊公共领域和私人领域之间的界限，政府和公民之间也不再是“发号施令”和“响应号召”的关系，二者在这种模式下是公平的、相互依赖的，不存在任何一方高于另一方的情况。如果离开公民的参与，政府无法独立完成治理任务；同样，如果脱离政府的管制，公民也没有办法管理公共事务。善治理论使得整个社会之间的联系更加密切，政府、社会都不再只是封闭在自己的空间，而是逐渐愈发开放去容纳彼此的存在。我国公民在该模式下也逐渐承担起更多原本属于政府的责任。

（3）善治注重所有管理对象的共同参与，强调所有主体的互动。善治更加注重的是主体间的互动反馈，问题治理不再是政府单方面下达任务的过程，而是多方共同合作、协商、制定、确认目标的过程。该过程是一个所有参与主体协商的过程，所以就需要其所涉及的对象都积极参与到该治理过程中，充分表达自己对于管理公共事务的建议、愿望，从而制定出符合大多数人利益的目标，以充分显示民主协商这一方针，体现我国的公开、公平和公正。

（4）善治要求全新的管理手段和管理技术。随着善治理论的推出，传统的治理手段和技术已经不再适应新的理论，推进善治的同时要不断挖掘、创造出与其相适应的管理方法。因此，善治治理模式的运用必然会为我国带来一些其他管理方式，政府、社会通过运用多元的手段来达到最后的治理目标。因此，在深化依法治国的同时，政府还需要不断对社会经济、文化、政治等与善治不相符合的方面进行改革，构建与时俱进的治理体制，建设社会主义现代化国家。

三、新公共服务理论

目前，公共行政的发展形成三种治理模式：传统的公共行政理论、新公共管理理论和新公共服务理论。在传统的公共行政理论中，政府认为它仅限于提供有效的公共服务，并主要通过改变组织结构和控制系统解决所遇到的现实困境，这容易导致官僚组织的僵化，甚至加深公众对政府的不信任和不满程度。随着新公共管理理论的提出、发展和推广，在 20 世纪 80 年代，全世界掀起了公共管理革命的浪潮。新公共管理理论认为，政府自身办事效率的提高，可以增加公众对政府的信任，该理论还提倡政府摒弃之前旧的、不符合时代发展的管理方式，制定一个与市场相合的企业化政府管理方式，真正改善政府僵化的科层制官僚体制，使其能够灵活、快速地提供回应性服务。

新公共服务理论将治理的中心定为公民，并主张政府所扮演的治理角色作用不是主导，而是要实现向服务的转化。该理论的目的是提升公共服务在公众心中的重要性和价值，让公众明白公共精神并加以发展。而且新公共服务理论十分重视沟通和共同治理，鼓励政府和社区以及公民之间的对话，注重公民对于其自身状况和社会的满意度；强调建立有效的公民利益表达机制；倡导以民主和公共利益管理模式为基础的新的公共服务模式完善现有的经济理论和公民利益。

新公共服务理论强调综合、系统的治理模式，在该模式下，要坚持将公民作为服务对象，尊重他们所拥有的权利，鼓励政府、企业、非营利组织等多元主体参加，从而更好地服务于公民以实现公共利益。这种新的以公民为导向的管理模式为实现政府与公民之间的良好互动提供了基础。

目前，城市群内部的公共服务管理水平的差异在某种程度上扩大了城市群内区域间社会经济发展水平的差距，为了促进中国城市群的协调发展，必须大力发展城市群内的基本公共服务，促进城市群内公共服务的均等化。因此，在建设城市群的过程中，可以通过新的公共服务治理模式来缩小城市群区域间发展差距，促进城市群的协调发展。

参 考 文 献

陈会谦，任左菲，赵会珍. 2017. 论现代公共文化服务体系的发展趋势[J]. 农业图书情报学刊，29（8）：169-172.

丁元竹. 2018. 创新基本公共服务体系的三个着力点[J]. 社会治理，（4）：25-27.

樊咏梅. 2019. 基于教育公平的农村学前教育公共服务体系构建[J]. 学周刊，（11）：174.

方创琳. 2015. 科学选择与分级培育适应新常态发展的中国城市群[J]. 中国科学院院刊，30（2）：127-136.

方创琳，关兴良. 2011. 中国城市群投入产出效率的综合测度与空间分异[J]. 地理学报，66（8）：1011-1022.

顾朝林. 1990. 中国城镇体系等级规模分布模型及其结构预测[J]. 经济地理，10（3）：54-56.

韩晓静. 2018. 公共服务体系建设的地方实践与启示[J]. 时代经贸，（9）：12，13.

匡亚林. 2018. 新时代聚焦新发展：我国社会保障体系建设研究[J]. 行政管理改革，（5）：39-44.

李媛媛. 2017. 国家文化治理视域下的现代公共文化服务体系发展趋势研究[J]. 中国社会科学院研究生院学报，（4）：118-125.

刘静玉，王发曾. 2004. 城市群形成发展的动力机制研究[J]. 开发研究，（6）：66-69.

刘伦武. 2018. 建立健全基本公共服务体系：国际经验与政策启示[J]. 现代经济信息，（21）：19-20，35.

刘阳，秦曼. 2019. 中国东部沿海四大城市群绿色效率的综合测度与比较[J]. 中国人口·资源与环境，29（3）：11-20.
栾滨. 2017. 基于智慧城市的公共服务体系建设研究[D]. 山东财经大学硕士学位论文.
宁越敏. 2013. 世界城市群的发展趋势[J]. 地理教育，（4）：1.
牛凤瑞. 2006. 中国的可持续发展与城市化[J]. 南阳师范学院学报（社会科学版），5（5）：1-4.
史育龙，周一星. 2009. 关于大都市带（都市连绵区）研究的论争及近今进展述评[J]. 国际城市规划，（S1）：160-166.
宋家泰. 1980. 城市-区域与城市区域调查研究：城市发展的区域经济基础调查研究[J]. 地理学报，35（4）：277-287.
孙乐生. 2018. 深刻把握“互联网+”供需变革完善中小企业公共服务体系[J]. 信息记录材料，19（1）：189-190.
孙一飞. 1995. 城镇密集区的界定——以江苏省为例[J]. 经济地理，15（3）：6-40.
王坤，毛阿燕，孟月莉，等. 2019. 我国公共卫生体系建设发展历程、现状、问题与策略[J]. 中国公共卫生，35（7）：801-805.
吴福象，刘志彪. 2008. 城市化群落驱动经济增长的机制研究——来自长江三角洲 16 个城市的经验证据[J]. 经济研究，43（11）：126-136.
熊选国. 2017. 加快推进公共法律服务体系建设[J]. 中国司法，（12）：6-8.
徐益波，范雪，王菲岑. 2018. “一带一路”战略背景下的海疆地区公共文化服务体系建设研究[J]. 图书馆研究与工作，（2）：21-24.
杨建荣. 1995. 论中国崛起世界级大城市的条件与构想[J]. 财经研究，（6）：45-51.
杨琳琳. 2018. 我国社会救助服务体系构建的可能性与路径[J]. 西安财经学院学报，31（3）：84-92.
姚士谋，陈振光，朱英明. 2001. 中国城市群[M]. 2 版. 合肥：中国科学技术大学出版社.
于洪俊. 1983. 试论城市地域结构的均质性[J]. 地理学报，（3）：241-251.
张振，赵纯，许松. 2018. “健康中国”目标下社区公共体育服务体系构建研究[J]. 长春师范大学学报，37（2）：83-85，106.
周笑安. 2018. 以法律完善公共服务体系——十九大中我国主要矛盾的转变对法律的要求[J]. 法制博览，（9）：117，116.
周一星，于艇. 1988. 对我国城市发展方针的讨论[J]. 城市规划，（3）：33-36.
Florida R，Gulden T，Mellander C. 2008. The rise of the mega-region[J]. Cambridge Journal of Regions Economy and Society，1（3）：459-476.
Friedmann J. 1966. Regional Development Policy：A Case Study of Venezuela[M]. Cambridge：MIT.
Geddes P. 1915. Cities in Evolution：An Introduction to the Town Planning Movement and to the Study of Civics[M]. London：Williams.

Gottmann J. 1957. Megalopolis or the urbanization of the northeastern seaboard[J]. Economic Geography，33（3）：189-200.

Hagestrand T. 1967. Innovation Diffusion as A Spatial Process[M]. Chicago：University of Chicago Press.

Hall P，Pain K. 2006. The Polycentric Metropolis：Learning from Mega-City Regions in Europe[M]. London：Routledge.

Howard E. 1898. Tomorrow：A Peaceful Path to Real Reform[M]. Cambridge：Cambridge University Press.

Scott A J. 2001. Global City-Regions：Trends，Theory，Policy[M]. Oxford：Oxford University Press.

第三章　现代城市群演化机理

第一节　现代城市群形成的基本条件

21世纪以来，城市间的联系越来越紧密，现代城市群逐渐成为各城市间文化、经济交流的重要载体。从现代城市群发展过程来看，各个国家或地区的城市发展历程可能各有不同，但探究其形成条件，可以发现不同之中也存在一些共性。通过对不同城市群发展过程和形成条件进行对比分析，可以发现一些城市群发展的基本条件。

一、现代区位条件

无论是传统城市群还是现代城市群，它们形成的过程都需要注重区位的选择，合适的区位条件对于城市群发展具有重要的意义，本节重点对以平原为代表的自然区位和以交通运输为代表的社会区位条件进行分析。从人类生产生活的发展历程中可以发现，城市大多建立在地区相对平坦的平原地区。经过近几十年城市发展历程发现，国内外最初由众多中小城市聚集而形成的城市群也均处在平原地带，其中大多数城市群位于中纬度的平原区域空间。平原地带的典型特征是海拔较低、地势相对平坦宽阔、波动起伏较小，比较适合发展人们赖以生存的农业生产活动，同时具备为人们居住和交通联络提供方便的地理特征，因此人们会向平原地区不断转移并集中。此外，中纬度地区属于温带气候，相比较而言，气候宜人、温和的中纬度地区会给人们带来更好的生活环境和气候特征，所以城市大多会倾向在更加适宜人们生活的中纬度平原地区而建立。

人口聚集是现代城市的典型特征，而跨区域人口流动、集聚也跟城市的地形地势等自然区位特征相关。以日本为例，日本的国土面积呈狭长形分布，其中只有四分之一的土地为平原，其余均为岭地或山丘，而在平原与山地之间的融合点处形成了东京、大阪、名古屋等现代发达城市，这些典型发达城市也成为日本现代城市群的中心城市。众所周知，首都东京经济发达，而其旁边就是关东平原（日本最大的平原）。除此之外，临近名古屋浓尾平原和位于大阪附近的畿内平原，同样是日本规模比较大的平原。能够发现，日本现代城市群的发展与其依托的巨型平原地带密不可分。随着工业化进程加速，这三大核心城市也逐渐成为日本的现代都市圈，日本的经济和人口也高度集中于此平原地区，同时也组合成为日本经济最发达的现代城市群。日本一半以上的人口都集中于此现代城市群，与此同时，贡献超过全国三分之二的国内生产总值（gross domestic product，GDP）。优越的地理环境和自然环境、宽广的平原地区往往会是形成现代城市群的重要区位条件。

交通运输条件是现代城市群区位选择的另一个重要因素。“要想富先修路”的道理适用于任何城市、任何国家的发展，完善的交通运输设施和先进的信息技术水平是现代城市群快速发展的前提条件，也是现代城市群必不可少的重要条件之一。通过对国内外现代城市群的特征研究可以发现，相比于一般地区，现代城市群的国际运输以公路、铁路、航空及水路运输等交通设施为主，而城市群区域内部以便捷的地铁、轻轨、火车、高铁等现代交通工具为代表，它们是现代城市群轨道交通系统的主干。不论城市群的空间形态以何种分布为基础，它们都需要依靠先进的交通、通信网络来加强城市区域之间的联系。以沿海区域城市群为例，城市群的建设离不开发达的海上交通运输，如美国大西洋沿岸地区享有便利的海上运输条件，日本太平洋沿岸城市群的形成和发展都是与发达的海上交通运输分不开的。优越的交通运输条件，对于现代城市群的形成具有重要的意义。此外，天然的交通资源对于现代城市群及传统城市群都具有重要的意义，伴随着跨区域的资源开发和利用，一系列现代运输设施也会被带动发展起来。

二、现代产业发展条件

现代城市群的发展是在传统城市群发展基础上形成新的成长模式。传统城市群大多建立在一定的农业发展或者工业快速发展基础之上。现代城市群具备独特的优势特征，如金融产业发展推动区域的迅速发展，科技进步带来城市的转型，而传统城市群更多建立在以依靠第一次及第二次工业革命为代表的工业实力基础之上。随着工业的发展逐渐走向成熟，第二三产业的发展带来强大的生产力，也是现代城市群发展的重要推动力。在工业革命之前，世界上没有形成较大规模的城市群。现代城市群的产生和发展基本上都是发生在工业革命之后，其主要特征是以人们现代生产生活为代表的第二三产业发展迅速。越来越多现代产业的发展为城市建设发展吸引大量的劳动力，使得城市的市民人口增多和城市的用地面积增加，从而推动城市扩张和城市规模扩大。城市人口和工业的发展，一方面进一步促进第三产业的发展，另一方面也吸引了更多的劳动力，这将导致城市人口的不断膨胀。当城市各行业和领域运行发展到一定程度后，相对拥挤的土地承载空间也将难以正常发挥其功能，出现城市产业空间的进一步转移，核心城市的劳动力人口便会随着现代产业发展向周边区域蔓延，以现代产业为中心的城市辐射带动作用就会显现出来。人口和产业向周边地区（卫星城或城市新区）扩散，形成以中心城区为核心的现代都市圈。由此，由现代都市圈进一步演化的现代城市群也逐渐形成。现代产业和服务业发展对改造传统城市群、形成新的现代城市群起着巨大的推动作用。

现代城市群发展更多地依靠金融产业、高新技术产业及智能科技的快速发展，科技在现代城市群的形成中具有重要的作用，第三次科技革命带来的是重大的改变。在现代城市群的不同发展阶段，现代产业在城市群发展过程中扮演越来越重要的角色。由前面论述可知，传统的城市群主要以第二产业发展为主要动力，而当城市群发展进程进入更高阶段或者形成新的发展模式时，科技智能化和第三产业发挥的作用会更大。除此之外，金融、科技等被称为第三产业的资源成为现代城市群发展必不可少的条件，这些资源成为在经济全球化中提高当代城市群发展程度，以及加强在全球范围内竞争能力的重要力量。

三、空间资源条件

由于社会发展早期技术限制，人们更多强调自然资源的价值，随着新技术的应用，其他资源的强大作用显现出来，空间资源在一定程度上会影响整个国家的国民经济状况。如果一些区域蕴含着丰富的金融、人才、教育等资源，那么这些丰富的空间资源就可以支撑当地的经济发展，并不断推动当地城镇化快速成长，而这些空间资源成为现代城市群发展的重要因素。现代城市群不同于因丰富的矿产资源成长起来的传统城市群，其成长拥有不同的资源条件，这些资源条件促进当地经济的崛起。人才也成为城市群的重要空间资源，且对城市群的发展具有重要的意义，以人为依托的教育产业、医疗产业等均构成现代城市群发展的重要的资源条件。

在现代城市群的发展过程中，由于市场经济的存在，市场发挥着基础作用。市场可以为经济发展吸引人才、提供动力，经济的发展会带动城市的发展，促进城市群的形成，但是单纯依靠市场的力量，无法解决所有问题，一些问题的存在要求政府进行宏观调控。世界经济重心的转移，是站在整个世界的高度，分析全球经济变化对国家及城市的影响。可以发现，随着经济全球化的快速发展，世界各个国家紧密联系，现代城市群的建设也会受到一定的影响。进入 20 世纪 50 年代之后，虽然经济重心还是在北美地区，但方位已经变化，在美国政府的支持下，高新技术快速发展使得中西部逐渐发展起来，开始成为美国新的经济中心，同时，也促进一些现代城市群的形成，著名的达拉斯-休斯敦城市群就是在高科技产业的支撑下形成、发展起来的，同样还有旧金山-洛杉矶城市群的出现带动周边地区的发展，具有显著的辐射作用。21 世纪以来，发展中国家抓住时代机遇，在和平与发展两大时代主题背景下，亚洲太平洋地区进一步繁荣，中国作为世界经济新的增长极，经济的快速发展逐步推动一批现代城市群的快速发展，形成以“菱形”为空间轮廓的巨型城市区域，包括华北地区的京津冀城市群、东部沿海地区的长江三角洲城市群、南部地区的粤港澳大湾区和北部湾城市群、西部内陆的成渝城市群。因此，城市群的形成不是偶然，既有自然条件的选择，也有社会资源和时代的共同作用。

四、政策条件

现代城市群的发展同样离不开政府政策支撑，政府以其“看得见”的手进行着国家建设，现代城市群发展的一个重要因素也是政府的支持。脱离政府的支持和帮助，城市群的建设则会受到较大的阻力，甚至无法形成一定规模的城市群，因此政策因素不容忽视。

从世界级城市群发展过程来看，无论是传统城市群建设，还是现代城市群发展，政府都发挥着不可或缺的作用。政府常常会为城市群发展而提供具有优势的政策环境，通过资金支持、加强基础设施、鼓励人才引进等各种手段来为城市群的建设提供有利的条件。政府可以通过产业政策或者其他政策来引导企业的区位选择，以优惠的手段引入一些企业为城市的经济发展做支撑，通过与城市协商形成一定的协调机制，促使不同城市间的产业布局更加合理，从而参与并影响城市的发展和布局，完善城市交通运输体系等。这些活动将会导致一些相邻城市集结成群（也就是现代城市群），形成更大的竞争力。例如，法国为避免巴黎城市区的过度扩张，改变最初向中心聚集的城市构建策略，开始在塞纳河下游更大的范围内沿河流规划新的布局，之后形成一条呈带状分布的城市群，即巴黎-鲁昂-勒阿弗尔城市群。城市群在发展过程中不可忽略政府的因素，应该积极寻求政府政策的支持，在国家政策指导下不断规范发展。

第二节　现代城市群演化的发展阶段

现代城市群发展是一个动态过程，通过对国内外著名城市群演化过程研究，发现现代城市群的发展和城市的发展在过程上大体是一致的，主要经历三个阶段，即区域经济形成阶段、国际贸易驱动化阶段、现代全球化阶段。

一、区域经济形成阶段

区域经济形成阶段是现代城市群在发展过程中的初始阶段，在这一阶段城市群经济和文化都有一定的积累，产业相较之前也有所发展，这时候一些具有优势的城市，如占据优越的地理位置，或者拥有特色产业作为支撑的城市，就可以依靠这些优势，在众多的城市之间脱颖而出，成为经济发展较快的城市，功能也越发全面。当城市发展到一定阶段时，就会产生强大的吸引作用，吸引众多的劳动力及资源，进一步为城市的发展提供动力。同时，其产业、人口、空间也随着城市的扩张而向四周进行扩散，城市功能逐渐辐射周围地区，快速发展的城市开始带动周围小城市的发展，进而带动区域经济、区域贸易的形成和发展。

在这一过程中，由于小城市与大城市之间的各方面实力差异，小城市中和大城市相似的产业将由于竞争力不足而退出竞争，故小城市在承受大城市的带动发展过程中，会逐渐接受大城市的产业影响，接受能够适应城市协同发展的产业，而放弃冲突产业或缺乏竞争力的产业，以此来适应经济发展的新变化，形成大小城市协同发展的局面。这样，区域内的中心城市与周边的小城市，通过采取协同发展的手段，进入良性协同阶段，促进当地区域经济的发展，构成不论是竞争实力还是规模实力都更强的大都市圈，在区域经济发展中发挥着突出作用，这相当于现代城市群的早期发展阶段。在这一阶段，城市之间的贸易往来较多地存在于局部范围内，多为相邻城市之间的相互交易，产业的相互促进和发展。

二、国际贸易驱动化阶段

在经历区域经济形成阶段后，城市群的整体实力都得到提升，现代城市群的发展开始走向新的阶段，进入新的发展过程。这时中心城市实力不断增强，吸引更多的人口流入，城市规模得到扩大，城市群的集聚作用不断加强，同时其辐射扩散功能也更加突出，辐射作用可以囊括更大的范围，也可以带动更多的地区发展，城市群已经进阶为稳定发展阶段。为了满足城市发展的速度要求，此阶段对交通和物流有了更高的要求，完备的城市交通系统得以建立。信息产业也顺势建立和完善起来，城市群的框架基本建立，城市群开始进入完善发展的阶段。

城市之间可以保持密切的配合和合作，城市的功能得到完善和加深，每一个城市都不是独立的个体，而是与其他地区形成紧密的联系，甚至在产业之间也达到了互相合作的最佳状态。提及每一个城市，也都是作为现代城市群的一部分说起，或者说是现代城市群力量的体现，城市群的规模已经相当大，各方面的功能、体系已经完善，区域城市群的竞争力大幅度提升。

此时的城市群已经不再仅限于进行本国的贸易和经济往来，而是开始在全球范围内逐步拓展市场，进行贸易合作，产业的发展处于迅速成长阶段，城市群的经济实力及拓展辐射能力迅速升温，城市群逐步成为一个国家经济增长的重要力量，甚至成为世界级的城市群，对世界经济也会作出相应的贡献。

三、现代全球化阶段

经过国际贸易驱动阶段后，现代城市群各方面的发展趋向成熟，综合实力愈发强大。随着城市群的成熟，完善的产业体系、服务体系、金融体系已经建立，城市群的发展辐射范围不仅仅局限于周边地区、全国地区，在全球范围内也产生重要的影响，包括经济、政治、文化等方面。在现代全球化阶段，现代城市群沿着全球化的方向，在世界范围内的重要性不断提升。

伴随着城市群的成熟，国家各方面的发展被带动起来，此时城市群在整个国家的经济贡献以及在世界经济中的比重或发挥的作用不如之前，这一阶段实际上是现代城市群发展完全成熟后的一个重要表现。美国的西南部城市群是现代城市群的重要代表，不同于传统的五大湖城市群，其成长方式具有明显的现代特征，以高新技术产业的快速兴起为助力，完善的金融服务体系为支撑，强大的政府帮助为依靠，成长为美国重要的经济中心，世界重要的科技以及金融力量。美国的东北部城市群、五大湖城市群等原先的世界经济重心城市群，经济地位再不如前，虽然仍是规模较大、功能较为完备的城市群，但是经济重心从原来的东北部转移到西南部，旧金山等城市的兴起，使美国经济的新的增长极也跟着转移。

现代城市群在外在机制与内在动力的双重推动下，逐步走向成熟，通过对城市群演化过程中的规模、增长路径、城市化率、城镇体系、城市分工、基础设施多个指标特征进行分析和归纳，形成如表 3-1 所示的城市群演化过程中的特征变化。

表 3-1 城市群演化过程中的特征变化

指标阶段	区域经济形成阶段	国际贸易驱动化阶段	现代全球化阶段
规模	较快扩大	较大	大
增长路径	外延为主、内涵为辅	内涵为主、外延为辅	外延、内涵并进
城市化率	快速提升	较高	高
城镇体系	仍不完善	带动周边	趋于完善
城市分工	开始加强	越发紧密	非常完善
基础设施	强力推进	网络化开发	网络一体化

第三节　现代城市群形成的动力机制

一、现代产业集聚和扩散的驱动

传统城市群在历经第一次工业革命后，开始进入能源经济阶段，煤炭、石油等能源成为世界热门的资源，众多资源型城市凭借着区域资源优势成为重工业基地和能源基地，促进当地经济的崛起，成为早期现代城市群的雏形。例如，德国的鲁尔城市群、中国东北的哈长城市群等都建立在资源丰富的基础之上。德国的鲁尔城市群位于联邦德国工业的核心地带，由于当地煤炭资源丰富，最早以鲁尔工业区闻名世界，这些城市群在发展中凭借着资源的优势发展采煤、冶金、化工、机械等重工业，促进城市群的产生与发展。随着以煤炭为主的产业链不断发展，德国的鲁尔城市群逐步建立起不同级别的钢铁产业、能源工业的上下游企业，并据此发展一系列的配套产业、基础设施及现代服务业，这种由第二产业联动第三产业发展的集聚模式，使得德国的鲁尔城市群在全球工业化进程中建立起强大的重工业基地，形成产业与城市互融共生的循环效应。现代城市群的发展源于现代产业的集聚和扩散带来的驱动，而现代产业强调第二三产业的构成和比重，其中第三产业在现代城市群中的作用越来越明显，以科技产业、金融产业为代表的现代产业，具有强大的凝聚和辐射作用。现代城市群在政府的帮助下，通过现代产业实现规模的迅速扩大及城市群实力的迅速增强。

在集聚规模的影响下，不同等级但提供相同或相似服务的企业将在某一区域大量集聚，形成规模效应。伴随着区域资源的开发，现代城市群的交通设施及其他基础设施建设也随之快速发展，在相应的服务业不断完善的过程中，区域内的各城市往往可以通过产业合作来加强联系，根据各城镇、各产业的特点建立劳动地域分工体系，以现代产业扩散现象促进区域协同发展。我国城市群的发展受到中央政府对产业布局的规划影响较大。例如，在改革开放后，我国珠江三角洲城市群在优惠政策的推动下凭借人口资源红利和交通优势建立起来，而以现代加工工业为主的各种产业在珠江三角洲城市群地区开始扩散，不同城市中的企业在区域一体化发展中分工明确合理，各地之间联系加强并进一步促进城市群的发展。由此看出，产业扩散对城市群的作用是巨大的，是其形成的重要驱动机制。不论是产业向其他城镇转移，还是人口向周围蔓延，这都是解决特大城市问题的有效途径。现代产业扩散一般通过主动扩散和被动扩散这两种形式向周围扩散。其中，主动扩散一般是由政府或相关的机构组织，通过合理的协调，将一定的产业或者人口外调，主动解决城市的问题。以中国长江三角洲城市群为例，其是以上海为核心，将相关产业主动进行转移和扩散的基础之上形成的。被动扩散，顾名思义就是被迫扩散，当城市中的产业过于集中并膨胀时，就会引起被动扩散，这些产业的扩散在一定程度上可以促进一些中小城镇和卫星城镇发展，最终发展成为现代城市群。

二、区域网络化的驱动

网络化组织可以分为物质性和非物质性两种方式，物质性网络由完善的交通运输网、通信电力设备等构成，非物质性网络则由市场中要素资源的流动形成。在城市群发展的初期，交通运输对一个城市是非常重要的，很多城市凭借着天然的交通便利得以发展，导致区域内大规模城镇的兴起，城市之间彼此联系而最终发展成为城市群。传统的城市群，如美国的五大湖城市群，凭借着费城、纽约等重要的港口城市形成，并以此交通运输网络为基础而进一步蔓延，最终发展成为波士顿—华盛顿这一连绵带形式的城市群。

现代城市群的发展，也需要借助强有力的交通运输实现资源的快速传输，在区域内建立紧密的联系。另外一种情况是在相近的城镇之间，主动地建立起一些铁路、公路等使城镇之间联系更为密切，发展成城市群。城镇是区域的商业中心，会带动要素资源的聚集与流动，同时，要素的流动也会进一步促进城镇的发展，市场间要素的流动形成复杂的非物质性网络组织结构，所以可以根据不同的要素资源形成不同的城镇规模。现代城市群虽然借助交通运输实现区域的网络化目标，但是科技的应用却成为同样重要甚至是更为重要的角色。互联网的大范围应用不仅仅使得区域网络化成为可能，更使得城市之间的距离突破时间和空间的限制，真正实现一体化。区域网络化的驱动，促使城市之间联系愈发密切，为现代城市群的发展创造动力机制。

三、区域智能化的驱动

区域智能化在现代城市群的发展中具有重要的作用，国家高度重视和支持智能化产业的发展，推出相关的政策和激励措施，智能化已经成为世界各国高度关注的对象，实现区域智能化不仅仅可以推动现代城市群的发展和强大，对于国家在国际社会中的话语权也有重要的提升作用。在经济发展过程中，市场在资源配置方面起着决定性的作用，随着第三次科技革命的进行，智能产业、智能产品成为重要的经济产业，经济产品具有广阔的发展前景，实现区域智能化，可以帮助城市群在世界城市群中发挥重要的作用。

现代城市群通过推行智能产业的发展，可以迅速实现城市的发展壮大，并具有强大的辐射驱动作用，带动周边地区的智能化程度提升，将一系列上下游产业设施形成产业体系，带动周边地区的发展，促使基础设施建设完善，实现基础设施信息化。网络资源设施的发展水平和现代经济的发展具有密切联系，美国西海岸现代城市群的建立便是依托强大的科技智能产业，一系列的高新技术产业促使美国成为世界科技的前沿，并推动形成实力强大的现代城市群。现代城市群的发展，必须实现区域智能化，在智能科技的推动下，迅速实现规模经济的壮大和城市力量的增强，区域智能化已经成为现代城市群发展的重要的驱动力量。

四、政府调控的驱动

通过政策对现代城市群建设的驱动机制大致来自两种：中央政府引导型驱动和地方政府合作型驱动。中央政府引导型驱动是指在新型城镇化背景下，中央政府对中心城市和城市群发展的规划和指导。例如，中央财经委员会第五次会议（2019 年）提出当前中国“经济发展的空间结构正在发生深刻变化，中心城市和城市群正在成为承载发展要素的主要空间形式”。此外，近年来中国城市群空间建设发展迅速，“城市群”概念也逐渐成为中国政府规划和报告中的热点词语，同时它也正在成为中国城市实现可持续发展的国家战略。地方政府合作型驱动是指以现代城市群区域内的地方政府为牵引，多个不同能级城市通过开展发展规划、府际协议、学术报告、民间活动等对城市的发展施加影响。例如，在中央政策的驱动下，现代城市群根据自身特点制定发展规划，得到国家的批复成为国家级城市群，如呼包鄂榆城市群、兰西城市群、长江中游城市群等十个国家级城市群。2020 年，成渝双城经济圈以现代成渝城市群为基础，重庆市和四川省分别以两江新区及天府新区为对外开放门户，开展交通互联、产业联动、科技创新和深化改革等多方面合作，极大推动现代城市群的进一步新型合作模式的出现。

参考文献

陈玉光. 2009. 从城市群形成的条件看我国城市群发展[J]. 江淮论坛，（5）：22-27.

程玉鸿. 2014. 城市群视角的城市竞争力研究：以珠江三角洲城市群为例[M]. 北京：经济科学出版社.

顾朝林. 2011. 城市群研究进展与展望[J]. 地理研究，30（5）：771-784.

黄征学. 2014. 城市群：理论与实践[M]. 北京：经济科学出版社.

李磊，柯慧敏，马韶君. 2020. 群际互动与区域文化协同发展：基于粤港澳大湾区的案例研究[J]. 公共行政评论，13（2）：160-175，192，199，200.

李玉江. 2008. 城市群形成动力机制及综合竞争力提升研究：以山东半岛城市群为例[M]. 北京：科学出版社.

林森. 2012. 城市群一体化发展研究[M]. 大连：东北财经大学出版社.

刘晓丽. 2013. 城市群地区资源环境承载力理论与实践[M]. 北京：中国经济出版社.

刘玉亭，王勇，吴丽娟. 2013. 城市群概念、形成机制及其未来研究方向评述[J]. 人文地理，28（1）：62-68.

彭震伟，唐伟成，张立，等. 2014. 长江三角洲城市群发展演变及其总体发展思路[J]. 上海城市规划，（1）：7-12.

秦耀辰. 2009. 中原城市群科学发展研究[M]. 北京：科学出版社.

秦尊文. 2010a. 长江中游城市群构建[M]. 武汉：湖北人民出版社.

秦尊文. 2010b. 武汉城市圈的形成机制与发展趋势[M]. 武汉：中国地质大学出版社.

童中贤. 2011. 城市群整合论：基于中部城市群整合机制的实证分析[M]. 上海：格致出版社.

邬丽萍. 2012. 城市群形成演化机理与发展战略：基于集聚经济三维框架的研究[M]. 北京：中国社会科学出版社.

郁鸿胜. 2005. 崛起之路：城市群发展与制度创新[M]. 长沙：湖南出版社.

张协奎. 2012. 城市群资源整合与协调发展研究：以广西北部湾城市群为例[M]. 北京：中国社会科学出版社.

朱英明. 2010. 中国城市群整体竞争力研究[M]. 北京：经济管理出版社.

第四章　现代城市群发展模式

第一节　现代城市群典型类别及特征

随着世界各国现代化进程加速，现代城市群越来越引起人们的关注，它在空间上是城市群发展到高级阶段的组织形式，具有经济发达、产业完善、绿色生态、交通发达等现代化特征。目前全球有六大公认的世界城市群，它们较为分散地分布在地球各处，呈现当今城市群的主要格局，分别是以纽约为中心的美国东北部大西洋沿岸现代城市群、以芝加哥为中心的北美五大湖现代城市群、以东京为中心的日本太平洋沿岸现代城市群、以伦敦为中心的英伦现代城市群、以巴黎为中心的欧洲西北部现代城市群和以上海为中心的中国长江三角洲现代城市群。这六大城市群发展起步较早，经过充分的发展已经达到相当成熟的阶段，并在全球各国推进现代化的过程中，积极与现代科技、生态理念等相结合，逐步发展成为具有现代化特点的城市群。

一、具有完善金字塔产业结构的现代城市群

金字塔产业结构一般呈三层分布，核心产业处于金字塔层级顶端，起到承上启下作用的重要产业处于金字塔层级中端，发挥基础作用的产业处于金字塔层级低端。目前，大西洋沿岸现代城市群拥有成熟的产业结构特征。大西洋沿岸现代城市群位于美国东北部，是一个以纽约为中心城市的大型城市群。顾名思义，大西洋沿岸现代城市群以沿海地区带状分布，南北跨度约 1 000 千米。该城市群以纽约为中心，自南向北分布着美国著名的城市群落，如华盛顿、巴尔的摩、费城、波士顿等现代都市。由于该城市群位于沿海地带，其纵向宽度最大约 200 千米，最小只有 50 千米。尽管大西洋沿岸现代城市群仅占全美土地面积的 1.5%，但却拥有美国约四分之一的人口，城镇化水平超过 90%，是典型的发展程度较高

的现代城市群。在长期的发展过程中，大西洋沿岸现代城市群形成显性的产业分布结构——金字塔产业结构。处于第一层级的城市是纽约，它作为全球金融中心，在各方面发展都比较先进，同时，纽约以其核心的地理位置，能够较好地发挥辐射作用。处于第二层级的城市包括华盛顿、波士顿、费城等美国现代城市，这些城市在高科技、教育、制造业等产业中各具优势，起到承上启下的作用。第三层级的城市则由位于核心城市周围的小城镇构成。作为核心城市的周边，这一层级的城市起到很好的黏合作用。城市群中各个城市具有不同的功能定位，不同产业功能和层级的城市分工协作，构成相对完善的产业层级结构。完善的产业层级结构是现代城市群的必要条件，只有形成较为完善的产业层级结构，现代城市群发展才有根基。

二、具有绿色生态理念的现代城市群

现代城市群更加注重生态环境保护，为居民提供更加美好的生活、工作环境。北美五大湖现代城市群分布于五大湖沿岸地区，其核心城市是芝加哥，东部以加拿大的多伦多和蒙特利尔为边界，是跨越美加两国的大型城市群。五大湖现代城市群的发展离不开其所依靠的五大湖地区，该地区不但富含煤、铁等矿产资源，为工业发展奠定基础，而且所依傍的五大湖使其拥有丰富的水资源，为当地产业发展和居民生活皆提供便利，这是不可多得的先天优势。如今，该现代城市群内包含众多的特大城市，城市群已经发展得相当成熟，同美国东北部大西洋沿岸现代城市群共同构成北美制造业带，其中，芝加哥是全球著名的金融中心，底特律是全球著名的汽车城。

得天独厚的生态优势为北美五大湖城市群的发展提供动力，然而，城市扩张和产业发展严重破坏当地的环境。在城市群的不断发展中，环境问题也得到广泛的关注，美国和加拿大两国政府发现这一问题后，便及时展开一系列环境治理工作，并通过各种政策、机制对生态环境进行保护，逐步发展形成一个生态环境友好的现代化城市群。具有良好的生态环境是现代城市群的一大特点，随着经济的发展，人们的物质生活水平逐渐得到提高，对生活幸福度的要求逐渐提高，这就要有良好的生存发展环境。

三、超高速发展的现代城市群

现代城市群的快速发展离不开先进的新型交通工具和完善的交通网络，高度发达的交通运输可以缩短人们的时空距离，方便人们的工作和生活，加快现代城市群的发展。太平洋沿岸现代城市群位于日本的太平洋沿岸，又被称为东海岛现代城市群。该城市群的核心城市为日本首都东京，以东京为中心包含众多城市，其中著名城市有大阪、名古屋和神户等，是一个多核现代城市群。由于城市群同样位于沿海地区，故而同大西洋沿岸城市群的分布相似，也呈带状分布，只不过面积较小，仅占日本土地面积的 6%，但城市群发展水平却相对很高，日本的金融中心、信息中心、研究开发中心和教育中心均分布在这里。

随着日本经济发展趋缓，日本转而寻找新的发展动力——超高速铁路。东京作为世界发达城市，一直面临各方面的挑战。超高速铁路网络的建设可以有效地缩短出行时间，为上班族提供更大范围的工作选择，满足日本居民对生活、工作的快节奏要求，显著提高人们的生活水平、工作质量，同时更好地带动东京车站周边地区的发展。纵观世界上现代城市群发展趋势，随着人们对生活质量的要求越来越高，高度发达的交通运输业和完善高效的交通运输网络分布对现代城市群来说是必不可少的。

四、从工业到金融转型的现代城市群

现代金融的发展进一步促进全球经济发展，发达的金融业逐渐成为经济发达、城市发达的标志，英伦现代城市群从工业到金融业的飞跃，加快了现代城市群的发展速度。英伦现代城市群是英国著名的城市群，以伦敦为中心，以伦敦—利物浦为轴线，包含众多城市，其中比较著名的有伯明翰、曼彻斯特等。作为世界六大城市群之一，该城市群拥有 45 000 平方千米的面积、3 650 万①的人口，城市群规模很大，经济也很发达，占全国经济的五分之四。

该现代城市群的核心城市伦敦作为第二次工业革命的发起城市，经济一直较为发达。发达的经济使得伦敦较早开展金融，进行各种金融创新，随着其金融业的快速发展，如今伦敦的金融经济十分发达，它不仅是欧洲的金融中心，也是世界著名金融中心之一。核心城市的发达也带动了城市群的发达，各城市间联动发展，逐步形成如今的世界级现代城市群。金融业的发展能够迅速刺激城市各个产业的发展，从而推动经济的全面发展。现代城市群的形成以飞速发展且相当发达的经济为基础，所以在现代城市群的发展过程中，不可忽视金融业对城市经济的刺激作用。

五、时尚经济带动下的现代城市群

现代城市群的发展模式是多样化的，工业可以推动城市群经济的进步，金融

① 数据来源于国务院 2016 年批复的《长江三角洲城市群发展规划》，规划中尚未涉及统计时间。

可以实现城市群经济的飞跃发展，时尚业作为独具特色的产业，也可以极大地带动城市群经济发展进步，为城市群发展增添独特的城市特色，同时也可以带动城市群内其他产业的发展，从而推动形成具有一定特点的现代城市群。欧洲西北部现代城市群以巴黎为中心，跨越多个国家，包含欧洲的众多大型城市（人口超过10万），如阿姆斯特丹、科隆等，是欧洲的一个大型跨国城市群。城市群的总覆盖面积约有145 000平方千米，居住人口超过4 600万人，城市群规模非常大。

欧洲西北部现代城市群内部各城市之间联系密切，各产业之间有序分工，交通网络分布合理，经济、文化交流都极其便利和频繁，总体上看，城镇化水平较高，城市群发展较为完善，现代城市群建设进程加快。城市群内的核心城市巴黎是世界著名的时尚中心之一，时尚产业带动经济发展，推动现代城市群快速发展。同时，巴黎的集聚效应良好，与周围城市之间存在高效的联动作用，使得整个城市群的整体体系呈现有序的网络化和有差异的分工化，具有较高的创新性，带动欧洲整体城市协同有序发展，这为现代城市群的发展提供了强大的竞争力。

六、多城市集聚发展的现代城市群

多城市集聚发展的现代城市群的发展模式是一种适合在区域广泛的地区发展现代城市群的典型模式。由于幅员辽阔，若要成长为现代城市群，必须多城市聚集起来协同发展，而且集聚协同发展离不开核心城市的辐射和带动。这种基于核心城市带动的多城市集聚发展，有利于促进区域协调发展，从而进一步促进现代城市群的发展。中国长江三角洲现代城市群位于长江三角洲沿岸，它以上海为中心城市，包含江苏省（如南京、无锡等）、浙江省（杭州、宁波等）、安徽省（如合肥和马鞍山等）等30余座城市，总体覆盖212 000平方千米，拥有1.5亿人[①]，是世界六大城市群中占地面积最大，覆盖人口最多的现代城市群，城市规模非常大。

长江三角洲现代城市群的核心城市上海是国内发达的城市之一，是全国的金融中心，也正朝着世界金融中心的方向发展。随着江浙沪一带的发展，中心城市集聚效应逐渐增强，带动周边中心城市的快速发展，使得整个城市群的综合实力明显增强，正如《2010 中国城市群发展报告》中提到，长江三角洲的总体发展水平已经达到“世界级城市群标准”，可以跻身世界六大城市群之列。如今的长江三角洲现代城市群发展成熟，成为国内现代城市群学习的典范，接下来将会带动国内多个现代城市群的发展，提升国家整体发展水平。

这六种现代城市群的典型类型构成现代城市群的主要特征，这些成长模式以

① 数据来源于国务院2016年批复的《长江三角洲城市群发展规划》，规划中尚未涉及统计时间。

其独特的优势促使城市群发展起来，推动现代城市群的发展，在保护继承传统产业的同时，也具有发达的金融、科技和服务等第三产业。这些现代城市群内部各产业之间的职能得到合理的分配，各基础设施基本达到全覆盖，强大的交通网络为城市生活提供便利。这些完善或趋于完善的城市群已成为现代城市群发展的学习模范。

第二节　国内现代城市群演化发展模式

中国的城市群起初主要集中于东部地区，如长江三角洲城市群和珠江三角洲城市群，不论是产业还是人口都高度集中于该地区。但是在全球金融危机和气候变化的共同作用下，中国愈发意识到可持续发展的重要性，缩小区域发展的差异是一个亟须解决的问题，大力重视内需的发展和低碳经济的发展，着力打造现代化城市群。为了实现人口和产业的合理转移，改善东部地区资源过于拥挤的现状，在政府的引导下，中国在中部地区形成一些新的现代城市群。通过政策的支持和鼓励，促进该地区的发展，并真正朝着地区经济协同发展的方向前进，努力缩小城市和地区之间的差异。

一、长江三角洲现代城市群的发展过程

长江三角洲现代城市群位于“一带一路”倡议与长江经济带的重要交汇地区，同时也是世界六大现代城市群之一。上海作为长江三角洲的核心城市，其产业丰富、经济发达，对周边地区的发展具有一定的带动作用，而长江三角洲内部各地区因其联系密切，已经逐步发展成为较成熟和完善的现代城市群。优越的自然环境、天然便利的海上港湾、成熟的交通运输设备及完善的交通运输网络等，都给长江三角洲的发展提供重要条件。长江三角洲现代城市群最早共由16个城市组成，根据2019年《长江三角洲区域一体化发展规划纲要》可以看出，其规定范围包含苏浙皖沪三省一市的区域，规模范围不断扩大，可见其辐射带动作用是强大的。从长江三角洲现代城市群覆盖城市范围及能级来看，其内部不同级别的城镇分布相当集中，而且该区域内部也已经达到较高的城市化水平。

长江三角洲在发展过程中，表现出明显的城市群共性，人口大规模向中部地区集中，城市化水平提高，公共服务设施及相关的建筑在发展过程中逐渐完善，呈扁平化结构分布。长江三角洲在空间区域上展现不断扩大、不断重组的过程，在总体上演化遵循多中心的特征，上海、杭州等城市在长江三角洲现代城市群中

发挥最重要的经济作用，其经济比重和强大的辐射范围也处于遥遥领先的状态。随着城市群的快速发展，地区之间差异减少，虽然上海、杭州等大城市的经济实力仍然强大，但其经济占比已有下降的趋势。同时，苏州、南京等城市的经济比重却在不断上升，处于崛起阶段，长江三角洲城市群的发展充分体现由中心到周围的分布规律，促进长江三角洲地区多中心结构的形成，资源分布也由原先集中于上海和杭州两大城市，开始向周边地区分化，甚至一些产业也在转移。

该区域内的大城市、中等城市等都处于快速发展阶段，郊区的市场化、城镇化也非常明显，政府政策引领推动土地国有化进程和现代产业园区的建设与发展，人口由城市内部集中，到反方向扩散的跨区域流动转变。随着该区域城镇化水平的不断提高，该城市群也会产生一些人口由农业转向非农业的过程。以社会网络变迁的视角分析来看，该现代城市群内部各级城市间职能分工合作加强，以要素流的形式不断强化和拓宽周边区域之间的联系，其中高速公路、城际列车等多种交通工具的发展和科技的进步，使得资源在城市之间进一步交换合作，促进资源跨行政区域的转移，这样的流动过程使得城市之间的带动作用、扩张效应加强，而完善的交通运输更能加快城市功能的扩张，加速形成城市区域网络。

由于长江三角洲现代城市群内城市等级差异明显，其内部城市发展水平与模式也会存在差别，北部地区的产业重工业化相对明显，对外依赖程度也较高，而南部地区却以轻工业和民营资本为主。因此，在现代城市群的建设中，长江三角洲现代城市群多元化特征相当明显。上海作为核心城市，其主要的经济作用也应重点关注本城市整体水平的提升，加快提高城市化的质量。长江三角洲现代城市群的另一重要组成部分是江苏省，江苏省全境都在该城市群内，所以省内各城市的协调发展对城市群发展有重要意义。即使是同一个省份，不同城市在发展过程中的模式也不尽相同，产业之间的差异也较大。苏州就是一个典型的城市，苏州中部、南部、北部各地区的发展产业不同，发展程度也不同，地区之间已经形成一定的差距，因此要花较长的时间来缩小地区之间的差距。

由于长江三角洲现代城市群包含数量较多，其不同城市之间的产业范围和种类较为固定。长此以往，必然有些地区是相似或者相近的产业。城市之间若经营同种产业，必然要经历竞争的状态，甚至导致城市之间的恶性竞争，资源也在很大程度上被浪费，生态环境也会较难治理，城市之间也较难管理和控制。长江三角洲现代城市群在一体化发展过程中，其设定的总体目标如下：发挥上海龙头带动作用，苏浙皖各扬所长，加强跨区域协调互动，提升都市圈一体化水平，推动城乡融合发展，构建区域联动协作、城乡融合发展、优势充分发挥的协调发展新格局。随着全球竞争的加剧，上海正在不断变革其发展理念，构建世界性现代化的金融中心、文化中心和国际航空中心，建设成为生态智慧型城市，成为中国重要的名片。同时，建立次级型城市，国际大都市的建立较为困难，需要良好的条件和机遇，因此，杭州、苏州、南京等城市应在明确定位的基础之上建立合理的目标，一步步地发展城市，更好地为城市人民服务，同时也为更好地建设城市群贡献力量。

二、长株潭现代城市群的发展过程

长株潭现代城市群是中部地区城市群崛起的典型案例，国家试图缩小地区之间的贫富差距，使地区之间能够协同发展。中国内陆地区开始吸引不同层次的政府的注意，各地政府为了响应国家的号召也纷纷作出支持。国务院为了发展中部地区，颁布《中共中央国务院关于促进中部地区崛起的若干意见》，该意见重点表明中部地区是粮食、能源原材料、现代装备制造及高技术产业的生产基地。2007 年又颁布《国务院办公厅关于中部六省比照实施振兴东北地区等老工业基地和西部大开发有关政策范围的通知》，并出台一系列法律法规为其做有力的保障，为中部地区提供支持，如免除历史责任、减免税收等政策，而这些政策的实施为中部地区提供很大的助力。此外，为了促进内陆地区工业的发展，同时对沿海地区的产业进行升级，中央采取转移企业的措施，将沿海的劳动密集型产业转移到内陆地区，这不仅为沿海地区的发展提供地方支持，同时也促进中部地区经济的发展，可以说一举两得。例如，国家调整加工贸易政策，对于属于限制类的出口商品，实行银行保证金台账和转账管理等一系列政策措施，推动长株潭现代城市群的发展。

三、京津冀现代城市群的发展过程

京津冀现代城市群是以北京、天津两个直辖市为核心，以河北省部分城市为代表的区域空间。2019 年京津冀地区生产总值达到 84 580 亿元，其总人口数量占全国的 8.1%，社会消费品零售总额占全国的 7.9%[①]。北京和天津两个直辖市面积较小，并且囊括在河北部分的地理范围之内，在长期历史发展过程中，京津冀彼此之间相互联系，形成互补互利的共同体。尤其是 2014 年提出京津冀协同发展战略以来，京津冀现代城市群之间的联系更加密切，其特殊性表现在既是中国的政治中心、文化中心，也是中国北方经济的核心区域，因此京津冀现代城市群的发展对中国乃至世界都非常重要，其目标是建设世界级城市群。

北京和天津分别是中国的首都和著名直辖市，两市的经济、文化都非常发达，以河北作为连接点修建的铁路、高铁等交通工具众多，而以北京和天津为中

① 数据来源：《中国统计年鉴 2020》。

心的交通运输系统，覆盖全国大部分地区。鉴于京津冀独特的区位特征，河北省作为天津港的腹地之一，通过逐步完善与京津的交通网络，促进了经济要素的便捷流动，带动河北省的经济增长，从而提升了三地的整体经济实力。

河北省位于华北平原，紧邻北京、天津两座直辖市，向东靠近渤海湾，海上交通运输便利，虽然河北省具备优越的条件，但从京津冀地区发展基础和现实情况分析，河北省在京津冀现代城市群发展中处于弱势地位，存在京津冀三地经济发展水平差距大的问题，阻碍了京津冀三地的协同发展。唐山、邯郸等地具备充足的矿产资源，通过各种方式为京津冀现代城市群提供电力等能源，很多建筑材料也是来源于该地区。张家口、承德等地区则是保障京津淡水资源的重要基地，在生态环境和防控污染等方面也加大投入力度，同时张家口和廊坊等地区在满足自身供给后为该区域内部城市提供充足的农产品，保障农产品的日常供给，为城市居民提供更好的生活。

在京津冀现代城市群一体化建设中，北京作为中国的首都，其辐射带动不仅覆盖京津冀地区，同时也覆盖全国，而在城市群建设中，北京的明确目标就是建立以高端服务业为主体的国家经济中心，成为金融、商贸、高科技等新兴高端产业的集聚地，中关村就是一个很好的例子。中关村坐落于北京市海淀区，它最初是由中关村电子一条街发展而来的，中关村之名便由此而得，其全称为中关村科技园，是一个致力于高科技研发，并以高新技术为核心的开发区。中关村已经成为北京的一个支柱式重要产业基地，科技的发展对建设京津冀现代城市群非常有利。同时，大多数金融机构的总部也设在北京，北京承担着中国金融市场的半壁江山。现如今，北京已经成为全球拥有 500 强企业数量最多的地区之一，数据显示，北京已成为国内外公司尤其是国际经济机构首选的聚集地。随着北京高端服务业的快速发展，中国在融入全球经济的道路上又前进了一步，在世界经济中发挥着越来越重要的作用。天津加快发展经济，很多行业（如制造业、航运业等）具有优势，使得天津成为华北地区的经济中心，同时也成为东北亚地区一大航运中心。天津以其独特的地理位置和较强的经济实力，为中国商品的进出关及华北地区的贸易往来提供了交通便利。

除上述三个发展比较早的现代城市群外，中国还有很多大大小小不同的现代城市群正在探索或发展中，目前中国公认的城市群共有 19 个，这将成为我国未来现代城市发展的重中之重，现代城市群已成为城市群发展的必然趋势。根据 2018 年 11 月国务院发布的重要文件《中共中央 国务院关于建立更加有效的区域协调发展新机制的意见》，未来中国将以这些现代城市群的发展推动国家重大区域战略融合发展，同时将借鉴国内外现代城市群发展经验，全面推动建立以中心城市带动城市群发展、以城市群的发展引领区域发展的创新模式，促进现代城市群的建成与完善，这将为中国现代城市群发展历程添上浓重一笔。

第三节 国外现代城市群演化发展模式

在全球化背景下，世界各国是联系在一起的，国家和城市不再是原先在世界范围内单个竞争的主体，而是以城市群的身份出现。现代城市群作为一个新兴的群体，在经济发展中起着至关重要的作用。在国际上比较著名的现代城市群主要分布在北美洲、欧洲及亚洲的日本等国家和地区，这些城市群较早就开始发展，很多城市群的现代化发展模式已经十分成熟。中国的现代城市群建设正处于上升阶段，通过分析国外现代城市群的演化发展模式，可为中国的现代城市群发展提供借鉴意义。纵观世界上著名的现代城市群发展过程和发展模式，城市群的有效治理起到基础性作用，而区域的协调发展则是推动现代城市群发展的必要条件。

一、北美现代城市群发展过程

北美现代城市群人口众多，是美国人口最密集的城市。这里的纽约大都会是一个涵盖金融、时尚、娱乐和文化的世界级城市群。虽然该地区范围大，但没有统一的官方规划组织，只有一个非营利性的民间团体组织在其中发挥着重要的作用，实行的是自下而上的城市自治模式。1992 年成立的区域规划协会是一个以民间团体为基础的独立组织，此规划组织一经成立便在当地以及下属区域内扮演着重要的角色。这种基于协作的新型地区规划模式将各个利益团体聚集在一起，共同商议关于城市交通系统方面、公共安全方面、城市品质方面的建设，通过采取交流和商讨的方式，听取各方意见，结合各方建议，作出对城市有利的决策。该协会不但是该地区的研究和规划组织，而且也是该地区具有重大影响的民间团体和教育机构，涉及范围非常广阔，在各个领域都发挥着重要的作用。该协会同时与美国建筑学会、美国规划协会、美国公共行政学会保持紧密的合作。一直以来，区域规划协会通过强大的专业知识，在城市发展、人力资源、交通建设、土地利用等方面给北美的城市群带来重要的发展指导，帮助处理区域发展问题，建立了一个包括地方政府、商业团体、环保组织等在内的多重利益相关者的发展联盟。芝加哥是五大湖城市群代表，它在 21 世纪初成立了名为“芝加哥大都市 2020”的组织，该组织中吸纳各个行业，定期与其他各组织之间进行往来会晤，并在城市建设方面提出相关的建议，这种做法逐渐将之前的民间团体制度化。总而言之，北美现代城市群更加提倡的是城市群内部各个城市之间保持高度自治的状态，虽然城市之间的联系加强，但是城市仍是一个发展的个体，有自己的建设方式和治理方式，坚持市场的主导作用，自下而上地进行管制。

二、欧洲现代城市群发展过程

欧洲现代城市群是国外的重要城市群之一，是发展时间较早、发展程度较高的城市群。兰斯塔德地区总体轮廓类似马蹄形，是一个以绿色为主的多中心城市群。欧洲现代城市群在发展过程中，政府发挥了重要的作用。1990 年荷兰政府为了促进该地区的发展，成立了兰斯塔德地区局，目的在于通过合理规划资源，优化当地的生活环境，提升居民的生活水平，并努力提高区域竞争力，最终建设成为高效的大都会系统，使得城市之间的联系日益加强，每个城市通过与外部的联系和分工都能从城市群中受益。在具体的运作过程中，荷兰政府发挥了很好的领导作用。在政府的号召下，其下属的空间规划部门以及相关的环境部门都参与到该地区城市群建设中来。近年来，兰斯塔德地区局着重强调对外开放的重要性，并加紧对外联系的步伐，积极与欧洲地区开展多方面的合作项目，加强在网络方面的联系，努力发挥该地区在整个欧洲大陆的交通枢纽作用，并以该地区为中心向四周进行推广。在推进集中式发展模式的同时，该地区并不是一味地追求发展的速度，而是注重速度与质量并行，追求空间品质的提升，并重点发展第三产业，引入高科技产业和服务行业，竭力打造良好的工作环境和生活环境，使居民得到更好的居住体验，不论是绿化方面还是住房方面，都尽可能地追求高标准。

政府对大都会区的监管和治理表现得最为明显的是伦敦都市区。伦敦是英国的首都，在全国发展中起到核心的辐射带动作用，因而伦敦政府在其中的作用也不可小视。成立于 1999 年的大伦敦市政府由市长和议员组成，并负责城市的日常建设、经济发展、生态文明等诸多方面的事项。其中，在伦敦发展促进署的建设规划下，伦敦吸引了众多高端的第三产业尤其是金融业的进驻。与此同时，伦敦也与当地的各个组织建立了长期合作关系，为地区的创新性发展提供了资金支持。更重要的是，伦敦发展促进署在重建温布利与 Silvertown Docks 工程的过程中，与当地的投资者和私营企业达成协议，就如何利用奥运会来为伦敦经济的发展提供助力作出相关努力，由此可见，伦敦发展促进署在该城市群的建设中发挥着不可估量的作用。

还有一点是需要强调的，也就是欧盟结构基金的作用。欧盟结构基金看似与社会发展、城市群建设等方面没有直接的关联，但实际上发挥着重要的作用。建立欧盟结构基金的主要目的是为政府实施相关的建设提供充足的资金、加快缩小欧盟地区的差异、实现区域协同发展，用于基础性建设和支援性建设等方面。欧盟结构基金共分为 4 项，其中，欧洲地区发展基金，也就是主要为经济服务的基金，是政府鼓励和支持中小企业发展及为保障工作岗位的投资和建设基础设施提供的资金，而这项基金与投资的关系也更为密切。欧洲社会基金是政府宏观调控的财政来源，用来保障居民就业。欧盟农村发展农业基金，顾名思义，是为农业方面的建设提供一定的资金支持并且推动农村地区的发展，努力实现城镇化的基金。欧洲海事和渔业基金，其目标是支援渔业结构的改革。欧洲地区面朝大海，渔业是一门重要的产业，其具体的执行程序是较为严格的，需要欧盟委员会和各个成员国之间进行商讨、共同决议，并就方案提出一定的改进策略。成员国的地方政府在制订实施计划之后，也要将此计划上报给欧盟委员会，由专门的人员进行分析判断，最后作出决定，而真正实施则由地方政府自己负责。虽然基金的执行步骤较为严格，但是其经过层层选拔之后，可以保证将资金用到实处，用到需要的地方，真正保障人民的权益，这种严格是值得支持和鼓励的。在2003年的欧盟评估报告中，欧盟对资金的使用状况及成果进行了详细的分析与考察，并得出相应的结果，欧盟在利用结构基金方面取得了显著的成果，将基金用于城市的建设与经济的发展，解决相关的社会问题，并取得了建设性成果。1994~1999 年，成员国之间的发展明显存在不平衡，但欧盟结构基金的存在在一定程度上改善了地区的不平衡状态，进一步完善了弱势国家的基础设施，并促进当地的卫生、教育及医疗方面的发展，使得国民素质进一步提高，劳动力市场进一步扩大，劳动力的受教育程度也明显提高。

欧盟为改善不平衡状态，共投资约 2 100 亿欧元的资金，不仅为落后地区的建设提供了相应的资金帮助，同时也创造近80万个就业机会，扩大劳动力市场，为群众提供更多的就业选择，修建公路达到 4 100 千米，成果显著。完善的交通设备是地区发展的前提条件，修建公路为城市之间的联系及人口的往来提供便利的条件。欧盟结构基金为21万家中小企业和800万人提供资金支持，在实现欧洲地区的协同发展方面起着至关重要的作用。促进落后地区的发展，为经济提供动力就是欧盟结构资金的目标。在得到帮助的同时，接受援助的国家和地区对欧盟的认同感也会增强。伴随着欧盟之间互帮互助现象的增加，成员国之间的认同感也会相应地增加。

三、日本现代城市群发展过程

日本太平洋沿岸现代城市群是全球著名的湾区城市群之一，它由东京都市圈、名古屋都市圈和大阪都市圈三部分构成，同时也是世界现代城市群的代表之一。日本现代城市群集约化程度极高，尽管日本现代城市群的土地面积狭小，人口相比于中国、美国地区也较少，但它却是世界上人口最多的城市群，其人口的数量超过 3 500 万人。日本现代城市群注重区域协调发展。东京都市区政府成立于1991年，在城市的建设中主要提供污水治理、环境保护、公众安全等方面的公共服务，其职责非常明确。随着城市群的发展，人口越来越多，人口的老龄化问题也暴露出来，生态问题也越发严重，日益扩大的财政赤字给东京政府带来巨大的压力。针对这些问题，日本现代城市群发展必须从大局出发，在发展过程中要充分考虑城市群内部因素和外部因素，结合具体的情况，实行城市群内外协调发展的政策。同时资金的合理有效调配，对于日本现代城市群的发展也十分重要。通过出台更加合理的预算计划，资金能够最大限度地用到合理的地方，资源的使用效率也明显提高，城市群能够解决问题严重的困境。日本的老年人数量增加，对社会保障机制的要求也随之增加，必须要完善相关的社会服务才能保证人们的生活质量得以维持并提升。

一直以来，区域经济的一体化是城市在发展过程中面临的重要的课题，尤其在跨界合作和协调方面。日本在这方面的主要做法是采取“广域行政”策略，也就是加强地方政府之间的合作和交流。具体而言，广域行政就是指地方公共团体运用地方的自治法共同处理相关的事务，其含义包含三项内容：一是划定广域行政圈，推动生活圈共同规划；二是町村行政区域合并；三是广域事务的共同处理。这三项内容缺一不可。随着经济的快速发展，居民的生活圈也在扩大，地区和地区之间的联系也在加强。一个项目的建设不仅仅关系到该地区，同样也会影响其他地区，因此，由政府之间共同处理问题，则可以更好地加强各地区之间的联系，提高政府的行政效率，更好地为居民服务。从1953年的《市町村合并促进法》，到1963年的《地方自治法》，再到1965年的《地方行政联络会议法》，都是广域行政在建设过程中强有力的法律支柱。实际上，广域行政是日本历史发展的必然要求，通过这一方法可以合理建立本土化的地方政府跨区域合作，通过彼此合作，来解决交通拥挤和人口分布不合理的问题，并在一定程度上减少财政资金的消耗，做到资源的合理利用，为居民提供更好的公共服务。由此可以看出，大局意识和开放性发展理念是日本在建设城市群时一直追求的目标，并且其在实践过程中深入贯彻这两个理念。实践证明，日本的理念使得其经济和社会发展过程中的诸多难题都得到有效解决。

综上所述，可以发现不同的国家和地区在治理与发展城市群中所采取的方法都不一样，显示不同的模式。美国采取市场主导型的策略，给予城市群高度自治的权力，充分体现美国作为资本主义国家的特征及对市场的高度重视，而其管理团体也是自下而上的构造，有利于政府与民间团体的有效结合。欧盟的主要方式是构建欧盟结构基金。不难发现，欧盟在城市建设中展现的是政府主导作用，通过充分发挥政府的作用，以政府的力量来解决地方性差异问题，引导各地区协调发展。日本的广域行政的方法强调的是政府间力量的合作，区域经济一体化发展方式体现的是资源合理高效配置、区域协调全面发展的理念。虽然不同的现代城市群采取的方式不同，但都改善了城市群发展的社会问题，为城市群的发展提供了一定的建设力量。虽然国外现代城市群发展采取不同的模式，但是从其实践经验中可以总结出共性。现代城市群在发展中，因其是一个“群”，所以不管是由上至下，还是由下至上，一个统一的管理组织是不可缺少的，这样就可以合理规划地方事务。遇到问题，站在全局的角度，由各个地方共同商议决定，采取各方面合理的意见，有效利用城市群内部资源或者外部资源，提高资源的使用效率，避免浪费，在审慎抉择的基础之上进行城市的建设，共同努力来解决城市群中出现的问题。在现代城市群发展方式上，要注重区域的协调发展，以核心城市的发展带动周边城市的协同发展，推动现代城市群的形成。

第四节　现代城市群演化启示

在现代城市群的发展和演化中，不同的国家有不同的发展过程和经验。通过分析国内现代城市群的发展，可以更好地为其他地区服务，其发展环境、政治、经济等因素更适宜中国的特殊情况。分析国外现代城市群的发展，可以借鉴其在发展过程中如何应对问题，如何采取措施，如何增强现代城市群的实力，等等。因此，分析国内外现代城市群的发展经验，可以更好地建设我国的现代城市群，为现代城市群的发展提供更开阔的思路，不论是发展较为成熟的现代城市群，如京津冀现代城市群和长江三角洲现代城市群，还是处于上升阶段的长株潭现代城市群，将来着重建设的现代城市群，都可以为其提供更好的建议，使我们国家在经济发展和社会发展方面少走弯路，真正做到各地区协调发展。

一、在现代城市群发展过程中更好地发挥政府作用

通过分析美国现代城市群、欧洲现代城市群建设，可以看到管理权是非常重要的一个因素，管理权的归属对一个城市至关重要。因此，政府给予城市群高度自主权以巩固其在经济发展中的主导地位，提升其高端要素集聚、科技创新、文化引领及综合服务等核心功能至关重要。在全球经济的第一次大转移过程中，国外很多国家将以劳动密集型产业和资源密集型产业为主的相关产业转移到发展中国家。中国的沿海大城市承接了很多产业，建立了出口导向型经济。在发展初期，该类型的产业在该地经济发展中占据重要地位，但随着国家经济的发展、经济转移的需要及全球经济新格局的来临，沿海的城市群需要改变原有的产业战略，进行产业升级。原先的产业以轻工业为主，新的产业着重发展第三产业和高

新技术产业，与世界级现代城市群相比较，不论是人口密度还是高端产业的比重方面，差距都较大，因此城市群的发展迫在眉睫。中国现代城市群需要迎接全球第二次产业的转移及实现绿色可持续发展，需要着重发展高新技术产业，以创新为导向，大力推动绿色产业发展，鼓励文化创业，全力构建世界一流的城市群，进一步提升国际影响力，而要满足这些要求就需要政府的努力和付出，中央要下放部分权力，使得地方政府有更多的自主权推动区域经济发展。

在协调各方作用方面，要推动形成“政府-非政府-市场”多主体联动的协调发展模式，加强“政府-行业-市场”的有效衔接。在现代城市群发展中，政府的领导至关重要，要制定合理有效的相关政策，发挥好政府制度引导功能。各行业针对行业特点进行专业指导，促进各行业健康发展，同时市场作用不可忽视，要积极推动形成开放统一、竞争有序的市场体系。在行政体制方面，政府要学会创意发展，自上而下，加快各个地方之间城市政府部门的协调和沟通。中央政府为了实现宏观调控的目标，会制定一定的措施，要求地方政府执行和完成。工作目标完成的质量好坏，往往取决于地方政府的执行力度。因此，要以国家发改委为牵头单位，组织各地政府之间的合作和协调，针对具体项目建立具体制度，将其机制化，严格保证国家政策落到实处，国家资金应用到具体的地方，切实推进现代城市群的建设。政府在坚持自上而下的改革过程中，设立可借鉴欧盟结构的基金运行模式，在保证基金发挥巨大作用的同时，也能充分发挥人民群众和社会团体的力量，也就是自下而上的策略。民间团体覆盖各个领域，覆盖人群较广，而且也是城市群建设的主力因素和直接参与者。民间团体建立的组织，既包括政府人员，也包括商人、普通群众等，可以形成多方面多层次的参与。权力下放赋予这些组织一定的权力，构成密切合作的社会网络，发挥人民群众的力量，上下一心，共同发展现代城市群，才能高效解决城市群问题，并且更好地为人民群众服务，以人民的生活体验为服务重点，着力大幅提高人民的生活水平。

二、在现代城市群发展中注重区域协调发展

现代城市群可以说是一个团体，其发展不是单个力量完成的。现代城市群在发展过程中，要坚持自身城市与周边城市的结合，在努力追求自身发展的过程中，兼顾周边的城市，与周边的城市协同发展，顾及周边城市的经济和社会发展。现代城市群要明确目标，建立旨在促进城市之间“合作共赢、互惠互利”的城市增长联盟。城市增长联盟是西方国家在经济全球化条件下引出的一个概念，是指一定数量的城市，以相关的产业为依托，自愿结成的以共同发展为目标，以一系列的产业为途径的组织。结成城市增长联盟，可以加强城市之间的联系，制定符合该地区发展的更好的策略，减少和周围地区的贸易竞争及相关的经济问

题，可以推动地方经济协同发展，探索更符合城市群的空间模式及经济增长模式，真正实现区域内协调发展和可持续发展。

我们要立足国情，结合中国发展的经济情况与环境因素，具体问题具体分析，考虑当地实际情况与整个宏观经济的范围，站在全局的角度，统筹地方和区域的发展，真正做到内陆地区和沿海地区共同发展，给各地区的人民带来更好的生活条件。东部地区不论是产业还是人口，现在都相对集聚。采取一定的手段促进西部地区、中部地区的发展，并实施一定的激励政策和鼓励政策，可以更好地将东部地区的资源转移到中西部地区，既为东部地区的产业升级和环境优化创造了条件，也为中西部地区的发展创造了经济动力，可以说有利于整个国家的事业。中国建设社会主义国家，目标是实现共同富裕，实现各地区的协调发展。考虑到经济发展现状及中国发展目标，合理规划和建设城市群是非常重要的问题。

三、强化中心、明确功能、加快推进创新驱动发展

强化中心是指要突出强化核心城市的地位和带动作用，城市群的发展依赖于核心城市的发展，它是基于核心城市与周边城市的分工协作逐步发展的。在现代城市群发展中，要更加注重区域协调发展，这就要更加注重核心城市的发展，强化其对周边的辐射和带动作用，通过合理的协作机制实现城市群的整体协调发展，加快实现城市群现代化。明确功能是指在城市群各区域协调发展过程中要对城市的功能进行合理的分工，做好各城市、各区域的功能定位工作。只有定位明确，相关的分工协作机制才能有效实施，城市群发展才能真正实现协调发展。创新驱动是中国经济发展的一大战略，创新是引领发展的第一动力，在城市群发展中亦是如此，面对城市群发展中的进展缓慢问题，关键在于动力转型，加快推进创新驱动发展，实现现代城市群快速发展。此外，随着大数据、物联网的发展，信息化已经逐步融入社会发展的各个领域，因此，现代城市群发展要朝着信息化的方向发展，以信息化带动工业发展，进而带动城市群发展，推动构建现代“数字城市群”，为人们提供更加快捷、美好的生活体验。

参 考 文 献

楚芳芳. 2014. 基于可持续发展的长株潭城市群生态承载力研究[M]. 长沙：中南大学出版社.

方创琳，毛其智. 2015. 中国城市群选择与培育的新探索[M]. 北京：科学出版社.

方创琳，宋吉涛，蔺雪芹. 2010. 中国城市群可持续发展理论与实践[M]. 北京：科学出版社.

方创琳，姚士谋，刘盛和. 2011. 2010 中国城市群发展报告[M]. 北京：科学出版社.
胡雅龙，姜卫红. 2010. 世界第六大城市群：长江三角洲城市群崛起之路[M]. 上海：上海社会科学院出版社.
林吕建. 2011. 2011 年走向世界级城市群的长三角[M]. 北京：社会科学文献出版社.
刘士林，刘新静. 2013. 中国城市群发展指数报告[M]. 北京：社会科学文献出版社.
汤放华，陈修颖. 2010. 城市群空间结构演化：机制、特征、格局和模式[M]. 北京：中国建筑工业出版社.
王士兰，娄延安. 2005. 崛起的世界第六大城市群[M]. 北京：中国建筑工业出版社.
魏达志，邓雪丽，曾其祥，等. 2006. 城市群与城市国际化[M]. 深圳：海天出版社.
肖金成，袁朱. 2009. 中国十大城市群[M]. 北京：经济科学出版社.
姚士谋，陈振光，朱英明. 2001. 中国城市群[M]. 2 版. 合肥：中国科学技术大学出版社.
叶玉瑶. 2006. 城市群空间演化动力机制初探——以珠江三角洲城市群为例[J]. 城市规划，30（1）：61-66，87.
尹世洪，麻智辉. 2011. 中部城市群构建与发展研究[M]. 南昌：江西人民出版社.
张衔春，吕斌，许顺才，等. 2015. 长株潭城市群多中心网络治理机制研究[J]. 城市发展研究，22（1）：28-37.
张学良. 2013. 2013 中国区域经济发展报告：中国城市群的崛起与协调发展[M]. 北京：人民出版社.
周牧之. 2004. 鼎：托起中国的大城市群[M]. 北京：世界知识出版社.
朱英明. 2004. 城市群经济空间分析[M]. 北京：科学出版社.

第五章　公共服务对现代城市群的作用机理及困境

目前，城市群是中国城镇化的典型形态之一，中国已初步形成中心城市和城市群发展的空间格局，建立和完善公共服务体系已成为中国城市群建设的重要任务之一。本章在分析中国城市群发展的若干问题基础上，提出公共服务对中国城市群发展的作用机理，梳理中国城市群公共服务发展存在的问题，剖析中国城市群公共服务发展问题的原因，为公共服务管理与决策提供依据，从而促进中国城市群公共服务良性发展。

第一节　现代城市群的公共服务供给体系

一、现代城市群公共服务与协同治理

近年来，中国公共服务在深化供给侧结构性改革的推动下取得一系列成效。然而，随着中国城市规模不断扩大，邻近城市的辐射区域不断逼近甚至发生部分重叠，城市与城市之间的联系越来越紧密。同时，在城市群发展过程中，公共服务仍然存在多方利益矛盾加剧、空间分布和规模结构不合理、供给侧与需求侧配置失衡等方面的矛盾。造成这些矛盾的原因；一方面是人口不断涌入，造成核心城市生活体验下降及管理难度的增加；另一方面则是不同城市之间公共服务水平差距显著，协同发展动力不足。在提高中国政府治理能力的要求下，“善治”（good governance）出现在理论界的视野之中。在公共管理领域强调善治，就是要建立高效、法治的公共服务体系，在这一过程中，政府、市场和社会组织之间必须保持良好合作，三者的努力缺一不可。城市群是推进当前新型城镇化建设的主体形态，在这种时代背景下，研究如何更好地解决区域公共服务供给问题，发

挥善治在社会治理现代化进程中的引导性作用，实现区域公共服务可持续发展，以及城市群公共服务的协同治理，是理论与实践都亟须解决的关键问题。

二、现代城市群公共服务供给的应然性

城市群的协同发展是实现公共服务共建共享的基础，在新时代背景下，城市群中各城市必须改变过去单打独斗的运行模式。根据城市群的发展模式和演化理论，结合世界各国城市规划经验，有学者认为将类似规模城市进行融合，并纳入周边较小城镇，充分发挥城市群的辐射带动作用，加强城市群内及不同城市群之间的资源流通能力，促进区域整体发展。中国城市群区域的高经济增长率和高劳动生产率就是单个城市聚点外部性和城市间网络外部性共同驱动的结果。李梦琦等（2016）运用数据包络分析对长江中游城市群进行研究后发现，在优势互补的原则下，合理配置资源能够提高各城市协同创新的意识与能力。同样，公共服务体系的共建共享是城市群协同发展的动力。国外学者的相关研究表明，计划期公共基础设施网络的建立会加速城市群整体经济发展；国内学者也认为降低公共服务差异，能够扩展市场面临的政府行为疆界，促使发展中的城市群向功能分散的成熟城市群过渡。公共服务基础设施发展所带动的产业发展和工业支撑对城镇化也有积极的促进作用。有学者从智慧城市角度诠释城市群公共服务协同发展和基础设施运行效率的提高对缓解当前日益严重的“大城市病”具有重要意义，而要想在城市群内形成磁场效应，就要优先集聚优质公共服务资源，提升配套性和便利性。

公共服务供给是政府的责任，政府可以通过不同的组织形态来提供公共服务。基本公共服务作为政府治理的核心内容，不仅是改善民生、保障政府治理有效性的关键，也是赢得民心、保障执政党群众基础的关键，所以基本公共服务应满足公众需求。在利用财政等手段推进基本公共服务均等化的同时，还必须满足公共服务的多样性需求，推进公共服务质量的不断提高。在现代城市发展中，地方财政、公共服务管理的供给方和需求方共同决定着公共服务治理方式的创新，与此同时，政府与社会的协作类型应当是全方位的合作伙伴关系，除了公共部门与私人部门外，更要有第三部门（如非营利组织）参与。总之，政府要以包容的态度鼓励社会资本投入公共服务领域，并加以有效监管，才能真正实现城市群公共服务治理的长足发展。

三、现代城市群公共服务供给的实然性

随着经济的快速发展和城市群规划的日益合理，中国城镇化水平逐渐提高，

但城市群内核心城市和非核心城市在经济、文化和社会等方面逐渐呈现出不均衡的发展特征，公共服务供给能力的差异导致地区间公共服务的治理差距不断扩大。政府的生命力在于社会服务的功能，在城市群公共服务的发展过程中，对基本公共服务系统的社会效益进行分析后发现，中国城市群目前仍然存在供给差距大、共享程度低、服务制度标准不统一、行政壁垒难以打破等问题。通过政府购买公共服务的方式可以有效缓解公共服务供给不足的问题，但必须进行公共服务供给方式改革。多元供给主体及多样化机制组合驱动城市公共服务供给模式综合变革，是转型期制度政策因素、市场因素和社会因素共同作用的结果，是一种结构能动性互动机制。在现代城市群发展中，需要加强经济活动空间的规范发展，对一些公共服务实行跨镇、跨域联合开发与利用，这样可以预防城市过度膨胀造成的“大城市病”问题。

基本公共服务均等化是“以人为本”新型城镇化建设的重要目标。促进基本公共服务均等化是目前切实改善民生、化解社会矛盾、促进社会公平的现实着力点。然而，一直以来，各种历史和现实因素的交织使得中国城市群公共服务供给能力呈现较大的差异性，影响公共服务在城市群区域内的相对均衡发展，因此有关学者开始关注公共服务设施发展中供给方和需求方的协调发展问题。通过对城际人口流动引发公共服务需求总量变化及需求的空间差异性特征进行实证分析，可以得知，当前公共服务供给难以满足人口快速增长的实际需求。对于城市新移民，要保障其在城市公平获得生产、劳动、消费，进入、参与主体资格的同时，也拥有平等获取城市公共服务与社会保障的主体性权利。解决目前公共服务中存在的供给不足和享受不均的问题，需要消除人们在基本公共服务资源占有、服务设施和条件及服务能力和服务水平等方面的差距。研究发现，公共服务供给对感知绩效具有显著的正向影响，部分通过政府形象的中介作用产生。公共产品的供给绩效实际上还是在反映有效供给与有效需求是否平衡的问题。

四、考虑善治的现代城市群公共服务供给

现代城市群公共服务体系涉及多方主体共同参与治理，这与善治倡导政府、市场、社会之间平等合作的伙伴关系，并以促进和实现公共利益最大化为目标的治理理念不谋而合。善治理论兴起后，善治逐渐成为相关文献中的高频术语。“治理”（governance）最早出现于 1989 年世界银行报告中，并逐步发展成为被广泛运用的理论，在全球治理、政府行政及社会管理等诸多领域中得到充分实践，“更少的统治，更多的治理”（less government，more governance）也成为一些国家改革的口号。相较于传统的单一城市公共服务供给，城市群公共服务供给更具系统性和复杂性，对我国政府的治理能力也提出更高的要求。善治理论倡导

的“国家权力向社会回归”及“还政于民”等理念，为城市群公共服务治理提供了良好的变革思路。因为公共服务的协同治理只依靠单一城市政府是远远不够的，必须把善治的基础扩大到与社会的良性合作上来。结合当前中国情况，俞可平（2001）认为从小范围的社会群体来看，政府治理与公共管理可以具有不同内涵。善治是公民自愿的合作以及对权威自觉的认同，没有公民的积极参与和合作，就不会有善治。推进国家治理体系的现代化，意味着政府、市场和社会之间的关系将再一次发生变革。在城市群公共服务治理体系中，仍然需要不断变革与调整政府、市场和社会之间的关系，使得三者各司其职，相互协作，形成国家管治、国家与社会共治和社会自治的国家治理现代化体系。

第二节　公共服务对中国城市群发展的作用机理

一、中国城市群发展的问题

（一）城市群规划建设无序，城市间合作机制不完善

目前城市群规划建设的主要推手为政府，为了实现城市群建设目标，出现了争相扩权强势、不顾资源环境承载力而提出高目标、重复建设等现实问题。当前中国一些城市群的国土空间开发强度已经达到很高的水平，如三大城市群的开发强度就基本接近或超过日本三大都市圈、英格兰地区及德国斯图加特等发达地区，但其对应的产出却达不到发达地区的标准。2014 年中国各类开发区及园区规划用地规模已经占到城市总用地规模的 40%~50%，远远高于发达城市的 10%~15%，这对未来中国城市群的可持续发展造成极大的隐患。

在城市群治理过程中，政府往往要面对复杂的利害关系。跨地区、跨部门的社会问题层出不穷，因此，城市群内各级、各部门政府需要密切合作，同时联合多种社会力量进行综合治理，以实现城市群的高质量发展。然而，目前城市群之间合作的层次仍有待提升，城市群层级缺乏较为权威性的协调机构或合作平台、成文的约束性制度与法律文件，通常采取集体协商的形式，以会议文件或协议的形式确定下一步的合作计划，一旦地方领导人职位变动或退任，合作机制受到影响。城市群间合作关系存在以下三种：一是政府之间的合作关系，包括城市群内各地区地方政府之间，以及不同政府部门之间的合作；二是政府和市场之间的合作关系；三是政府和社会组织之间的合作关系。如何处理好这三者的关系，明确合作中的权利和责任，尚没有形成完善的治理模式与约束机制。

（二）大城市病依旧严峻，弱核牵引乏力

城市群中的中心城市一般由大城市形成，对整个城市群发展起到引领和支撑作用。目前中国城市群仍然存在三项重大发展困境：一是中心城市、超大城市的“马太效应”强于“辐射效应”，周边城镇的功能单一，导致“睡眠城市”和“空城”的出现，中小城市难以走出特色发展的协同增长路径。二是特大城市人口聚集速度很快，人口压力、资源耗竭、环境污染、生态减退等一系列“城市群病”现象阻碍跨区域绿色可持续发展。三是近年来中国区域发展的新战略（如雄安新区、粤港澳大湾区）如何优化城市群空间资源布局和结构升级。在京津冀城市群中，京津两地优势明显，但辐射带动效果并不强。

此外，目前中国城市群发展还存在中心城市竞争力不强，难以带动周边城市发展的问题。由于中心城市本身的经济实力有限，要素集聚能力不显著，扩张功能较弱，加之与城市间的产业链分工和合作不明确，专业化分工在核心城市和中小城市还未具体化，未形成具有城市特色的功能。城市间功能不协调，城市发展质量有待提升。

（三）跨区域生态环境恶化，三大空间矛盾加剧

之前我国经济发展一直处于粗放型模式，遗留的生态环境问题由于城市群资源要素的快速流动而显得越加严重。中国的城市群集中了全国四分之三的经济总量和经济产出，同时也集中了全国四分之三以上的污染产出，导致生态矛盾严重激化且高度敏感，如京津冀城市群的空气污染问题、长江三角洲城市群的湿地生态系统破坏问题、珠江三角洲城市群的热岛效应问题等。随着城镇化进程的不断加快，农业用地被挤占、生态空间被破坏、生产空间粗放化的现象严重，三大空间的矛盾日益加剧，生态空间要求提升的同时生产生活空间的发展就会受到制约，生产空间的扩展也会影响生态空间的保护。例如，张家口和承德是京津冀城市群主要水源地，是重要的生态屏障，保障北京和天津两大直辖市的水供给，张家口和承德生产空间扩张不仅会影响本地生态环境，也会给两大直辖市造成影响，但如果生态环境得以保护经济发展就会受到制约。因此这一部分损失不应只由供给方承担，而是要建立有效的生态补偿机制，实现统筹布局与重点管控，实现整体区域利益的最大化。

二、现代城市群建设需要公共服务

随着城镇化深入与现代化发展，城市群建设呈现出新特点，不仅表现为城市数量增多、人口向大城市集聚，还表现为人口职业的转变、产业结构的调整、地

域空间的变化等，人民对公共服务、基础设施建设提出更高的需求。为对城市群空间进行合理布局，满足人民对于教育、医疗、文化、社保等的需要，政府越来越重视提升公共服务能力，加大对公共产品及公共服务的投资，科学、合理、系统、均衡分配其社会资源，鼓励并引入新的管理与运行机制，积极引导第三方社会组织力量参与和监督公共服务体系建设，从战略指引、规划协调和实施管理方面推进城市群建设。

（一）加强公共服务能力是加快建设创新型城市群的必然要求

创新是引领城市群发展建设的第一动力，包括科技创新、产业创新、人才创新等，其中培育和吸引复合创新型人才最为关键，是进行科技创新、产业创新及提升城市群竞争力的基础。吸引并留住人才，除了公司薪酬、运营环境、企业文化及城市群的地区经济水平、环境状况外，还在很大程度上取决于地区提供公共服务的能力，它包括文化、体育、教育、医疗、交通、社保等公共服务，取决于能否满足人民对于公共产品及公共服务日益增长的需要。城市群公共产品的健全性和配套性、公共服务的优越性及质量性是吸引优秀人才的制胜法宝。例如，在京津冀城市群内，北京作为一线大城市，经济、贸易、文化交流中心，快节奏的生活及高房价的压力并没有使人们望而却步，除了工资待遇方面的优势外，还有一个重要因素，即北京具有全国优质完备的公共产品以及领先的公共服务供给水平和质量，成为创新型人才的首选，吸引许多大学生及青年人才的就业创业。河北省由于国家雄安新区战略政策的支持，正不断加大投入，提升其公共服务能力。天津正在逐步打造海河英才计划，大力集聚高端人才及各类优秀人才，加快领军人才、青年人才、顶尖人才的落户，努力构建“五个现代化天津”。《天津市“海河英才”行动计划》在项目支持、政策扶持、资金支持、人才引进等方面出台一系列更加完善的政策及制度保障，吸引并汇集许多优秀人才来此落户。为了更好更长久地留住创新型人才，建设现代化创新城市，各级政府都十分重视提升公共服务能力，不断加大资金投入，完善基础设施建设，保障公共产品的供给和提升公共服务水平。经验证明，人才是推动城市经济社会发展的动力，吸引和留住创新型人才进而打造现代化创新型城市群必然要求政府不断完善公共产品，提供优质的公共服务。

（二）加强公共服务能力是加快建设区域协调型城市群的必然要求

现代城市群的建设需要协调城市与农村、发达地区及落后地区的关系，以区域协调为标准，促进公共服务的均等化。现代城市群的差距不仅表现在地区经济实力上，还表现在城市群内部城乡之间的居民收入差及公共服务能力上。公共服务具有公共财政分配功能，由政府主导公共财政的投入去向。在过去，由于政府自身认识的不足以及片面追求经济发展，公共财政主要投向城镇地区，对农村的财政支持较少，使得农村的公共产品严重不足，公共服务能力水平十分低下。进入 21 世纪以来，政府逐步重视农村的公共产品及公共服务供给，加大公共财政投入力度，缩小城乡差距。在长江三角洲城市群，政府的财政支出向农村和较落后地区倾斜，完善公共服务长效制度与机制，切实改善农民利益。医疗方面，推进城乡居民基本医疗保险制度改革，进行乡镇公立卫生院标准化建设；教育方面，设立专项资金制度，加大教育投入，建设标准化中小学校；环境方面，推进城乡环境综合治理，实施社会管理改革；等等。长江三角洲城市群统筹城乡之间、内部城市之间、城市群内部发达区域及较落后区域之间存在的公共服务差距，逐步完善公共服务制度，使得一些区域得到快速发展。公共服务供给滞后、公共服务能力低下会制约城市群协调发展，提升公共服务能力是统筹城市群区域发展的重要举措，现代城市群更应做好公共产品和公共服务供给的引领示范作用。

（三）加强公共服务能力是推进建设美丽持续的城市群的必然要求

现代城市群是以建设清洁美丽的环境为前提的，不仅包括美观的自然环境、清洁的城市环境，还包括人文环境之美、产业环境健康发展。自然环境需要持续的保护和有效的治理。城市环境需要科学的规划和精心的维护。人文环境需要人们的倡导以及公德心的树立。产业环境需要配套建设。美丽持续的城市群建设倡导循环发展的产业体系、绿色低碳的生活方式、快捷的交通网络、低能耗高收益的企业，需要公共服务与之相配套。例如，成渝城市群在积极推进美丽中国建设方面提出新要求，打造高标准天府绿道，建设各种湿地公园、森林公园、综合性公园、小游园等，完善公共服务设施，为其他城市群作出典范作用。在绿色出行方面，积极建设互通安全的交通轨道，培养市民安全出行的习惯，在绿色交通网建构上强调快捷、安全、经济，提高交通公共服务能力，为美丽城市群建设作出示范。由此，现代城市群的每一处风景、每一处景观都需要相适应的公共服务，以公共政策为指导建设生态持续的城市群，提升公共服务能力。

（四）加强公共服务能力是推进建设和谐宜居的城市群的必然要求

和谐宜居的城市群是人们对于生产、生存及生活的美好追求，是提升城市认同感及幸福感的高级价值层次的体现。目前，政府正着力打造“幸福城市”，其评价指标囊括教育、医疗、交通、社保、环境、文化、社会治安、房价等方面，可见公共服务指标在评价“幸福城市”中占有重要比重。从更深的空间拓展来看，打造“幸福城市”，进而建设和谐宜居的城市群是纵向的发展过程，加强公共服务能力必不可少。随着人民生活水平的不断提高，人们对公共服务的需求已经从数量转变为质量。成都作为最具幸福感城市之一，在公共交通方面，截至2020年12月18日已开通13条轨道交通线路，地铁运营总里程达558公里[①]，远超国际城市群的核心城市。人们出行的方便快捷提升城市幸福感，发达的交通网络有利于与周边城市实行资源要素的交换与互动，提升城市群的经济实力，但同时也要意识到中国城市群公共服务布局的不合理性。在教育方面，许多优质学校及高等院校集中于某一片区域，并不均衡。随着收入水平的提高，人们对于优质的幼儿教育、中小学教育有了更高的需求，普通的教育公共服务水平已无法满足其需要。人们为了让子女获得更好的教育，往往将其送到相对集中的教育水平高的地区，无疑造成教育资源的拥挤，影响教育质量。为了让每一个人都能均等地享受高质量的公共产品与公共服务，政府必须对公共服务的结构进行改革，在保证数量的同时注重质量发展，加大对优质公共服务的供给力度，确保公共服务的每一个方面都能落到实处，对于薄弱地区增加公共资源的供给投放，回应广大人民的期望，将城市群建设成为和谐幸福、适宜居住的“家庭港湾”。

（五）加强公共服务能力是推进建设发达现代城市群的必然要求

纵观日本太平洋沿岸现代城市群、英伦现代城市群、美国东北部大西洋沿岸现代城市群等，东京、伦敦、纽约作为城市群核心城市，都是国家的政治、经济、文化和贸易中心，同时也有着共同的内涵，均为高质量公共服务中心。发达城市群以公共服务指标评价其竞争力，如高质量教育、完善的医疗水平、发达的交通网络等，配套健全的公共设施，引领带动周边地区的发展，推动区域协调发展进程。城市群公共服务需要以经济水平为基础，与经济结构相适应。现代城市群建设强调要加快形成具有特色、功能互补的多中心发展格局，以区域公共服务为中心，优化公共服务资源，缩小与国际大都市之间的差距。政府需要进行合理开发、科学布局、有效建设，继续坚持公共服务供给侧结构性改革，推进基本公共服务均等化，是全民共享的基本要求，也是社会公平正义的体现，更是现代城市群的内在要求。因此，加强公共服务能力，建设公共服务中心，为较发达的城市群提供良好的发展格局，是建成现代城市群乃至成为世界级城市群的必然要求。

① 数据来源：成都轨道交通运营总里程突破 500 公里. http://www.xinhuanet.com/fortune/2020-12/18/c_1126878095.htm，2020-12-18/2021-9-9。

第三节　中国城市群公共服务发展困境及原因

一、中国城市群公共服务存在的问题

（一）地区公共服务发展不平衡

由于城市群不同地区的行政水平和经济发展水平不同，合作带来的利益也不同，这加剧了该地区公共服务发展的不平衡。以长株潭城市群为例，长沙的人均可支配收入水平高，2019 年地区生产总值达到 139 877 亿元，而株洲、湘潭地区人均生产总值只有 74 618 亿元、78 575 亿元，长沙的人均 GDP 基本是株洲和湘潭的 1.87 倍和 1.78 倍[①]。由于成本和收益的不对称，经济落后地区可能无法得到预期收益，合作热情肯定会受到影响，无法向发达地区提供高水平公共服务，发达地区缺乏后方资源支持，导致公共服务供应链中断，进而影响城市群公共服务的可持续发展和提升。

（二）城市群内部嵌套，公共服务建设受限

许多城市群都有大量的小巢状现象。例如，在长江中游城市群中，又各自形成武汉城市圈、长株潭城市群、环鄱阳湖城市群为主体的特大型城市群。中国城市群发展迅速，各地都在积极发展最有利的城市群。这种城市群内部嵌套的形式对规划层面的要求较高，一旦出现管理政策的不一致，会造成政策执行的摇摆不定、政策效果大幅降低、公众无法获取高效的公共服务等后果。另外，地方政府都表现为“理性经济人”，以追求当地的利益最大化为目标，当各地区追求的利益不一致时，容易出现集体行动困境。地方政府想通过“搭便车”的方式轻松获取邻近地区公共服务正外部性带来的好处，这不仅会削弱地区间合作的积极性，也会影响城市群公共服务协同供给的效果。

（三）公共服务发展基金未落实，合作治理不到位

城市群公共服务发展与治理需要充足的资金支持，而各地采用轮流召开协商会议的形式探讨合作事宜，资金通过自筹方式获得。这种融资面临的问题主要如下：一是预期收益无法有效保障，跨区域公共服务建设项目特别是基础设施建设项目的工期长，成本回收的周期长，一旦资金链断裂，完工时间无法保障，容易

---

① 数据来源：《中国城市统计年鉴 2020》。

出现废弃项目，极大浪费人力、物力和财力。二是资金的来源较为单一，主要是地方政府的财政支持，用于支持对重大跨区域问题的公共服务或产品的基金已在部分城市群形成，但是在城市群范围内长期稳定的合作发展基金尚未确立。

（四）城市群供给主导模式效率低下

目前，城市群公共服务供给的供给主导模式导致公共服务供给需求不匹配和供给效率低下。公共供给必须满足公共需求是公共行政的基本要求，公共服务需求决定公共供给的内容和范围。政府的主要职能是提供公共服务，以满足人民的公共需求。在不同的时期，对公共服务的需求是不同的，公共供给的内容和重点也应该随着公共需求的变化而变化。政府的职责是及时回应公众需求，提供有效的公共服务。中国城市群公共服务供给模式是自上而下的供给主导模式，这较为普遍，而按照自下而上的“需求导向”来提供公共服务较为少见。这种供应主导模式主要基于各级政府的意愿和利益的不同，缺乏对实地的调研和民意的调查，没有切实考虑到城市群发展实际和民众的真实诉求，仅仅是为了追求“面子工程”，这不仅是对公共资源的极大浪费，也不利于政府形象的塑造，影响整个城市群的公共服务协同发展。由此产生的寻租和腐败现象，会进一步引发社会的不平等问题，严重损害公共利益。

（五）城市群核心城市定位不明，抢占公共资源

中心城市在整个城市群的发展中起着核心和支撑作用，可以利用自身优势来保证群内城市的合理分工和利益最大化，长江三角洲城市群就初步形成一个中心城市起主导作用，其他城市协同发展的局面。然而，如果中心城市自身竞争力低、辐射驱动效应弱、过度集聚和辐射不足，城市群的发展就会受到制约。中心城市会利用等级、制度和位置的优势攫取当地宝贵的土地、资本、人才和公共服务资源，从而激发当地内部发展的深层次矛盾。中部城市群在中部崛起战略中肩负着重要任务，但该区域城市群总体上处于弱核牵引状态。以中原城市群为例，郑州作为中心城市，人口规模与经济实力还有待提升，其辐射带动作用相较于京津冀、长江三角洲和珠江三角洲城市群的中心城市有较大差距，城市群整体产业链塑造还没有完成，关联度还有待加强，整个城市群缺乏先进经验的指导，不利于公共服务的高质量供给。

（六）城市群公共供给和公共需求脱节

供给方式是以什么样的手段来满足公众需求，使用何种公共服务供给模式能够让公众喜欢，从而提升公共服务供应的满意度和城市群的整体公共服务供给的协调度，即实现公共服务供给与公众需求相匹配，供给质量与公民满意度相匹

配。城市群公共供给和公共需求脱节与断裂是当前公共服务供给中的突出问题，其主要表现如下：第一，中心城市人口过度集聚，外来人口不断涌入，容易出现交通拥堵、住房困难、环境恶化、资源紧张等问题，公共服务的承载力要求更强；第二，周边中小城市公共服务质量亟待改善，可及性有待提高；第三，城市间公共服务的协同性有待加强，共建、共享的公共基础设施的利用率有待改善；第四，城乡间公共服务供给质量与数量的差距仍较为明显，城市公共服务均等化水平有待提升。因此，提供满足不同地区人民需求的公共服务是未来城市群发展的重要方向，在公共服务供给的设计过程中充分征询公众建议，建立有效的监督评价机制，从而实现公共服务的精准高效有序供给。

二、中国城市群公共服务问题的原因

（一）公共服务协调机制不完善

公共服务属于公共物品或准公共物品。大多数公共服务是具有非竞争性和非排他性的，这很容易导致公共资源使用悲剧。城市群是一个有机的整体，不管是需要扩大规模还是实现分工效益，都要以完善的协调机制作为依托。目前中国的垂直管理体制与城市群的多中心结构不兼容。由于传统行政层级的限制，城市以上级政府为主导，特定行政区域的中央政府或上级政府发布的命令作为唯一的行动标准，下级政府遵从其发展思路，这属于自上而下的单向管理，并导致跨区域府际合作松散。城市群内部的协调机制还没理顺，政府间合作协议的法律地位模糊，协调机构的权威不足，公共服务合作协同政策的执行力度不够，公共服务的排他性导致利益协调上的矛盾，容易陷入“囚徒困境”，城市群内部的协调机制还有待完善。

（二）城市群内部城市各自为政

由于地方政府在行政方面长期分离的特征，政治系统存在城市偏好，当政者会优先考虑地区发展晋升的机会，城市群中各城市只考虑自己的利益，公共服务管理中的“搭便车”和“拥挤”现象频发，导致合作竞争和各种区域矛盾，经济利益被过度追求，经济、社会、文化和生态因素没有被综合考虑。地方保护主义的存在也使得现有的机制收效甚微，执法尺度不一，协同配合不够，从而导致工业化和城市化进程中每个城市的各自为政。例如，在环渤海城市群中，事先没有进行规划和协调，青岛、大连和天津都在努力成为该地区的国际航运中心，各自为政，缺乏合作，使这三个地方的港口资源未能有效整合。这些政府主导性建设由于受到非市场机制的引导，没有遵循城市群自然增长和变化的内在规律，忽视公共服务建设的客观性，最后造成城市公共服务空间布局和体系结构不合理。

（三）公共服务体制模糊，定位不清

在实际建设城市群公共服务中，各级政府对城市群和内部城市的功能和作用仍然存在定位不清的问题。从国家层面来看，多个城市群并没有建立区域公共服务一体化的制度与标准。城市群快速发展带来的负面影响及城市病现象频频发生。政策和其他人为因素的强制作用干扰城市群的自组织系统，并脱离实际催生了城市群。在公共服务需求的多样化和高水平的趋势下，粗放式和外延式的城市群发展模式将无法持续。城市群中的城市正独立发展，这种独立发展以行政区为基本单元，整体上顶层设计难度大，阻碍城市群公共资源的整合和发展。没有统一的功能定位、空间结构、基础设施建设、产业发展、公共服务布局等规划，城市群内部盲目竞争，环境恶化、公共服务不均衡、规模失控、结构失衡等问题凸显出来。即使是中国区域一体化状况最好的长江三角洲城市群也缺乏明确的体制，公共服务设施的规划仍然不完善。

（四）发展受客观条件的制约

城市群公共服务的发展遵循市场和城市化的规律，并受到不同条件的制约，生态环境、地理位置、公共文化和基础设施的不同都会影响城市群的发展，如中西部地区属于资源富集区，矿产、土地等资源十分丰富，却由于地理位置的限制，公共资源得不到充分利用，制约经济的发展。珠江三角洲城市群毗邻港澳，有利于招商引资，但人口密度过高，土地储备资源短缺，公共服务需求过大。这些制约因素具有客观性和不可规避性，从而引发城市群公共服务建设中难以避免的各种问题和矛盾。另外，城市群公共服务要素在地区间无法实现自由流动，公共服务的建设不可能一夜之间实现，它总是一个持续发展的过程，不同的发展阶段，会出现不同阶段的问题，切实了解发展的客观局限性才有利于制定规划。

（五）行政壁垒的存在使公共服务共享程度低

各城市群间、城市群内部都存在着行政壁垒，正是这种非理性干预使市场要素的自由流动和公共资源的有效配置效率低下，导致地方政府向风险妥协，合作阻力增大，城市群原有的优势无法得到有效发挥。各地方政府在公共服务方面同质化建设和分割治理的情况较为普遍，使公共服务跨区共建、共享、共治的理念还处于初步阶段。城市群是促进大、中、小城镇协调发展的主要形式。公共服务作为合作载体，是区域一体化建设的重点，行政壁垒的存在不仅造成资源的浪费和不均衡，限制地区间经济的发展，还阻碍地方政府间分工合作和优势互补格局的形成。

参考文献

李梦琦，胡树华，王利军. 2016. 基于 DEA 模型的长江中游城市群创新效率研究[J]. 软科学，30（4）：17-21，45.

吕丽娜，赵小燕. 2017. 中国城市群府际合作治理困境与对策——基于元治理的视角[J]. 武汉理工大学学报（社会科学版），30（3）：9-14.

滕敏敏，韩传峰. 2015. 中国城市群区域环境治理模式构建[J]. 中国公共安全（学术版），（3）：1-4.

汪阳红，贾若祥. 2014. 我国城市群发展思路研究——基于三大关系视角[J]. 经济学动态，（2）：74-83.

王成新，崔学刚，王雪芹. 2014. 新型城镇化背景下中国“城市群病”现象探析[J]. 城市发展研究，21（10）：12-17.

王玉明，王沛雯. 2015. 促进珠三角城市群一体化：经验总结与发展建议[J]. 中共珠海市委党校珠海市行政学院学报，（1）：72-75.

徐凯赟. 2017. 全面建成小康社会进程中的公共服务供给方式研究[D]. 中共中央党校博士学位论文.

俞可平. 2001. 治理和善治：一种新的政治分析框架[J]. 南京社会科学，（9）：40-44.

郑睿. 2017. 城市群合作模式中的资源差异与变革创新——以长三角实现基本公共服务均等化的策略为例[J]. 上海城市管理，（2）：31-37.

实 践 篇

第六章　现代城市群文体公共服务协同发展研究

第一节　现代城市群文体公共服务协同发展的意义

一、现代城市群文体公共服务

（一）现代城市群文体公共服务的内涵与要求

1. 现代城市群文体公共服务的内涵

现代城市群文体公共服务从广义上来讲，主要是指由城市群内部政府部门提供，为保障公民的基本文体生活权利，向公民提供具有共享性和非排他性的文体产品与服务的相关制度与系统的综合（陈昊琳，2015）。现代城市群文体公共服务供给是多级城市的政府履行其公共服务职能的重要体现，具体包括城市群文体公共服务设施、资源及其他服务内容，涵盖人才、资金、技术和政策保障机制等方面。

2. 现代城市群文体公共服务的要求

现代城市群文体公共服务的发展，要求各城市主体在协作、沟通和打破传统科层制上都要有所突破。就目前情况而言，构建现代城市群文体公共服务协同体系，需要借助项目制的组织形式，结合中央项目资金和城市群内部各个城市的配套资金进行。

从现代城市群视角来研究文体公共服务，既是对现代城市群职能的发展，又是对文体公共服务概念和内涵的拓展，这成为新时代文体公共服务发展的重要思路。现代城市群之间的文体公共服务建设，特别是项目制运作所带来的各种好处，往往能在提升城市群形象、提升城市群公益性建设水平的同时，吸引投资经营性资金的介入，即借助城市群文体公共服务之力，实现城市能级的提升，产生极大的正外部性（渠敬东，2012）。

（二）现代城市群文体公共服务的内容

1. 现代城市群文化公共服务的内容

1）现代城市群文化公共服务

文化公共服务在现代城市群视角下虽然需要进一步审视并且赋予更深刻的含义，但其仍是以满足群众的文化公共需求为目标的，依然具有公益性、基本性、均等性和便利性的基本特点，不同的是，现代城市群之间文化公共协同发展的要求更高，同时需要更深刻的内涵和更有效的管理水平相配套。公共文化管理水平，直接影响着城市内部之间、城市群之间的人民群众基本文化权益。如果管理水平较低，管理效率较低，不仅不能从城市群的视角利用各城市之间建立起的公共文化优势项目的经验和资源来全面提升各个城市之间的文化公共服务水平，激发文化公共服务的活力，反倒会加重各城市内部的负担，阻滞其进步，束缚文化发展成果的共建共享。

2）现代城市群文化公共设施

现代城市群文化公共设施是满足居民文化公共权益需求的重要载体，主要由各级人民政府或者社会力量提供。随着新公共管理运动的兴起，发动市场机制的作用来提供文化公共设施也成为一种趋势（张菊梅，2018）。现代城市群文化公共设施种类多样，不仅包括公益性图书馆、博物馆、纪念馆、美术馆、文化馆（站）等，也包括乡镇（街道）和村（社区）基层综合性文化服务中心、公共阅报栏（屏）、广播电视播出传输覆盖设施、公共数字文化服务点等建筑物、场地和设备。现代城市群文化公共设施的建设与提供是在公共空间进行的，因此，其本身也是城市公共环境设施的重要组成部分之一。它存在的根本目的在于满足居民的公共文化需求，同时其存在也体现了一个城市群内部对于公共精神和公共利益的尊重与重视。

无论是文化公共服务还是文化公共设施，其供给主体主要依附于现代城市群视角下的合作，即管理更加多头，提供难度更大，对合作和协同的要求更高。从现代城市群视角来看其外部性，提供优质的文化公共服务和文化公共设施所带来的正外部性能够辐射于城市之间，让居民感受到更加广泛深刻、具有特色的文化体验。这种影响超出文化公共部门和文化公共服务机构的工作范围与服务对象，对于满足人们对美好生活的需要起到积极的助推作用。

在现代城市群视角下，基于合作和协调所建立起的文化公共服务体系，需要相当长的成长时间才能够趋于成熟和完备，其带来的绩效在短期内很难显现出来，因此会存在一定程度的模糊性和滞后性。同时，基于现代城市群的视角，合理布局文化公共设施，商讨如何使文化公共设施发挥更大的辐射作用，将成为推动现代城市群文化公共水平提升的重要一环。

2. 现代城市群体育公共服务的内容

现代城市群开展体育公共服务，在相关工作开展的前期，效率会处于较低水平，而成本会处于较高水平。现代城市群体育公共服务建设出现问题，特别容易加重中心城市的负担，因此给体育公共服务的内容和水平都带来新的挑战。

通过项目制来提升现代城市群体育公共水平的同时，也要依托现代城市群各个城市的政府部门。组织机构会相互嵌套，为避免出现权责不清等诸多问题，一定要界定清晰现代城市群体育公共服务的内容，以减少相关部门或单位在责任落实和工作推动上的失误（周雪光，2015）。结合现代城市群建设的要求和特点以及根据体育公共服务的性质，可以将其表现形式分为四类。

（1）基础性的体育公共服务，如提供体育公共场馆。城市和城市相邻的区域可以利用地理优势，向居住地靠近本地相关场馆的其他城市居民开放基础性体育公共服务设施。通过举行体育友谊赛等多种体育交流形式，促进两地居民交往融合。

（2）制度性的体育公共服务，主要包括有关体育公共服务的法律、行政法规和国家体育发展战略规划等。各城市群政府在制定相应的规章制度时，要在全面考察本地情况的同时，借鉴城市群内部其他城市的经验，发挥各城市内部公共体育组织的能动性，构建具有包容性的体育公共服务制度。

（3）信息性的体育公共服务，包括通过视频图册或实地教授等途径来普及科学的健身知识和锻炼方法，如体育院校可以面向公众开展体育科研等。以京津冀城市群为例，北京和天津的体育资源丰富，其利用信息性技术的能力也更具优势。两地可以携手打造视频公开课，一方面提升隶属于京津冀城市群的河北的体育公共服务水平；另一方面提升两地郊区或者农村地区的体育公共服务水平，形成两点带动整个城市群大面的局面。

（4）政策性的体育公共服务，如政府需要提供体育制度、方案与策略等。以京津冀城市群为例，北京作为首都，其发展优势得天独厚，政治水平和政策制定水平更是优势明显。虽然天津、河北与北京相比整体不具有优势，但是仍然能够从其工作开展、政策制定与实施上学习相关经验。目前来说，无论是体育公共服务政策还是其他政策，天津与河北部分省市的各级部门很难从北京系统学习相关经验。现代城市群的建设，各领域合作加深就是在逐渐解决这一问题。

以上所列示的这些体育公共服务的内容不仅包含着纯粹的公共物品，也包含混合物品。在相关实践上，往往混合物品所占比例居多（张桂琳，2013）。可以得出，构建现代城市群体育公共服务体系就需要政府和社会等多方供给主体相互协作，各自肩负好自身职能，扮演好自身角色。同时，中国体育公共服务的供给主体，特别是各城市群的不同城市部门，必须充分认识到体育公共服务内容的多样性，充分了解本地情况，借助现代城市群发展平台尽量了解同一城市群的其他城市情况，采用合作供应的方式，运用各种手段来保证体育公共服务的高效率协同供给。

二、现代城市群文体公共服务在国家发展中的功能定位

（一）在公共健康领域的功能定位

在现代城市群发展的过程中，对文体公共服务的恰当定位能使其发挥更好的协同作用，直接关系到公共健康和城市的联动。第一，必须意识到现代城市群文体公共服务水平和数量直接影响着公众的生理健康与心理健康。第二，政府和社会提供的文体活动数量可及性在很大程度上影响现代城市群人口素质和体育人口数量。第三，激发群众的文体需求，这决定着人们是否有接触到先进文化的机会及是否愿意参加体育活动。第四，文化汲取和体育锻炼是人们重要的维持身心追求和身体技能的方式，尤其对青少年和老年人而言，文化汲取和体育锻炼对其身体健康意义重大（钟小燕等，2015）。

在现代城市群发展过程中，城市之间的各个行业面临着诸多合作的契机和机会。在很多时候，不同行业不同产业因为处于现代城市群不同发展阶段所面临的主要矛盾有所不同，故不同产业也会受到不同的重视。很显然，包括中国已建成的国家级城市群，之前都未能将文体公共服务的协作开展作为一个重要命题展开。如果相关部门未给其足够的重视，势必会产生问题。

可以推断，文化体育的参与决定着居民的健康，影响着健康产业。经济的发展离不开经济的微观参与主体，每个微观参与主体都需要人力资源和人才资源的驱动，人的健康程度影响着其所在的公司和部门，特别是一些关键的岗位。同时，人在年长以后，身心情况会对社会医疗卫生养老等诸多行业产生影响。目前，健康问题产生的已有的负面影响越来越多，给社会带来的压力也越来越大，但是社会治理层面或者是城市群的政府管理层面的文体发展领域，有时候会是哪里出了问题便去哪里履行职能，而不能在问题未产生时着手预防。可以说，现代城市群文体公共服务的有效提供便是减少此类问题产生的重要途径。

（二）在经济发展方面的功能定位

文体是社会生活中的重要组成部门，随着经济的不断发展，现代城市群各个城市投资和基础设施的兴建，被提上相当重要的位置。

此外，从经济的增长点去审视文化体育产业存在的必要性。随着数十年经济

持续的高速增长，目前中国经济发展相对疲软。对于目前的情况，各地政府都想要进行产业升级，在这一契机点上，文体行业逐渐上升为撬动经济发展的重要杠杆。

不论是现代城市群，还是城市群内的各个城市，都愿意打造文体产业，同时打造文体公共服务体系，这两者往往是相辅相成的，文体产业的发展将促使相关人口的增加，更多的相关人口需要更多的文体公共服务项目满足他们的需求。文体公共服务项目的增多，会激发人们对文体服务的参与热情，人们将不满足于简单的某些文体公共服务项目，而是寻求更加多元的文体公共服务项目和产品，这便发展了文体产业。这种良性的发展思路成为城市发展的重要思路，也为各地的转型升级提供必要的经验范式。

（三）在引领社会发展方面的功能定位

在满足城市居民文体公共服务需求的同时，政府应着力提升经济发展相对落后地区的文体公共服务供给水平，而现代城市群视角为这一问题的解决提供了重要思路。

具体而言，现代城市群的各个组成部分都是相应省区市经济增长具有较大活力、交通便利的城市。然而，这些城市的边缘地区，特别是接壤地区往往是农村，城市间大的合作项目较少能够在农村展开，很难联结成片，因此，这些地方很难获得实质性的大发展。文体公共服务政策既然是一种公共政策，就有义务来发展农村地区，给当地居民提供文体公共服务，这在一定程度上也促使文体公共服务政策解决现代城市群乃至各个城市发展时存在的问题。

借鉴边际理论，提升已经具有很高社会资本的城市居民的文体公共服务水平需要于多处着力，且难度大，而提升具有较低社会资本的农村居民的文体公共服务水平则难度小得多，同时这种投入也能带动和引导当地经济社会的发展。

（四）在国家软实力方面的功能定位

在理解文体公共服务能够提升国家软实力或现代城市群软实力时，首先要理解国家或现代城市群认同的概念，国家认同是一个有着很久历史的概念，而对于现代城市群的认同，只能算国家认同的一个延伸，目前来说，并未被学者研究和谈论。现代城市群不属于同一行政单位，只是城市发展到一定阶段而进行的合作模式，因此，各个城市内部可能会有认同。其实这也正好从某个侧面说明现代城市群现在发展的不足，其远未在包含文体公共服务在内的诸多领域全面地进行合作，以彰显其得天独厚的地缘优势。

当然，各个现代城市群内部正在潜移默化地吸收国内外不同地区的文体经验，这种经验本身的变化也会对文体公共服务产生深刻而重要的影响。可以说，国家的文体发展政策和现代城市群层面出台的规章条例在构建本土文体公共服务的同时，要发挥在国家和现代城市群发展中提升软实力的重要功能，增强民众的认同感，进一步建立起新时代强大的文体公共服务事业。

第二节 现代城市群文体公共服务协同发展的背景介绍

一、中国文体公共服务政策动态分析

（一）中国文化公共服务政策动态分析

2002 年，党的十六大报告中提出国家支持和保障文化公益事业，并将其作为全面建设小康社会的重要任务展开部署。文化公共服务首次被放置在公共服务的重要领域，地位得到了明确。随着政府职能的不断调整，现代城市群的不断发展，现代城市群文化公共服务协同发展的重要性被进一步凸显。目前，文化公共服务政策关于现代城市群角度的研究较少。因此，厘清文化公共服务政策的发展历程，能够为以现代城市群为单位开展文化公共服务及交流提供基础。

（二）中国体育公共服务政策动态分析

研究体育公共服务政策的演变，对于分析中国体育公共服务的发展脉络具有重要意义。目前这些政策主要是从国家层面重点推进的，各个城市内部也在努力推动，与现代城市群体育公共服务政策梳理相同，基于现代城市群视角的体育公共服务研究较少。但是，分析体育公共服务政策的发展路径及趋势，对于理解以现代城市群为单位开展体育公共服务、共建体育公共服务的意义重大。

目前，政府和学界对体育政策的提法多种多样，包括体育政策、公共体育政策和体育公共政策等（杜霞，2017）。这些提法虽有不同，但是其本质和指向性是一致的，即希望解决中国社会发展过程中出现的体育公共服务问题和矛盾，主要由政府来制定，用来引导和规范体育团体或居民个人行为的指南或准则，制定体育公共服务政策的最终目的在于满足居民对于公共体育的需求。

二、文体公共政策的发展阶段

（一）现代城市群文化公共服务政策发展的历程

与西方国家不同，在中国现代城市群文化公共服务提供中，政府发挥着更为

重要的作用，因此，公共文化受到相关政策的极大影响，无论是部门规章，还是规范性文件都影响着各城市的文化公共服务发展和供给情况。要想了解现代城市群的文化公共服务差异，就必须结合政策视角展开研究。

1. 文化公共服务政策的初始阶段

21 世纪以前是中国文化公共服务政策的初始期，公共文化的概念并不丰富，政策主要立足于“文化事业”、“文化产业”与“文化市场”的设立和实施。这些政策也对文化公共服务公平性问题提出要求，开始关注农村等落后地区、老年人等弱势群体。但是，基于当时的政策水平和经济水平，政策的专业性和系统性较差，受到的关注也较为片面（表 6-1）。

表 6-1　初始阶段的文化公共服务政策

序号	相关政策	年份	部门
1	《文化部关于省（自治区、市）图书馆工作条例》	1982	文化部
2	《中华人民共和国国民经济和社会发展第六个五年计划（1981—1985）》	1982	全国人民代表大会常务委员会
3	《文化部、公安部、国家工商行政管理局关于改进舞会管理问题的通知》	1987	文化部、公安部、国家工商行政管理局
4	《文化部关于加强文化市场管理的若干意见》	1994	文化部
5	《关于进一步加强农村文化建设的意见》	1998	文化部
6	《文化部关于加强老年文化工作的意见》	1999	文化部
7	《文化部关于实施西部大开发战略 加强西部文化建设的意见》	2000	文化部

2. 文化公共服务政策的初步发展阶段

2001~2005 年，中国文化公共服务政策初步发展，加强和推动了探索进步。文化公共服务的相关管理部门开始努力在政策层面勾勒出文化公共服务的构建方式。在这一时期，文化公共服务在整体上被明确了主要方向与工作重点，因而初步构建了文化公共服务体系的基础。这一时期虽然进步较大，发展较快，但是尚未形成协同发展的理念，理论体系的建设尚待完善（表 6-2）。

表 6-2　初步发展阶段的文化公共服务政策

序号	相关政策	年份	部门
1	《中华人民共和国国民经济和社会发展第十个五年计划纲要》	2001	第九届全国人大四次会议
2	《中组部、文化部、教育部、民政部、全国老龄工作委员会办公室关于做好老年教育工作的通知》	2001	中组部、文化部、教育部、民政部、全国老龄工作委员会办公室
3	《文化部关于贯彻落实“三个代表”重要思想进一步加强农村文化工作的通知》	2001	文化部
4	《国家计委、文化部关于“十五”期间加强基层公共文化设施建设的通知》	2001	国家计委、文化部

续表

序号	相关政策	年份	部门
5	《文化部关于“十五”期间文化建设的若干意见》	2001	文化部
6	《文化部、教育部关于做好基层文化教育资源共享工作的通知》	2002	文化部、教育部
7	《文化部关于进一步活跃基层群众文化生活的通知》	2002	文化部
8	《文化部 财政部关于实施全国文化信息资源共享工程的通知》	2002	文化部、财政部
9	《全国文化信息资源共享工程管理暂行办法》	2002	文化部
10	《全国文化信息资源共享工程专项资金管理暂行办法》	2002	文化部、财政部
11	《中共中央宣传部、中央文明办、文化部、共青团中央关于实施“百县千乡宣传文化工程”志愿服务行动的通知》	2003	中共中央宣传部、中央文明办、文化部、共青团中央
12	《公共文化体育设施条例》	2003	国务院
13	《文化部关于高度重视农民工文化生活，切实保障农民工文化权益的通知》	2004	文化部
14	《博物馆管理办法》	2005	文化部

3. 文化公共服务政策的成熟和新时代阶段

2006 年以来，中国文化公共服务政策逐步成熟和深化。在这一时期，党和政府逐步加强对文化公共服务的重视，各个部门合力出台的各种政策推动整个文化公共服务政策体系的构建和深化。这一时期的政策，从政策制定和执行来说，均抓住文化公共服务领域的主要矛盾，聚焦文化公共服务各领域的新问题和新情况。特别是十八大以来，随着中国特色社会主义进入新时代，在新发展理念的引领下，在主要矛盾的变化过程中，国家推动整个文化政策体系的不断完善，文化领域改革不断深入，取得飞速的发展，文化公共服务政策进入繁荣期。

在回顾文化公共服务政策发展变迁的路径中，可以看到中国文化公共服务的发展起步晚，但进步快。虽然存在一些问题，但已取得令人瞩目的成绩。意识到成绩，察觉到问题，了解不同时期的政策的不同的时代特征，也将为今后现代城市群文化公共服务政策的进一步完善提供重要思路。

自始至终，无论是国家层面的文化公共服务政策、各城市的文化公共服务政策还是各城市群协同发展的文化公共服务政策，这些政策制定的落脚点均是人民群众的利益。为了切实保障人民的利益，上至宪法和国家法律，下到地方性的条款条文，组成了健全的法律体系来保障人民日益增长的公共文化需求。因此，项目制在推进文化公共服务水平提升、下放资金和划分剩余控制权的同时，也一定要关注到人民最基本的文化权益，让专项资金花在专项之处。

中国政府对城市群文化公共服务投入逐年增加，同时有力带动全社会加大对文化公共服务事业的投入，为文化公共服务的大力发展奠定良好的物质基础。因为文化公共服务的提供一定要有所依托，所以加强文化公共服务的硬件设施建设成为推动现代城市群文化公共服务水平的重要一步。目前来说，现代城市群内部的文化公共服务硬件设施已取得一定的成绩。以图书馆为例，馆际互借越来越成为知识传播的重要渠道，这种合作共赢的模式，正体现着现代城市群协同发展的初心和方向。

（二）现代城市群体育公共服务政策发展的历程

中国体育政策变迁方式比较平缓，即采用常规的变迁方式，因而也引导着中国体育公共服务政策同样采用常规的方式进行变迁。基本而言，就是注重对原有政策的调整和完善，这肯定会存在一些问题，但是在不断改进中也促使中国体育公共服务事业不断发展。体育政策变迁在很大程度上为体育公共服务政策变迁创造了条件，特别是竞技体育等方面的政策更早受到来自国家层面的重视，这些层面的制度变迁在很大程度上为中国体育公共服务提供多元化的供给方式。同时，我们看到体育事业发展规划中也重点强调要发展体育公共服务，这有助于体育公共服务政策的完善。

体育公共服务政策不是现在才受到重视的，对于政策的发展和演变可以追溯到中华人民共和国成立初期。在刚刚解放、人民站起来的时代，中国政府便认识到体育运动的重要作用，认为应积极发展体育事业，增强人民体质。基于此，各级政府积极组织居民进行体育健身活动，修建场地和设施，同时制定体育锻炼标准来引导居民锻炼。

从不同学者的不同视角出发，中国体育公共政策能够划分的阶段也不尽相同，因此，本书参照已有文献，梳理相关研究后大致将体育公共政策分为四个阶段：一是中华人民共和国成立初期的积累阶段（1949~1965 年），二是中华人民共和国成长过程中的快速发展阶段和挫折阶段（1966~1977 年），三是改革开放以来面向世界的赶超阶段（1978~2005 年），四是满足公民对美好生活需求的多赢阶段（2006 年至今）。在目前这一阶段，体育公共服务体系的建立受到前所未有的瞩目，真正为人民幸福而开展的体育活动层出不穷。当然，不同的阶段具体的政策表现和时代特征存在交叉，在发展中形成今天体育公共服务的繁荣。

随着改革开放进程的不断深入，特别是社会主义市场经济的建立，公共政策的研究被不断地推进。政府和学者们真正意识到体育公共服务政策的最终目的是什么，即真正地满足居民的需求及利益。因此，在这一时期，体育的公共服务政策也受到这一大背景的影响，即在政策变迁过程中更加重视公民的体育公共需求。体育公共服务政策的制定又一次回归初心，认清其肩负的使命，即公平地提供给各个社会居民体育公共服务。在这一阶段，体育公共服务政策更加关注弱势群体的体育权益，同时不再向竞技体育过分倾斜投入，真正加大对于体育公共事业的投入。体育行政部门能够科学合理、切实考虑群众利益，去努力协调群众体育、竞技体育、学校体育的投入比例，努力实现不同利益主体的共赢和多赢。

综合来看，体育公共服务政策本身在不断地成熟和发展。在不同的时代背景下，体育公共服务政策在国家的整个方针方向和不同利益主体的博弈中不断变迁，在一定程度上影响了政府的决策制定和实施。

纵观中国体育公共服务政策的变迁历史，考虑到新时代的具体情况，中国今后的现代城市群体育公共服务政策要吸取经验，开拓进取。牢记无论怎样变迁都不应该忘掉其究竟为了谁服务，必须要认清人民的重要地位。在具体实践上，现代城市群体育公共服务政策本身必须积极发挥满足人民对美好生活需要的能动作用。

第三节　国内外城市群文体公共服务协同发展的实践及经验

一、发达国家文体公共服务协同发展的经验

理解西方基于城市群角度的文体公共服务发展脉络，首先要了解西方文体公共服务的发展阶段，其次描绘出基于城市协同共进的文体公共服务发展经验。

目前而言，西方城市群的发展越发强调推动文体服务的发展，以文体打造城市形象，焕发城市活力已经成为一个重要的共识。在中国，随着城市群发展形态的不断提升，各城市在国家发展战略方面肩负的文体责任也越来越重大，但是目前发展水平仍有待提高。

目前在世界城市群中占据重要地位的北美城市群并未建立起“官方”文体管理组织，而是自觉形成一些协会，这些协会作为非营利的地方组织和民间团体，在城市群区域范围内发挥着重要作用，它们在很大程度上干预并左右着政府的政策制定，为促进城市群文体公共服务的提升而集聚各方的利益代表，建立一个具有深度话语权和代表权的利益相关者的发展联盟（彭崴和罗亚娟，2015）。在这种背景下，必须去梳理和学习发达国家文体公共服务协同发展的经验，在对比中认识目前中国存在的问题，探讨基于城市群区域内的文体公共服务演变和优化思路。

（一）发达国家文化公共服务运行模式

20 世纪 80 年代至今，西方发达国家文化公共服务供给日趋成熟，同时也在讨论和争论中不断进行调整，这一阶段可以称为文化公共服务的调整和优化阶

段。随着经济发展的不断深化，已有的一些理论不能帮助经济维持黄金发展，市场失灵问题日益凸显，全球性的经济危机也会阶段性地爆发。因此，市场的边界被不断重构，这也影响着政府的行政行使和职能行使的边界。

这导致市场和政府的关系不断被调整，而政府与市场关系的调整，直接影响到文化公共服务的发展。总的趋势是政府职能从“管理”走向“服务”，政府对于自身定位的改变，导致公共服务特别是文化公共服务对自身的定位随之改变。这一阶段，西方国家主要经历了从新公共管理理论到新公共服务理论的转变，与此同时，各个国家依据实际国情对文化公共服务的体制进行改革，这为文化公共服务建设提供了重要的条件。另外，在世界范围内具有影响力的城市群相继建立，城市群的治理思路和发展思路也逐渐成熟，为城市群视角下的文化公共服务发展提供了很好的土壤空间。

（二）美英城市群体育公共服务运行模式

1. 美国城市群体育公共服务运行模式

1）美国城市群体育公共服务运行模式的发展

美国作为典型的联邦制国家，其联邦政府与各州政府并非中央集权与地方分权的关系，其管理与合作模式不是命令式的管理，而是协作式的管理。因此，美国各个城市群的体育公共服务拥有得天独厚的协作土壤。美国城市群体育公共服务由联邦政府、各州和地方政府三级行政机构来提供。美国既无类似于中国国家体育总局总管整个国家的体育管理机构，又无其他机构来对体育公共服务进行垂直管理。因而，其职能的发挥主要依赖发达的社会组织和相关企业。

基于城市群的发展，在整个城市群范围内，靠政府强力推动体育公共服务的提供明显是不现实的。即便能产生一定的效果，也会导致低效率等情况的产生。美国这种模式对提供城市群体育公共服务起到较好的示范作用，即弱化政府的职能，强化社会组织团体和相关企业的职能，提高城市群层面的体育公共服务的供给水平。美国模式的成功，根源是成功的协同模式，中国城市群体育公共服务的成功，必然也要依赖协同模式的成功。协同是城市群体育公共服务发展的重要命题，等到中国城市群发展更为成熟之时，必定会促进体育公共服务的质量和水平的提高。

2）高度协同自觉的体育公共社会组织

美国城市群体育公共服务水平之所以高效率高质量，当然和其作为发达国家在社会各层面已经有了充足的物质和财富积累有关，还有一个重要的原因便是其很好地协调政府和市场的关系，充分调动社会和市场机制的作用，激发各种机制的活力，协同推进体育公共服务的提供。

美国城市群提供体育公共服务的社会组织发展较为成熟，涵盖体育协会、体育俱乐部等社会组织，值得一提的是，其中还包括一些宗教组织。据统计，美国全国性的体育协会近 300 个，这些协会主要是自发形成的，并且发展已经很成熟，其中大部分在各州和地方设立分会，有组织地以网状结构蔓延开来进行体育项目的推广。不仅如此，美国几乎所有的单项体育协会都制订社区计划，吸引和呼吁青少年参与到体育活动之中。

虽然中国的体育组织尚未达到美国相关组织的成熟程度，但是在城市群发展的重要契机下，充分调动社会组织的积极性，培养和引导各体育组织和提供体育公共服务的组织成长成为必要。

2. 英国城市群体育公共服务运行模式

1）英国城市群体育公共服务运行模式的发展

第二次世界大战以后，英国的《贝弗里奇报告》一经提出便成为福利国家建设的重要理论基石，也将公共服务提供的职能交给了国家。福利国家的建设使得公民享受到高度参与体育的机会，但福利国家的建设造成的负面影响使得政府举步维艰。以国家为主体在体育公共服务等各方面的经费支出，使得英国的财政负担十分沉重，进而严重影响英国的经济发展和稳定。

因此，在经济体制和公共理论变革的双重作用下，英国进行了大规模的公共服务改革，政府选择退出这一领域，将市场机制作为主体引入城市群公共服务的领域中。由此，提供城市群体育公共服务不再是政府的职责，城市群体育公共设施的管理与建造也不依赖于政府提供。这在短时间内使得政府的财政负担迅速降低，然而，带来的危害却巨大。由于政府不再对城市群体育公共设施进行补贴，在一定程度上损害了英伦城市群居民所应享受的基本体育公共服务利益，这在很大程度上排斥人们所应享受到的体育公共服务权利，人们享受体育公共服务的机会快速减少。

随着英国城市群体育公共服务公平性的降低和提供水平的降低，政府开始反思并且开启体育公共服务的多元治理模式。这时的政府将公共部门和私人部门合作视为推动城市群体育公共服务发展的重要手段，这使得政府在有限的范围内有为，公民在追求基本权利中变得更为积极。同时，政府也出台诸多政策，以保证不同城市群内部的所有居民都能参与到体育公共活动之中。随着英国体育公共政策的不断演变，其所构建起的城市群体育公共服务体系为公民提供了丰富、高质量的体育公共服务。

2）英国城市群体育公共服务管理模式

英国城市群体育事业管理和美国类似，均是建立分权式的行政管理体制。一是体育事务分权管理，分别表现在中央政府和地方政府的分权方面，这是居于政府内部层面的。二是政府和非营利性体育组织的分权，这是建立在政府机制与社会机制之间的。相比于美国而言，英国的体育行政体制更为复杂，涉及的体育部门也较多，这一情况和中国类似。

在诸多管理部门中，处于核心地位的是英国文化、媒体和体育部，统一管理国家体育事务，工作主要是负责制定体育政策，按需分配中央政府的体育拨款。其政策的具体执行则由英国体育理事会和英格兰体育理事会进行。英国体育理事会作为文化、媒体和体育部的下属机构，主要管理运动领域的公共投资，同时推动体育运动的发展特别是竞技体育的进步。英格兰体育理事会的职责在于推动体育运动目标实施，鼓励居民参与体育运动，对政府就公共体育的决策施加影响，并引导公众舆论。总之，英国政府对其公共体育的发展主要采取间接管理模式，协调各部门的职责工作，保证城市群政府主管部门工作的高效率，也促进政策的落实。

城市群体育公共服务涉及的多部门管理在中国的体育公共服务实践中同样存在，如果要发扬这一管理特点的优势，必定要处理好政府的干预模式，不能过度干预也不能放任自流；不能让城市群间的多头管理模式打乱城市内部的建设节奏，也不能不发挥城市群主体的积极作用。因此，在借鉴国外经验的同时，切实落实到中国实际，落实到各个城市群的发展实际，也十分必要。

二、中国文体公共服务协同发展的实践

（一）京津冀城市群文体公共服务协同发展的实践

随着改革开放的不断深化，中国在文体公共服务协同发展上的实践能力不断提升。要将中国的国家级城市群建设成为具有世界影响力的城市群，就必定要引领各城市群区域内的协同创新，依靠集聚效应，充分发挥内部的比较优势，调动起区域范围内要素禀赋，实现跨越式进步。这也为城市群内部的文体公共服务体系的建设指明了重要出路。

以京津冀城市群为例，从协同上而言，该城市群应增强协作合作机制，特别是北京在城市发展中出现大城市病，而天津和河北的部分城市文体公共服务发展水平相对不足，这都要通过协同的思路来解决。从创新上来说，城市群的概念不同于城市内部的概念，目前并未形成基于城市群高度治理整个城市群内部的行政机构。就文体公共服务体系的建立而言，它不但涉及文体管理部分，而且涉及诸如财政部门等诸多其他部门，因此肯定涉及多头管理的问题。多头管理的优势明显，但是劣势也同样突出，如果不能创新解决这一问题，那么很难在城市群内部建立起高效率的文体公共服务体系。

值得注意的是，京津冀城市群内部区域差异巨大，要素禀赋分布不均，政策

的干预加剧了这一区域经济发展的不公平性。北京作为首都，同时还是国家的文化中心，受到政策上极大的优惠倾斜，因此占据相当多的文体公共服务资源。天津作为近代最早一批对外开放的港口城市，一直以来城市发展较快，虽然近年来经济发展活力不足，但仍然占据着大量的文体公共服务资源。然而，河北省发展一直相对落后，因此所能供给资源相对较少，无法满足其居民日益旺盛的文体公共需求，导致其区域内文体公共服务供给的严重不足。通过对比，更能凸显京津冀城市群内部文化公共服务不均衡的程度。

随着《京津冀协同发展规划纲要》的出台，京津冀协同发展的方向性更加明确。推动经济及城市群的协同发展，为推动三地的基本公共服务，特别是文体公共服务的建设提供了重要的政策支持。借此契机加快推进京津冀城市群内部的文体公共服务一体化改革，能进一步促进京津冀城市群经济和社会的全面协同发展。

（二）中国现代城市群文体公共服务协同发展的不足

目前，中国基于现代城市群角度的文体公共服务协调机制的建立仍处于初步阶段，文体公共服务主要涉及政策、服务本身和相关基础设施。现代城市群的角度难以打造基础设施的共享，服务本身的提供也往往和当地的实际情况不可分割，政策经验也难以相互学习。

在种种限制之下，现代城市群内部各政府机关应利用好大数据时代的独特优势，从多渠道进行文体公共服务的共享共建。中心城市作为具有优质文体公共服务水平的典型城市，应借助现代化发展技术，积极主动协同展开工作，带动其他城市文体公共服务水平提升。

相关文体社团也应该协同推进城市间的合作，特别是解决城市交界农村地区的文体公共服务提供薄弱问题。在现代城市群视角下，协同不仅是政府、社会和市场的协同，更强调现代城市群内部的城市协同和部门协同，但是落脚点不应该改变，即满足中国公民的公共文体需求，促进区域内文体公共服务水平的提升和发展。

第四节 现代城市群文体公共服务协同发展的路径

一、加强现代城市群文体公共服务协同发展的必要性

现代城市群内部的城市地域接壤、文化相通。土壤的相接使城市之间得以更便利地沟通，而文化的相通则使城市之间的认同感和合作意识有所增强，成为推

动现代城市群协同发展的重要力量。现代城市群内部的文体公共服务协同体系的构建，一方面使具有文体公共服务优势的城市产生正的溢出效应，特别是能够激发这些城市的文体公共服务提供的市场主体的积极性；另一方面使在建设文体公共体系中经验不足，处于落后的城市迅速学习经验，实现文体公共服务提供水平的快速进步。这不但有利于高效且可持续的文体公共服务供给，而且能够为现代城市群的协同发展创造更好的条件，促进产业发展和城市活力的提升。

由于文体的发展总是建立在经济之上的，中国的现代城市群建立往往伴随着政策的出台，因此，现代城市群文体公共服务协同体系的建立，一般情况下要晚于现代城市群的建立，或者说现代城市群文体公共服务协同是现代城市群发展过程的一个阶段，当这一体系基本建立之后，文体公共服务网络也将有很好的覆盖，多方协同治理的模式也将得到很好的构建。当文体公共服务协同发展到一定阶段时，区域间的整体发展将得到进一步提升，并会保持较高水平的竞争力（王玉海，2019）。

然而，就目前而言，无论是处于较高发展水平的长江三角洲、珠江三角洲城市群还是具有很强政治文化特殊性的京津冀城市群，文体公共服务协同发展体系的实际情况与所期望达到的目标均有较大差距。长江三角洲、珠江三角洲城市群文体公共服务的协同发展体系建立情况与京津冀城市群相比，相对来说水平较高。在京津冀城市群中，北京虽然作为中国的文化中心，但是对于其他城市的带动作用较差，说明推动现代城市群文体公共服务协同发展仍然有很长的路要走。

二、现代城市群文体公共服务协同发展的机遇和挑战

（一）现代城市群文体公共服务协同发展的机遇

中国各个现代城市群的协同发展，将成为新时期影响中国经济发展的重要规划，并且成为改革深化和创新的重要思路。每个现代城市群的文体公共服务协同发展所能带来的变化和飞跃，不仅是文体层面，而是作用于整个经济、政治和社会的方方面面。并且，这些好处作用于各个城市，既包括发展水平较高的城市，也包括发展水平较低的城市。可以说，合作共赢的模式将在现代城市群文体公共服务协同发展中显现出巨大优势，是每个城市均要奋力抓住的前所未有的机遇。

在全面深化改革的新时代，政府和市场的活力被充分释放，政府在需要的领域不断提高效率，市场在其应起作用的领域也发挥着决定性的作用。在这样的时代背景下，现代城市群文体公共服务协同发展将越来越深入，最终推动整个城市群甚至辐射周边文化公共服务的整体提升与发展（姚鹏，2019）。

随着一个个国家级城市群的建立，各城市在各领域都有了很大的发展和进步

空间。因此，城市在这些方面的协同水平也得到很大的提升，在这样一个大的城市协同发展的背景下，文体公共服务协同发展的推进将给各城市群文体公共服务的建设提供强大的发展动力。随着一批批国家级城市群的建立，处于较高发展水平的城市群会积攒很多经验，这些经验也将进一步促进其他城市群文体公共服务协同发展的水平。

（二）现代城市群文体公共服务协同发展的挑战

现代城市群的协同发展一定会给各个城市带来前所未有的机遇，发展得好一定是机遇，发展得不好可能会影响社会稳定。协同得好会带来共赢的局面，协同得不好往往会带来一输或多输，造成文体公共服务提供水平较高的城市发展乏力，水平较低的城市发展持续低迷或被边缘化，扰乱各个城市的正常发展思路，阻滞各城市文体公共服务的进步。因为文体公共服务协同发展一定是具有两面性的，故在协同发展进程中，一定要把握好方向和方式方法。

1. 现代城市群文体公共建设资金需求

现代城市群提供的文体公共服务是公共产品，因此其主要依赖政府提供，而提供的多少和水平往往取决于政府的财政能力。现代城市群内部不发达的城市、各个城市的周边地区、农村地区，纵使在投资上有了相对稳定的增长比率，但总的资金投入水平和比率仍然处于较低水平。

协同发展本身，一定会造成高成本的协调成本，因此，随着现代城市群协同发展的推进，各个城市往往需要大量的资金投入以满足文体公共服务协同体系建立的需求。协同不等于同步，协调不好协同和同步的关系，往往会使效率降低，给各个城市造成不必要的负担。

2. 现代城市群文体公共服务协调的管理水平和管理能力

现代城市群文体公共协同发展就意味着多头管理，高效率的多头管理就意味着高水平的管理水平和能力。现代城市群与其他城市相比，往往在文体公共服务体系的建设和提供上处于领先位置。如果多头管理出现低效的情况，可能会干扰这些城市的正常发展路径，干扰各部门原有的工作部署。从某种意义上来说，现代城市群文体协同是必要的，但是在不同的阶段其重要程度有所不同，在某些城市群内部协同发展应处于基础性位置，在某些城市群内部协同发展应处于辅助性位置，待到成熟之后再提升其重要性。

综合来说，在城市群协同发展的背景下，文体公共服务所需的基础设施、相关的评价制度、市场的监管制度等，都需要政府部门进行深化改革，与市场主体在协同合作中，逐步提高管理水平和管理能力。

三、现代城市群文体公共服务协同发展的路径设计

服务型政府的建立在逐步推进，这势必会牵扯到很多的利益博弈，并且已有的路径依赖很难被打破。因此，目前来看，虽然有了一些不错的效果，但是仍然存在自上而下指令性的决策机制，自下而上的机制路径发展并不成熟。

从实际可见，在现代城市群文体公共服务供给过程中，个别政府主管部门有时会自认为有着丰富的治理经验，不认为居民和公众的相关意见能够有什么作用，因此出现诸多置之不理的情况，或者召开一些走过场式的听证会，由于流于形式，居民意见往往不会影响决策部门的决策结果。

这样的决策方式带来的城市群文体公共服务的供给形式往往具有强制性，同时带着非常强的指令性。不但导致整个城市群地区文体公共服务供给内容上单一、结构上同质，而且产生相同产品和服务在不同时期、同一区域的重叠。因此，要想真正提高城市群文体公共服务供给的水平，一定要切实分层、分类有效地配置好城市群内部的文体公共服务资源，构建起市民、社会、政府、市场之间的交流互通机制。

同时，本书一直强调和阐释要发挥好城市群间各个城市的协作关系，即打造好纵向间的路径机制和横向的协作平台。基于此，构建好上下一体的体制机制和横向融合的城市协同平台，将助力于城市群各个主体把握好城市群文体公共服务协同发展的路径方向。

四、现代城市群文体公共服务的协同发展模式

（一）城市群文体公共服务提供的跨区域性要求政府开展跨区域府际合作

城市群文体公共服务提供具有跨区域的属性，文体公共服务提供相关产业的产业链之间往往也具有跨区域属性，因此，地方政府需要进行区域间的府际互动和协同治理。文体公共服务提供往往是中心城市强而边缘城市弱，城市中心强而城市连接处特别是农村地区弱，这往往与城市群的发展思路相悖。在文体公共服务提供中，要针对文体服务的相关特点，强化城市群文体公共服务提供的跨区域属性，将协调和区域一体化升级作为目标。条块形态或纵向的属地责任、部门责任划定虽有助于效率的提升和目标的达成，但这样的发展实践会导致城市之间的合作治理、合作供给被割裂，难以达成整体优化的治理效果。因此，在相应治理实践中，要针对文体公共服务提供的特点，将其嵌入城市群合作治理的框架中。基于比较优势转换和动态比较优势生成的思路，以合作和协同为手段发挥出不同城市在治理资源、经济、科技和信息等方面的比较优势，达成更好的治理效果。

目前，全国已经建立发展多个城市群，各城市群通过政府、企业和非营利组织等各个主体开展交叉合作。但是，一些城市群的发展带有一定的指令色彩，当政府干预和指令与实际发展需求、执行需求存在偏差时，有效的府际合作则难以显现，区域内各自为政的现象排斥着合作，属地内部治理挤压着区域协同治理空间。在以往的区域合作发展实践中，中心城市往往积极发挥辐射带动作用，引导中小城市协同发展，这明显会导致中心城市的合作动力不足，小城市难以在合作中与中心城市进行协同，带来治理难题。因此，一定要激发小城市的内部活力，打造良性的协同模式，在上级政府政策统筹之外，激发以城市群为代表的府际常态利益合作潜力，进一步提升合作治理水平，在问责、激励和绩效等深层制度影响下寻求最大的合作公约数，降低协同工作的难度和挑战。

（二）城市群文体公共服务提供的跨领域性要求城市群政府强化部门间的合作机制

文体公共服务提供理应由相应的部门牵头，但是在财务拨付、验收和供给部署等方面又涉及其他诸多部门，而最切实有效的提高模式很大可能赖以城市群各行政单位的最高领导亲自过问部署。因此，在城市群文体公共服务提供的协同推进中，就涉及跨部门跨领域合作的多头管理问题，跨部门不单指单一城市的内部跨部门，也不单指多城市的平行跨部门，而是进行交叉性的跨部门合作。跨部门多头管理能使问题处理得更加妥当精确，但往往也面临着效率低下的问题。

除此以外，文体公共服务提供的治理场景导致的部门合作背后面临经费和激励等多重制约，往往会触及各部门的深层利益，因此，在协同治理政策出台、下达和落实过程中，各个部门可能会强化自身工作的重要性，而弱化对其他部门工作的重视，各个部门放大自身利益诉求，往往使这项工作在开展中面临着局部最优解和全局最优解间的矛盾。为解决这类矛盾，中央政府和地方政府应该强化对协同工作的部署和安排，强化信息沟通，清晰界定各部门垂直系统的权责边界，高效整合各部门协调不畅的问题，使多头管理发挥更好的专业优势和整合能力。同时，依法预留容错空间和自由裁量权，从体制机制上解决制约联动工作深入开展的瓶颈，使平行部门之间更加积极、更加容易、更少负担地参与到协同治理中，深化城市群政府的整体治理能力。

（三）城市群文体公共服务与其他公共服务的提供都是重要任务，要求均衡推进

面对可能出现的新挑战，城市群政府治理能力面临着深层考验，而治理能力的深化要求均衡治理的开展，即能够完成好多目标的治理任务。得益于中国特色社会主义制度的优越性，集中力量办大事成为公共服务提供中实现政府治理意志

的重大法宝，它在整合资源、协调统一行动、应对复杂治理难题上成效显著。由于集中力量进行某项公共服务提供，在城市群文体公共服务上，地方政府往往面临着分配治理精力和资源的难题，为了降低治理的困难，各级政府往往倾向进行博弈互动。上级政府的关注点往往在一定时间内聚焦于某类服务的提供上，因此，在城市群文体公共服务的阶段性检查验收、出台监管机制等方面可能会有所放松。待到某一公共服务的验收被转移焦点，城市群文体公共服务可能被重点关注，地方政府可能选择突击作业，完成落下的功课，但是，需要付出更多的治理精力，同时，前期工作不能如期有序开展，原有工作停滞可能会损害已经达成的治理格局。与竭尽全力抓好某一工作，其他工作暂时放缓或停滞的治理思路相反，推动上级部门重点指示工作，其他各项任务都想如期推进的“全盘抓”治理思路是地方政府另一个治理极端。这两种极端都是没有把握各项工作间的关系，政府虽然面对众多工作任务，但工作的开展必须要有重点，即抓住主要矛盾而不忽略次要矛盾，“下好协调治理一盘棋”。

（四）引导社会治理共同体构建，与政府治理构成良性互动格局

十九届四中全会提出“建设人人有责、人人尽责、人人享有的社会治理共同体”①。在文体公共服务的提供上，各个城市要有担当意识和责任使命，引导社会治理共同体的有序参与，与政府治理形成有效补充。社会治理共同体的构建有助于提升地方政府的决策水平。在文体公共服务提供上，社会组织和民众往往更具有信息优势，通过民主协商，将社会组织和民众的智慧融入治理工作方案中，使治理更加准确和有针对性。此外，多方的互动有助于政策被各方理解和接受，在工作落实中，社会组织和民众将持着更加信任的态度配合两项工作的协同开展。在工作实践中，使社会组织和民众在基层党组织的领导下将自治、法治和德治有机结合，特别是使基层志愿者的家国情怀和责任担当成为物质激励和绩效激励之外的参与治理的重要动力来源。地方政府应该充分意识到社会组织和民众参与治理的广泛性、深刻性和高效性，将社会治理共同体建设纳入制度化轨道中，打造更加完善的新时代共建共治共享的治理格局。

（五）完善体制机制建设，推动文体公共服务供给能力现代化水平

文体公共服务的现代化需求总是走在人类进步的前面，城市群的现代化发展虽然在引领公共服务问题协同发展上具有重要作用，但也难以面面俱到地与文体公共服务需求完全适应和匹配。因此，在推动工作安排和项目推进中，要给城市

---

① 资料来源于《中共中央关于坚持和完善中国特色社会主义制度推进国家治理体系和治理能力现代化若干重大问题的决定》，http://cpc.people.com.cn/n1/2019/1106/c64094-31439558.html。

群不同层级的政府受约束能监督的自由裁量权，使之获得更为灵活的应对空间和策略选择。由于中国的特殊行政体系，特别是随着双轨制的建立，在财权被不断上收的过程中，地方政府倾向获得更大的自主空间，更好地实现自身的治理意志，但是地方政府获得了更大的自主权，是否能用好权力还是一个未知之数，并且可能会产生弱化中央政府权威等一系列问题。责任与权力往往相伴而生，问责制往往成为上级政府贯彻治理目标，强化对下级权力约束的重要手段，如大量使用问责工具释放出来的政治信号，迫使城市群各级政府更加重视工作的推进。问责往往会形成一种逻辑，负责和有能力的领导能够处理好相应的问题，但是如果不从深层的体制机制上去反思，难免会重蹈覆辙。针对文体公共服务提供的现实难题，显然不能简单谈赋权和问责的解决办法，而要从深层的体制机制层面进行反思，建立更完善的治理体制机制、更完备的法律体系，推进政府治理能力现代化水平的提高，使城市群各级政府能够依托于现代化的治理能力，更加从容有效地应对现代化的文体服务需求。

参 考 文 献

陈昊琳. 2015. 基本公共文化服务：概念演变与协同[J]. 国家图书馆学刊，24（2）：4-9.

杜霞. 2017. 我国体育公共服务均等化评价及对策研究[D]. 内蒙古大学硕士学位论文.

冯其明. 2018. 公共体育服务均等化中政府角色的定位及转换[J]. 湖北体育科技，37（2）：118-120.

胡税根，李倩. 2015. 我国公共文化服务政策发展研究[J]. 华中师范大学学报（人文社会科学版），54（2）：43-53.

李少惠，余君萍. 2012. 西方公共文化服务体系综述及其启示[J]. 图书馆理论与实践，（3）：17-20.

苗治文. 2006. 当代中国体育公共政策分析[D]. 北京体育大学博士学位论文.

彭崴，罗亚娟. 2015. 美国体育思想的嬗变与启示[J]. 体育与科学，36（3）：45-49.

渠敬东. 2012. 项目制：一种新的国家治理体制[J]. 中国社会科学，（5）：113-130，207.

王娟娟. 2019. 雄安新区推动京津冀协同发展的可行性分析[J]. 中国流通经济，33（4）：20-32.

王玉海. 2019. 京津冀协同发展中的产业调整[J]. 群言，（3）：4-7.

谢叶寿，阿英嘎. 2016. 英国政府购买公共体育服务的实践与启示[J]. 体育与科学，37（2）：66-70.

姚鹏. 2019. 京津冀区域发展历程、成效及协同路径[J]. 社会科学辑刊，（2）：127-138.

张桂琳. 2013. 中国特色公共文化服务体系的发展与完善[J]. 探索与争鸣，（2）：19-21.

张菊梅. 2018. 基本公共文化服务均等化标准体系的探讨[J]. 惠州学院学报（社会科学版），38（1）：65-71.

张伟红. 2019. 公共文化服务视域下高校图书馆社会化服务的制度设计[J]. 图书馆学刊，41（1）：60-63.

钟小燕，李宇，丁文. 2015. 全球化背景下体育在国家发展中的功能定位[J]. 体育与科学，（1）：113-116.

周雪光. 2015. 项目制：一个“控制权”理论视角[J]. 开放时代，（2）：82-102.

朱毅然. 2014. 发达国家政府购买公共体育服务的经验及启示[J]. 天津体育学院学报，29（4）：290-295.

第七章　现代城市群教育公共服务协同发展研究

第一节　现代城市群教育公共服务的内涵及模式

教育包括广义教育和狭义教育两个层面。广义层面的教育包括一切能够提高人们思想品德、提升人们知识技能的活动。狭义层面的教育是指学校教育，即教育者通过确定目标、制订计划，为把受教育者培养成与国家和社会需求相匹配的人才而对其身心施加影响的活动。教育是政府的公共服务职能之一，教育公共服务问题的提出来源于政府部门的治理实践，因此成为政府和社会关注的重点领域。

一、现代城市群教育公共服务的内涵

教育公共服务，也称公共教育服务。国内外学者较少对这一概念进行专门阐释，大多在公共服务理论的基础上对其进行具体的针对性说明，即教育公共服务是由政府所主导的，通过供应教育产品和提供教育服务来满足社会大众公共教育需求的过程，其内容随着不同时期人们对教育的需求的变化而变化。教育公共服务产品的提供者主要是政府部门，但其生产者除了政府部门以外，还包括公共组织、非政府组织、非营利组织和私营部门等。国内学者蒋云根（2008）认为教育公共服务的生产及供给主体是多元的，政府作为主导力量，非政府公共组织和企事业单位广泛参与，各方在教育公共产品的生产和提供中承担各自相关职责，履行相应的职能。城市群教育公共服务，就是将教育公共服务的生产主体和供给主体，以及服务范围等内容扩展到城市群。

现代城市群教育公共服务协同发展具有以下特点。首先，现代城市群教育公共服务的总体目标，是为了满足现代社会发展背景下个人发展对高素质和高等教

育的需求，以及区域社会发展对高素质人才的需求。其次，现代城市群教育公共服务系统内外部以及系统内部各子系统、组成要素间关系复杂，联系紧密，而现代城市群教育公共服务发展协同是这些层次维度丰富关系的协同。最后，现代城市群教育公共服务是动态变化的、相对的。现代城市群教育公共服务协同发展有利于优化区域教育布局，不仅是提升区域教育整体水平的重要举措，也是实现城市群协调发展的条件和支撑，同时是教育事业自身发展的独立性保障，它的发展同样与教育发展的逻辑和内在规律相吻合。

二、教育公共服务的分类

教育消费者通过购买教育公共服务来享有受教育的权利。从这个层面看，教育公共服务具有产品属性，即可以将教育公共服务视为教育产品。下面将从教育的提供者属性方面对教育产品进行分类。教育产品根据其提供者属性的不同，可以分为纯公共产品、基本公共产品、准公共产品、纯私人产品及基本私人产品五类。

纯公共产品是指完全由国家承担的教育，包括义务教育、工读教育、国家公务员教育等公办教育。获取该种教育产品，受教育者无须缴纳学费，由国家财政负担全部的资金需求。

基本公共产品主要是指幼儿园、初高中、公办高校、职业技术院校、政府扶持的成人学校等。这类教育主要但非全部由政府出资，具有一定的排他性。例如，一些人接受教育，由于教学资源的局限，就必然会有另一部分人不能享受这些教育。

准公共产品包括集体组织、社团、协会为其成员或成员家属设立的学校、培训班及补习班等；企业为其员工及其员工家属开办的学校、培训课程班等。此外，有些学校虽然由政府提供经费，但为了增加收入，在正常招生之余，额外招收自费生。由于仅靠自费生的学费远远承担不起教师配备、教学设备的维护及学生管理过程中产生的一系列费用，因此，在很大程度上需要依靠政府拨付的经费。这类学校的资金来源既包括教育消费者又包括政府，因此，它不仅不同于教育服务的公共物品性质，也不同于私人产品的性质。这种情况可以看作准公共物品性质的教育服务。

纯私人产品主要是指个人提供教育服务并获得报酬，报酬由受教育者个人或其家庭支付，如家庭教师，当授课结束时学生家长负担教师的薪酬；再就是师傅招收学艺的学徒，向他传授知识和技能，徒弟反过来给师傅学费或者是为其提供低酬劳甚至无偿的帮助或服务。除此之外，还有个人设立的补习班、职业培训班等，这在本质上和家庭教师没有差别，都是提供教育并向学生收取学费，只不过是规模扩大，教育场所扩大，教育消费者数量增多，两者都需要受教育者个人支付费用。

基本私人产品与具有私人产品性质的教育服务不同，这种服务是指个人在办学时所需的资金及利润不仅仅是从接受教育服务的学员身上来的，还从政府、企业、社会团体等获得一定的补助，并且在收取课时费、书本费等费用时有所减免，适当降低收费标准。

三、教育公共服务的执行模式

何鹏程和宋懿琛（2008）指出，当前教育公共服务的实施模式有三个特点：一是教育决策从单向的政府决策转变为公众的互动参与；二是服务供给从单一的政府控制转变为多元的市场竞争；三是监督评价从封闭式自我监督向开放式第三方中立组织监督转变。

从决策的运行来看，早期教育公共服务主要由政府垄断，是国家集中力量办大事的运行执行模式，这在人才匮乏的中华人民共和国成立初期很有必要。政府集中建设重点学校，培养社会主义建设者，垄断优质教育资源，使得中国科研水平在短时期内得到大幅度提升。在这一阶段，国家对教育公共服务的干预，以及其对教育的权威性领导，是教育决策执行的主要特征。20 世纪 70 年代，中国在医疗、教育等公共服务领域引入市场竞争机制，公共教育体系发生变化，市场力量开始向教育领域渗透。然而，上述两种公共教育服务模式仍然存在很强的垄断性，教育决策过程没有发生大的变化，仍然是自上而下的单向行政决策，消费者没有权利进行自由选择和表达。近年来，随着服务型政府的逐步建立和教育市场的扩大，公众开始有更多的选择和表达的声音。公民参与和民主对话促进公民教育利益表达机制和跟踪反馈机制的建立，教育公共服务决策逐渐演变为一种开放、透明和参与性的互动模式。

1949 年以来，从公共服务供给主体来看，主要是由政府提供，但是，教育公共服务供给者也逐渐向多元化发展。例如，政府资源有限，可以将管控不足的领域委托给市场进行经营管理，但在过程中政府负责质量监察及控制，从而实现互惠互利；教育公共服务的提供主体也可以是私人，具体存在两种运行方式：一是民间资助；二是民间购买服务，即消费者自主选择教育服务，该服务可由多个教育提供者提供，如教育券的发行。

从监督和评估的角度来看，教育的公共服务模式正在从政府控制和管理的直接行政控制向监督管理的间接宏观调控转变，主要有三种发展趋势。第一，重视教育的共同利益，不能只依赖单一的量化指标来简单评价教育领域，同时还要将公共利益的获取水平、教育权利的共享程度等纳入其中，实行问责制，清晰地界定责任。第二，提出教育服务绩效评价机制，即教育的目标、效果和产生的影响，以及其财务情况、资源配置和社会响应等方面，由社会公众对其进行评价。第三，提高中介在教育评估中的地位和作用，减少政府介入的越位，对第三方评估机构缺乏权威性和认同感以及与政府部门相比缺少竞争性的问题要加以解决。

第二节　现代城市群教育公共服务协同发展的政策梳理

随着城市发展逐渐向城市群演化，中央和地方政府开始关注城市群，并出台相应政策，希望借以促进城市群的发展。根据《中华人民共和国国民经济和社会发展第十一个五年规划纲要》，要把城市群作为推进城镇化的主体形态。本节主要梳理自城市群概念出现以来，尤其是该规划纲要发布以来，中央和部分地方政府为推动城市群教育公共服务协同发展而出台的相关政策。

一、城市群教育公共服务协同发展政策的背景

城市群教育公共服务协同发展作为城市群区域协调发展的重要组成部分，是在遵循教育发展自然规律的前提下，为了满足城市群内居民和社会的发展要求建立起来的，保障教育发展在城市群内的各城市之间相互促进、共同发展，同时具有与外部环境相适应的过程和状态的一种协同运行机制。

推进城市群教育公共服务协同发展，是一个漫长的历史进程，同时也是复杂的系统工程。现代城市群教育公共服务协同发展，必须站在一定的战略高度上，从推进教育治理体系和治理能力现代化的层面上开展相关工作，从而实现现代城市群的可持续发展。在协同内容上，从发展现状的角度看，各大区域教育体系之间的相互关系是协同的。现代城市群教育协同发展强调各省区市教育公共服务可以相互配合，相互协调，将自己的优势和特长发挥到最大化，从而形成地区间的教育合作共赢并且缩小城市群内部发展的差距。从发展过程的角度看，现代城市群教育公共服务协同发展强调在各城市间形成协调发展机制，促进现代城市群内部各主体城市的分工合作和有效互动。

站在城市群视角审视教育公共服务的发展，成为现代城市群教育公共服务发展的重要突破口。城市群教育公共服务政策的出台和调整，也是城市群建设和发展的重要抓手。在新时代背景下，基于城市群的角度来梳理我国的教育公共服务政策，厘清现代城市群教育公共服务政策现状，是十分必要的。

二、城市群教育公共服务协同发展的政策梳理

（一）国家部门关于城市群教育公共服务协同发展的政策梳理

当前，关于国家部门城市群教育的有关政策中，多为国家发改委颁布的关于具体某城市群的发展规划或指导意见，教育公共服务作为现代城市群建设的一个方面有所涉及，如国家发改委颁布或批复的《关于促进中部地区城市群发展的指导意见》和《长江中游城市群发展规划》，或者是教育部等其他部门，在进行教育工作指导时，结合现代城市群发展战略，进行顶层设计或宏观指导，如《高等教育司2018年工作要点》；目前尚未有国家部门专门针对城市群教育公共服务出台相关政策。表7-1根据城市群教育相关政策颁布的国家部门及政策针对的不同主体，选取代表性政策，并对其相关描述进行介绍。

表7-1　国家部门关于城市群教育公共服务协同发展的部分政策

序号	政策	年份	部门	相关描述
1	《关于促进中部地区城市群发展的指导意见》	2010	国家发改委	整合教育资源，促进教育基础设施共建共享，推动教育事业一体化发展
2	《长江中游城市群发展规划》	2015	国家发改委	加强教育科技合作交流：加强高校及科研院所合作，搭建教学科研平台，推动国家重大科研基础设施和大型科研仪器等科技资源开放共享
3	《哈长城市群发展规划》	2016	国家发改委	加强教育交流合作：推进优质教育资源区域共享，合力创新人才培养机制
4	《高等教育司2018年工作要点》	2018	教育部高等教育司	推动集群发展：将中西部高等教育的战略布局与经济带、都市圈、城市群、产业链的布局紧密结合起来
5	《教育部 工业和信息化部 中国工程院关于加快建设发展新工科实施卓越工程师教育培养计划2.0的意见》	2018	教育部、工业和信息化部、中国工程院	紧密对接经济带、城市群、产业链布局，持续深化工程教育改革

（二）地方政府关于城市群教育公共服务协同发展的政策梳理

1. 长江中游城市群

2013年2月以来，长江中游城市群建设进入全面推进阶段，教育工作紧跟现代城市群建设步伐，地方人民政府、教育厅等部门纷纷出台相应政策，以促进城市群教育公共服务协同发展。2015年3月26日，国务院正式批复《长江中游城市群发展规划》，同年4月13日，国家发改委正式印发《长江中游城市群发展规划》。这是《国家新型城镇化规划（2014—2020年）》出台后国家批复的首个跨区域城市群规划，即首个国家级城市群。此后，地方政府部门根据发展规划指示精神，结合各级、各类教育发展实际，积极出台相应政策，促进长江中游城市群

教育公共服务协同发展，如表 7-2 所示。

表 7-2 长江中游城市群关于教育公共服务协同发展的部分政策

序号	政策	年份	部门	政策描述
1	《省委高校工委 省教育厅 2014 年工作要点》	2014	中共湖北省委高校工委、湖北省教育厅	探索构建长江中游城市群四省高等教育合作交流机制，继续推进武汉城市圈教育综合改革
2	《武汉市推进长江中游城市群建设近期工作要点》	2014	武汉市人民政府	建立信息共享及情况通报制度。在教育、科技、文化等多个领域加强信息交流，共建共享信息平台
3	《武汉市人民政府关于加快发展现代职业教育的决定》	2015	武汉市人民政府	推动区域和国际合作交流。建立以武汉地区为基础的区域职业教育交流平台，推动武汉城市圈、长江中游城市群职业教育合作
4	《湖南省贯彻落实国家〈长江中游城市群发展规划〉实施方案》	2015	湖南省人民政府	加强教育合作交流。加强我省与湖北、江西各级各类学校之间的合作，推动教师互聘互访，学生互访交流，图书资源共享。探索建立高校跨校双学位申请，学分互认，科研合作。推进长沙、株洲职业教育科技园建设
5	《湖北省教育事业发展“十三五”规划》	2016	湖北省人民政府	迫切需要教育在更大范围、更广阔领域加强协同创新、协同育人，共享教育资源，拓展服务范围和服务领域，打造中部教育增长极，为长江经济带发展和中游城市群建设提供人才支撑和智力支持

整体来看，武汉市作为长江中游城市群建设的中心城市，在推动城市群教育公共服务协同发展过程中，具有举足轻重的作用。在城市群教育公共服务协同发展过程中，武汉市立足于武汉地区，以高等教育和职业教育为协同发展重点对象，面向武汉城市圈、长江中游城市群和长江经济带，积极开展交流合作，加强平台建设，共享教育资源，推动城市群教育公共服务协同发展。

2. 长株潭城市群

长株潭城市群是长江中游城市群的重要组成部分。1997 年，湖南省开始推进长株潭三市一体化发展；2006 年，长株潭城市群扩容，以长株潭为中心，形成“3+5”城市群发展格局。此后，湖南省政府及其他部门先后出台相关政策，推进城市群教育公共服务协同发展。表 7-3 对长株潭城市群教育公共服务协同发展的有关政策进行了梳理。

表 7-3 长株潭城市群关于教育公共服务协同发展的部分政策

序号	政策	年份	部门	政策描述
1	《湖南省教育厅、中共湖南省委教育工委 2009 年工作要点》	2009	湖南省教育厅、湖南省委教育工委	深化教育管理与办学体制改革。推进长株潭教育综合改革，争取国家支持建立长株潭城市群教育改革与体制机制创新试验区

续表

序号	政策	年份	部门	政策描述
2	《长株潭城市群资源节约型和环境友好型社会建设综合配套改革试验总体方案》	2009	湖南省人民政府	完善覆盖城乡的公共服务体系。以义务教育、公共卫生和基本医疗服务等为重点，探索建立城市群统一的基本公共服务标准和制度，逐步提高城市群基本公共服务水平
3	《长株潭城市群“两型”社会建设综合配套改革试验区劳动保障体制改革专项方案》	2010	湖南省人力资源和社会保障厅	健全完善覆盖城乡的职业教育培训制度
4	《湖南省建设教育强省规划纲要（2010—2020年）》任务分工	2011	湖南省人民政府办公厅	推进长株潭城市群教育综合改革：推进基础教育改革；创新职业教育办学模式；探索高等教育创新人才培养方式
5	《提升高等教育质量与创新水平专项规划（2010—2020年）》	2011	湖南省教育厅	鼓励长株潭城市群高校率先发展：支持和鼓励长株潭城市群高校发挥区域优势和人才聚集优势，大力推进区域内高校教学科研资源共享，带动区域内不同类型高校共同发展
6	《长株潭城市群两型社会建设综合配套改革试验区基础设施共建共享及体制机制改革专项方案》	2011	湖南省发展和改革委员会、湖南省住房和城乡建设厅	加强综合性中小学实践教育基地、职业教育实习实训基地、职业教育顶岗实习基地、综合性农民工和城镇再就业培训基地、高等教育实践教学基地、科技成果转化共享平台、科技资源共享平台、高校数字资源共享平台等设施建设
7	《湖南省教育厅、中共湖南省委教育工委2012年工作要点》	2012	湖南省教育厅、湖南省委教育工委	积极推进教育重大改革试点项目，力争在学前教育办学体制、义务教育均衡发展机制、基础教育综合改革、职业教育办学模式、现代大学制度、长株潭城市群教育综合改革等方面取得突破
8	《长株潭城市群区域规划（2008—2020）》（2014年调整）	2015	湖南省人民政府	完善基础设施建设，整合科教资源，重点发展文化教育与科技研发；优化区域教育资源配置，建设区域性公共实训基地，优化高校空间布局

长株潭城市群是湖南省经济发展的核心增长极。在政策的颁布数量和内容上均可以看出，湖南省十分注重长株潭城市群教育公共服务的协同发展。长株潭城市群将教育产业作为新兴服务业发展布局的重点产业之一，抓紧推进教育基础设施建设，建设区域性公共实习实训基地、实践教育教学基地、资源共享平台，整合、优化区域教育资源配置，优化高校空间布局。同时，长株潭城市群积极推进教育综合改革，深化教育管理与办学体制改革，如探索建立城市群统一的基本公共服务标准和制度，探索高等教育创新人才培养方式等。

3. 其他城市群

本部分综合梳理4个国家级城市群有关教育公共服务协同发展的政策，具体包括长江三角洲城市群、中原城市群、关中平原城市群及北部湾城市群，如表7-4所示。

表 7-4　其他城市群关于教育公共服务协同发展的部分政策

序号	城市群	政策	年份	部门
1	长江三角洲城市群	《上海市教育改革和发展“十二五”规划》	2012	上海市人民政府
		《长江三角洲城市群发展规划安徽实施方案》	2016	安徽省人民政府办公厅
		《安徽省“十三五”教育事业发展规划》	2017	安徽省教育厅
2	中原城市群	《中共河南省委、河南省人民政府关于加快高等教育改革与发展的意见》	2004	中共河南省委、河南省人民政府
		《河南省高等教育发展规划（2004—2020）》	2004	河南省教育厅
		《中原城市群新乡都市区及拓展区总体发展规划纲要》	2006	新乡市人民政府
		《山西省贯彻落实〈中原城市群发展规划〉实施方案》	2017	山西省人民政府办公厅
3	关中平原城市群	《甘肃省建设国家职业教育助推城镇化改革试验区发展规划（2016—2020 年）》	2017	甘肃省人民政府办公厅
		《兰州—西宁城市群发展规划实施方案》	2018	甘肃省人民政府办公厅
		《陕西省〈关中平原城市群发展规划〉实施方案》	2018	陕西省人民政府办公厅
4	北部湾城市群	《北部湾城市群发展规划广西实施方案》	2018	广西壮族自治区人民政府
		《北部湾城市群发展规划北海实施方案》	2018	广西壮族自治区人民政府

从时间上看，城市群教育公共服务协同发展的相关政策多集中于近几年，尤其是2016年《中华人民共和国国民经济和社会发展第十三个五年规划纲要》出台以来，国家深入实施区域发展总体战略，明确提出要促进区域协调、协同、共同发展，努力缩小区域发展差距。地方政府纷纷响应，加紧出台相应政策，促进城市群教育公共服务协同发展。从政策发布部门来看，其多来自地方人民政府。从政策主题看，其包括教育发展和城市群建设两个方面，虽各有侧重，但相互支撑，共同构成地方政府关于城市群教育协同发展的政策体系。

三、城市群教育公共服务协同发展政策的内容

通过对国家和地方政府部门关于城市群教育公共服务协同发展政策进行分析，总结出城市群教育公共服务协同发展政策的内容主要集中在以下几个方面。

第一，整合资源，促进基础设施共建共享。科学整合城市群内各类教育教学资源，推进高校教学、科研资源共享，拓展教育资源的服务范围和服务领域，带动不同类型高校共同发展。共建共享信息平台，搭建城市群数字教育资源服务体系，推进现代城市群教育信息服务一体化发展。建设网络公共服务平台，推进多媒体和数字化教育教学方式的普及，同时改革教育管理手段，实现教育信息化管理，通过线上和线下有机结合，形成教育教学新模式，从而达到现代城市群内教

育信息和资源共享的目的。建设城市群公共实践、实习、实训基地，包括中小学实践教育基地、高等教育实践教学基地、职业教育实习实训基地等。

第二，积极开展交流合作，加强城市群内各级各类教育的交流合作。推进城市群内各地区高校、科研机构之间的互通互访，共同建立、开发合作项目。支持城市群内高校联合推进学科建设，探索建立高校跨校双学位制度、学分认证制度，鼓励学生申请合作院校第二学位、学分和科研项目，推进互访交流。探索建立城市群师资库，鼓励、支持各高校教师互聘互访。建立城市群区域职业教育交流平台，促进信息共享，推进职业教育向信息化、数字化方向发展。

第三，调整教育结构，优化高校空间布局。强化办学特色和内涵提升，鼓励各院校优势互补、错位发展，支持城市群内高校开展联合共建，建立更广泛的大学联盟。

第四，深化教育体制改革。丰富教育投入主体和投入形式，形成多元化发展机制，创新教育管理手段，深化办学体制改革，探索建立符合城市群发展实际的教育公共服务标准和制度。同步开展各层次教育综合改革，推进基础教育改革；探索高等教育管理模式，创新高层次人才培养方式。开发职业教育新型办学模式，调整区域协调发展策略，形成覆盖城乡的完善的职业教育培训制度。

第三节 国内外城市群教育公共服务协同发展的案例

一、欧盟高等教育一体化实践

1991年，12个欧共体成员国签订《欧洲联盟条约》，旨在推进欧洲一体化进程。1999年，29个欧洲国家联合签署《博洛尼亚宣言》，决定合作建立欧洲高等教育区并完善其高等教育联合体系。《博洛尼亚宣言》意味着高教改革计划开始实施，博洛尼亚进程正式启动，同时使欧洲与世界在高等教育领域成功接轨，通过区域性的合作促进国际上整体高等教育水平的提升。

随着欧洲一体化进程的不断深入和加速，教育领域的一体化也在不断推进。2002年，为科学评价欧盟的教育质量和发展水平，欧盟委员会建立专项工作组，针对现存教育质量评估体系提出问题和改进措施。该工作组包含31位不同欧洲国家的专家和国际组织代表。2003年，该工作组通过设置29个指标，覆盖8个教育关键板块，构建起新的教育评估体系。指标研究结束后，工作组运用指标系统监测了欧盟2004~2006年三年的教育发展情况，并发布监测报告，通过具体实施证明指标的可操作性。针对欧盟各区域教育发展不均衡现象，2007年，欧盟委员会起草《监测里斯本教育和培训目标进展的指标和基准的统一框架》文件，通过对关键指标的重新审视，经过去粗取精及必要的补充调整，最终确定核心指标 16 个。该指标用于监测教育的进展情况，涵盖教育的各个阶段和各个方面，包括对关键能力和素养的教育，以及师资的专业发展等内容，反映教育质量监控的全过程。这些指标为欧盟监测教育的绩效和进步提供重要参考。在此基础上，通过逐年比较各指标的异同和趋势，欧盟及其成员国可以更深入地了解欧盟国家教育质量的具体情况。

欧盟是全球有代表性的国家集团，在国际上承担重要角色，在教育决策与实施中具有自身的代表性和特殊性。它采取“开放式协调方式”，通过“建立战略普遍目标—建立指标和基准—科学监测指标和基准—优秀案例交流和学习”的模式，提高教育质量，意义重大。这提高了欧盟教育的整体质量。

二、京津冀城市群教育公共服务协同发展实践

京津冀城市群涵盖北京、天津两个直辖市，聚集清华大学、北京大学、中国人民大学、天津大学、南开大学等众多“双一流高校”，汇聚了十分优质的教育资源，具有扎实的科研基础，科研成果层出不穷，同时，源源不断地向城市群内部各地区、各领域输送“高精尖”人才。京津冀城市群教育公共服务的发展，成为城市群经济和社会的协调和可持续发展的有力支撑。京津冀城市群教育公共服务协同发展已由传统的“外延式”发展转向“内涵式”发展，逐渐展开不同层面上的改革和实践。近年来，京津冀城市群教育公共服务协同发展在实践中进行一系列卓有成效的探索和尝试。

（一）自发组织逐渐兴起

自《中华人民共和国国民经济和社会发展第十三个五年规划纲要》及《京津冀协同发展规划纲要》等政策颁布实施，京津冀地区自发教育组织逐渐兴起，并积极开展有关教育活动。在京津冀政府部门的协作支持和领导下，京津冀城市群先后建立起大学生思想政治教育工作协作机制、现代职业教育体系创新平台，以及各专业领域的创新联盟等自发组织。合作联盟和协作组织的成立，加强了城市群内不同办学主体之间的合作意愿，提升了其交流频率，同时，使得区域内某些学校科研资源缺乏、教师水平参差不齐等问题得到解决。此外，教育主体间的自发合作也日益增加。

（二）相关政策支撑保障

良好的发展离不开政策的保障，城市群内各地政府联合出台一系列政策，希

望借以保障城市群教育的协同稳定发展。《京冀两地教育协同发展对话与协作机制框架协议》提出遵循协同发展联席会议制度，通过各地定期协商，根据教育发展的最新情况，结合时代背景，进行阶段顶层设计，共同参与当前教育发展热点问题，协调解决难点问题。该协议通过定期协商对话和合作机制，开启京冀教育协同发展的新阶段。

（三）资源共享协同发展

京津冀三地通过政府主导或各组织自发合作成立了各类教育合作和协同发展联盟，旨在推动三地教育资源的整合和共享，从而实现现代城市群教育协同发展。教育资源共享机制的建立是平衡城市群内各地区教育发展水平的关键因素。智库建设是推动教育资源共享的重要途径。当前，京津冀三地已挂牌成立多个智库。2016 年 6 月，“京津冀信息服务协同创新中心”成立，该智库在北京大学、南开大学、河北大学三所高校的支持下建设而成，现在已经启动包括研究生交换培养在内的多个项目，智库建设进入实质性阶段。

（四）人才交流持续深入

人才交流合作是城市群教育公共服务协同发展必不可少的一部分，京津冀协同发展战略实施以来，城市群内部的干部教师队伍通过各种形式的交流合作紧密联系起来。人才交流方式包括干部挂职、互访互聘等，支撑形式包括高校联盟、协议、个人合作等，交流频率提高，交流层次加深。2015 年，京冀两地有关部门共同支持，联合启动“京冀互派百名干部挂职”项目。该项目旨在通过互派干部挂职，促进人才交流，带动两地人才的全面化、规范化交流合作。

三、长江三角洲城市群教育公共服务协同发展实践

长江三角洲城市群涵盖直辖市上海，以及江苏省和浙江省包括南京和杭州等城市在内的共计 26 个城市，其中心城市上海市不仅是我国的经济中心，同时也是我国的科技创新中心。长江三角洲城市群教育公共服务协同发展成为城市群经济和科技可持续发展的重要组成部分。本部分从制度设计、均衡发展、集群发展、优质特色发展方面，介绍长江三角洲城市群高等职业教育协同发展的实践经验。

（一）制度设计

遵循着高等教育发展规律，长江三角洲城市群的高等职业教育正经历着从重视数量增长、规模扩大的“外延式”发展，逐步转向重视质量提高、结构优化、协作互动的集约型“内涵式”发展。高等职业教育发展与城市群经济发展的联系

越来越密切，两者相辅相成，相互促进。近年来，区域经济一体化进程加快，城市群内各级政府越来越重视在众多领域开展竞争和合作，力求双赢。例如，在制度上革新换代，建设教育教学、专业训练等各类资源，消除高等职业教育协同发展的合作障碍，搭建优质平台。

首先，长江三角洲城市群内部搭建起对话协商和合作发展的联动体系和组织框架，如涵盖沪苏浙三个省、直辖市在内的省（市）长座谈会制度、地区合作与发展联席会制度等。此外，城市群定期组织召开长江三角洲教育联动发展论坛，并在不断的合作与发展中逐步完善合作机制，形成和巩固现代城市群整体联动的发展优势。

其次，在宏观上加强对现代城市群高职教育发展的顶层设计，在城市群内对其目前的布局进行调整和优化，推动其与经济社会的和谐和可持续发展相适应，促进二者有机融合，使得高职教育能够更好地符合现代城市群经济发展的需求，同时经济发展又有效地促进高职教育持续发展。长江三角洲城市群先后成立苏州高新区、常州科教城等科技、高教园区，将政府、高职院校、科研院所、企业等多方力量汇聚到一起，完成无缝对接，打造出长江三角洲城市群高职教育高地。既充分利用各方资源，又有效促进技术创新，为高职院校和高新技术企业的发展提供沃土。高职院校、企业及其他相关组织在各级政府的宏观引导下，协调发展，共同为促进城市群经济增长贡献力量。

最后，长江三角洲城市群各级政府积极出台相关政策，为加快教育合作发展提供坚实的支撑和保障。例如，出台《长江三角洲人才开发一体化共同宣言》，通过充分收集、整合城市群内各地对人才开发的利益诉求，针对性地提出目标、原则、建设领域和实施举措，有效消除制度障碍。此类政策不仅具有前瞻性和引导性，更具有协调性和合作性。

（二）均衡发展

长期以来，我国高等职业院校分布不均衡，难以匹配产业结构布局的需求。在经济一体化的发展过程中，为解决这一问题，促进高等职业教育整体均衡发展，长江三角洲城市群高等职业教育按照相互协调、分工协作、共谋发展的原则，采取了四项主要措施。

首先，根据产业集群正逐步走向成熟并日趋国际化、专业化和市场化的发展态势，长江三角洲城市群重新规划并统一调整城市群内高职院校布局，着力打造一批高教园区、高职园区及高校教学联合体等，打破行政区划的地域空间限制，增强各地高职院校的分工合作，在发扬自身院校优势的同时，吸收其他院校的优势，努力做到全面发展，重新整合并优化高等职业教育资源，建立省市级协调保障机制。例如，苏州工业园区服务外包职业学院、苏州百年职业学院等多家高职院校入驻苏州独墅湖高等教育区，共建共享教育区的基础设施和平台资源，促进院校之间的开放融合。为了平衡城市群内高等职业教育的发展，江苏省结合苏南、苏中和苏北三大区域，着重建设南京和苏州两个城市成为推动高等职业教育发展的中心城市。通过改革和试点，搭建资源共享平台，目标同向，一体多元，更好地带动发展相对落后的江苏北部地区及县级城镇高等职业教育的发展。

其次，由低层次发展转向中高层次发展，以高等职业教育为主体，全方位延伸扩展。打通高职教育和中职教育，构建完整的终身职业教育体系，使个人有计划、成体系地接受职业教育，加强学校间多层次多方位的立体式交流与协作，有助于其培养技术技能素质水平较高的人才。在高等职业教育与本科教育之间架起桥梁，推进职业教育与普通教育间的交叉融合。江苏省首先开启探索之路，创新办学模式，实施诸如联合培养、分段培养、自考一体化等模式。同时，构建起囊括中职教育、高职教育、应用型本科教育，以及专业学位教育在内的一体化高职教育结构体系，并在全国范围内试行，有效地缓解了在产业发展过程中高端技术技能人才供给不足的情况。

再次，开辟新视野，对接国际，开放办学。与发达国家和地区的知名高校、著名企业联合开展形式多样的国际教育交流合作，如联合招生，合办院校、专业；共建实习、实训平台；师资培训、教师互访；学生交流、学分互认、学位互授；等等。

最后，推动高职教育面向集成化发展，主要类型如表 7-5 所示。不断探索和创新高职院校之间、高职院校与企业之间长效的合作机制，促进信息交互和资源共享，加强师资培训和学科建设。

表 7-5 高等职业教育分类

办学类型	特点	范例
集团化	联合行业、企业等多种社会力量，以行业特征为主，实现校企融合、工学交替、订单培养	江苏商贸职业教育集团、江苏农林职业教育集团、上海化工职业教育集团、上海建筑职业教育集团等众多行业特色鲜明的职业教育集团
集群化	在空间上形成优质高职教育资源的汇聚，数所学校建设在同一区域，实现教育教学资源的集约共享	常州高职园区、“江宁大学城 4+1+1 职教联合体”
集合式	以学制为纽带，充分结合总校和分校，实现大学校、小学校统筹发展	江苏联合职业技术学院
集约式	集成多种功能，推进城市群均衡协调发展	江苏立信职业教育集团

（三）集群发展

产业结构转型升级需要依靠技术创新和进步，科技创新的主体是企业，孵化器是高等教育。孵化器输出的人才资源源源不断地流入企业，为其带来技术的更新换代。高等职业教育是和经济、科技、人才结合最为密切的一种教育类型，它通过为企业培养人才，从根本上影响企业的科技创新能力和水平。长江三角洲城市群通过整合各方高等职业教育资源，全面提高人才的专业知识、业务技能和创新素质，培育高新技术和企业，大力推进技术创新与进步。

首先，长江三角洲城市群积极创新人才培养模式，通过工学结合推动产业集群的升级改造。民营经济虽然较为发达，但在发展过程中，逐渐暴露出管理效率低下、资源利用率低、损耗较高等问题。为针对性地解决这些问题，浙江高职院校通过工学结合的人才培养模式，重点为企业培养技术精湛且具有创新能力的复合人才。例如，浙江商业职业技术学院通过联合业内优质企业，共同搭建人才培养平台，充分利用院校教育教学经验和企业实践优势，同时开展学生教学和员工培训工作，通过校企合作实现课堂教学和实习实践的特色培养模式。

其次，浙江省城市群努力推动专业群建设，发展地方支柱性特色产业，促进教育链、人才链和产业链的有机融合。常州市科教城高职园区围绕信息技术、现代服务业等多个专业群进行重点建设，有效完成高新技术人才培养工作和对产业链上下游企业高水平技术人员的输送工作。

此外，长江三角洲城市群先后建立省级大学科技园区、创业园区，搭建科技孵化平台，建立高新技术项目，推动技术创新，促进成果转化，加快技术和成果的推广和应用。目前，江苏省高职院校已建成多家包括省级和市级等不同级别的大学科技园，分批建设了几十个工程技术研发中心，汇集融合了丰富的创新资源和要素。

通过集群发展，长江三角洲城市群充分调动社会各方资源，推动城市群产学研并重发展，促进学校向具有市场价值和产业化前景的创新资源转化，推动企业人才培养的同时，促进教学，提升办学水平，在校企全方位深层次的互动中实现“零距离”共同发展。

（四）优质特色发展

明确办学思想，突出教育特色，促进教学质量。长江三角洲城市群遵循高职教育的发展规律，结合其本质属性，在政府的组织带领下，在市场机制的调控下，集群集约发展高职院校，突出特色发展和质量发展。

首先，长江三角洲城市群通过科学规划，不断优化城市群高等职业教育布局结构，同时动态调整并发扬院校办学特色，实现错位发展。长期以来，城市群高职教育在发展中逐渐凸显出行业技术含量低、办学成本低等问题，尤其在产业转型时期，与人才结构形成较大矛盾，难以忽视。为解决这一问题，长江三角洲城市群加强规划，有计划、有重点地引导高职教育办学专业向电子信息、新材料新能源、海洋经济等方向发展，努力建设龙头专业群，积极推进该专业群与地方支柱优势产业和重点行业对接，连带优化整个专业结构。同时，科学安排课程，与国外相关学校企业对接，引进相关专业高水平国际化师资，突出办学特色。

其次，长江三角洲城市群努力跨越传统资源独自利用的障碍，结合高职院校的特点，整合各方教育资源，构建资源集约共享、开放的资源平台。通过搭建人才共育、资源共享、科技创新等不同功能的平台，实现校际教学设备、师资队伍、社会服务等资源的集约共享。同时，长江三角洲城市群通过组建高职联合体，充分整合现有资源，发挥各方优势，搭建汇聚各行各业资源的多元化综合平台。

最后，长江三角洲城市群注重人才的全面、可持续发展，致力于培养拥有过硬专业技术能力，创新性强、综合素质高的复合型人才。为真正实现人才的全面可持续发展，践行终身学习理念，创新性地探索、开辟多条继续教育渠道。

第四节 现代城市群教育公共服务协同发展的路径

教育具有先导性、全局性和基础性。它能够在补齐公共服务短板的同时促进社会政治、经济的发展，在社会生产力越来越取决于科学技术进步和劳动者素质提高的当今社会尤为如此。教育公共服务协同发展需要在现代城市群公共服务协同发展中占据引领地位。

一、现代城市群教育公共服务协同发展的原则

（一）开放合作

现代城市群教育公共服务协同发展应坚持开放合作的原则，通过开放交流相互学习，在开放的基础上走合作之路，包括教师校长合作培养培训、合作监督教育教学质量、合作办学、合作评价学校发展水平等。相互开放为彼此理解、相互交流和学习开辟道路，通过合作为协调发展创造条件选择。加快建立区域教育质量监控机制，实现区域教育的动态监控，突出信息化资源的建设和共享，加大开放合作的广度和深度。

（二）分层分段推进

现代城市群教育公共服务协同发展的总体目标是既定的，又是一贯的，但要分阶段、分层次地实施。分层次是从易到难、从低到高、从简单到复杂、从浅显到深入、从局部到整体的层次区分。可以根据层次结构分阶段逐步实现，既不能被动无所作为，也不能激进胡作非为，而是要分阶段逐步推进。例如，在校长和

教师的培训中比较容易开展交流与合作，所以可以先行推进；而合作办学，重新规划、调整学校布局，统一办学标准和评估方法是较难开展的，因此，有必要一步一步地创造条件，然后在时机成熟的时候推行。

（三）优势互补

要认真分析、总结城市群不同区域教育的优势和特点，并将其作为协调发展的核心要素和驱动力。一旦发现和识别彼此的优势和特点，就有了协调发展的基本条件和动力。在这个过程中，各地都要树立正确的教育质量观和水平观，避免单纯地将硬件办学条件视作衡量质量和水平的标准。相应地，要善于从办学思想、办学传统及办学文化等方面寻找评估质量和水平的标准，而这些要素正是各自优势和特色的体现。

（四）互利共赢

协同发展是现代城市群内有关各方齐心协力，提供自身的优势和力量以创造有利条件，通过互帮互助实现创新、共同发展。在协同发展中，各主体均能获得不同程度的发展，若是某一方主体只奉献而得不到发展，甚至出现衰退，则有悖协同发展的原则和目的。应始终坚持城市群内各方各地互利共赢的原则，通过各主体的共同提升，实现现代城市群整体实力和竞争力的提升。

二、现代城市群教育公共服务协同发展的机制

（一）组织架构设置

现代城市群教育公共服务协同发展的组织架构应包含三个层次，分别是决策层、咨询层和执行层，如图 7-1 所示。在顶层设计方面，即决策层，设立现代城市群教育协同发展委员会，负责教育协同的顶层规划设计、政策和法规制定、重大问题决策等内容。在咨询层，设立现代城市群教育协同发展专家咨询委员会负责对决策层所提出的内容进行论证，并科学评价已经实施的计划、政策、法规和决策等内容，发现问题并提出解决建议。在执行层，为保障城市群内各地教育协同发展设立现代城市群教育协同发展执行督办委员会，负责部署和执行高层次的计划、政策、规章和重大决策，并进行落实、检查、督办等。三个层次组织架构的一般操作程序：从决策层开始，形成决策意图，通过咨询层进行科学论证，由执行层具体执行。但也有从咨询层或执行层开始的情况，如面临紧急实践问题时，启动点就在执行层，而不是决策层。通常，除常设机构秘书处为专职人员外，三个层次的其他人员多为兼任。此外，为保证组织架构能够科学有效地运

行，各地应分别为其提供运作资金。

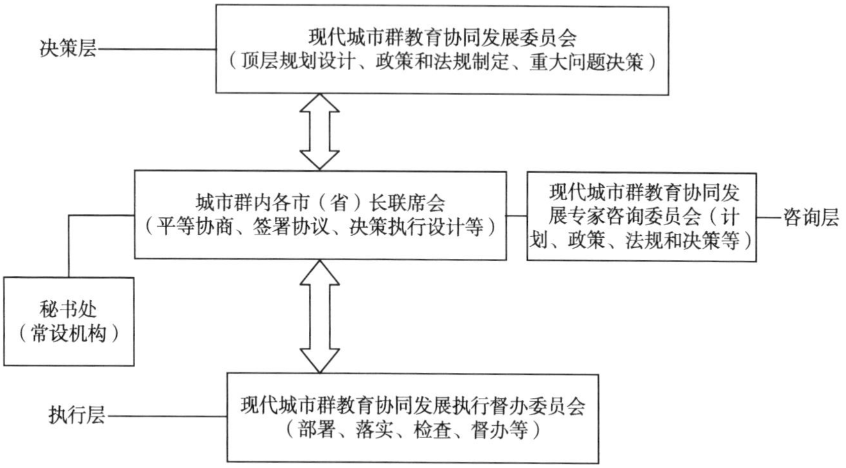

图 7-1 现代城市群教育公共服务协同发展的组织架构

（二）顶层规划设计

现代城市群教育公共服务协同发展，要紧密跟随委员会的带领，通过顶层设计，规划发展路线，制定发展纲要。首先，各地要积极研究教育协同发展的总体规划，包括短期的 3~5 年规划、中长期的 5~10 年规划，或更长期的 15 年规划。总体规划一方面要反映各区域的发展特点和需求；另一方面要反映各区域总体发展的目标、要求和趋势，实现整体与局部的有机统一。其次，根据总体规划，各地制定各自相应的教育协同发展分规划。分规划和总规划应协调统一，形成协同发展机制。在规划的内容上应包括教育发展的基本方面，如目标、愿景和实施措施等内容。总规划立意要高，应站在城市群教育发展全局的高度上，体现各地区教育发展的共同目标和要求。分规划要强调各自区域的发展重点，体现协同发展中各地的优势和特长。总规划和分规划相互关联与呼应，实现城市群内各地教育的优势互补，并肩前进。

（三）沟通协商机制

在现代城市群教育协同发展的过程中，各地在教育观念和教育实践中必然会遇到各种各样的问题与矛盾，这就需要各地借助首长会议和执行督办委员会会议进行沟通、协商和研究。在定期召开的地方首长会议上，重点研究和交流教育改革和发展的重大、紧迫、难点问题。在定期召开的执行督办委员会会议上，重点研究和交流与教育改革有关的地方政府自身难以解决的问题，如教育改革与发展的相关政策的各个方面。在沟通协商机制运作方面，可以各地轮流主持两种会议。沟通协商机制应坚持以问题和需求为导向，以调查研究和现场了解为依据，以主动承担和参与为原则，通过科学论证、民主决策的程序，达到高效解决问题的目的，在运作成熟后逐渐形成规范化制度。

（四）专家组机制

现代城市群教育协同发展的理论与实践中存在许多问题，需要依托专家咨询研究机制进行研究和解决，因此，有必要建立健全专家咨询研究机构，专家咨询委员会应由相关领域内的专家兼职组成。专家组成员不应只局限于教育领域，还应纳入社会、政治、经济、公共管理、城市建设等各个领域的专家，为现代城市群的宏观规划设计、发展方针路线、重大改革决策等提供咨询服务。现代城市群教育协同发展研究机构要紧密结合国家有关教育和现代城市群的宏观政策。立足于当地发展实际，放眼于现代城市群教育的整体、全面发展，重点在方针政策、发展规划及举措的提出方面，为论证和贯彻执行等提供咨询。专门为现代城市群教育协同发展而设立的研究机构应针对性地从事该领域的科学研究，积累起良好的研究成果，并充分利用。此外，定期举办汇智论坛，通过激发思考、交换观点和头脑风暴等方式来获得更多的智慧和灵感。

参 考 文 献

高兵. 2016-03-22. 京津冀教育一体化还需政策推一把[N]. 中国教育报，第 9 版.

顾坤华. 2006. 江苏高职教育发展与改革的对策研究[J]. 江苏社会科学，（S1）：21-28.

何鹏程，宋懿琛. 2008. 教育公共服务的理论探讨[J]. 教育发展研究，（9）：39-43，48.

蒋云根. 2008. 我国现阶段教育公共服务存在的问题及对策研究[J]. 天津行政学院学报，10（1）：53-58.

厉以宁. 1999. 关于教育产品的性质和对教育的经营[J]. 教育发展研究，（10）：9-14.

文魁，祝尔娟，叶堂林. 2015. 京津冀发展报告（2015）[M]. 北京：社会科学文献出版社.

张民选，朱兴德，吕杰昕，等. 2008. 公平而卓越：世界教育发展的新追求[J]. 教育发展研究，（19）：1-5.

第八章　现代城市群医养结合服务协同发展研究

第一节　现代城市群医养结合服务协同发展背景

一、现代城市群医养结合服务的必要性

根据世界卫生组织对老龄化社会的界定，当一个国家或地区60岁以上的人口数量超过总人口的10%或65岁以上的人口数量超过总人口的7%时，该国家或地区进入老龄化社会。2019年底，我国有超过1.7亿65岁及以上的老年人，占人口总数的12.6%，60岁及以上的老人数量为2.5亿人，占人口总量的18.1%[①]，我国已经成为全球老年人口数量最多的国家。改革开放以来，我国日趋提高的生活质量和医疗水平使人口寿命不断提升，老年人口占比显著提升。同西方国家相比，我国的老龄化进程规模庞大、速度迅猛，仅仅用了18年便进入老龄化社会，并且呈现加速发展的趋势，预计到2050年，我国的老龄化率将达到30%左右，进入不可逆的严重老龄化时期。以京津冀城市群为例，该城市群人口密集，2019年65岁及以上的老年人口达到11 137万人[②]，占比不断上升。北京大学公共卫生学院的研究预测，我国将在2033年进入超老龄社会。

在老年群体中，高龄化老人、失能老人越来越多，还有相当数量的空巢老人需要照顾。从人口普查的数据来看，截至2010年，我国80岁以上的老人升至2 100万人，空巢家庭在城市所占比重为49.7%，在农村所占比重为38.3%。此外，疾病谱产生改变，传染病的并发率明显下降，慢性疾病已经成为危害人类生命的头号健康杀手，对慢性疾病进行有效监控和治疗成为大健康的研究重点。人

---

① 数据来源：《中华人民共和国2019年国民经济和社会发展统计公报》。
② 数据来源：《中国统计年鉴2020》。

类生活方式和工作环境发生重大改变，过快的城市生活节奏和激烈的现代社会竞争对人的身心造成巨大负荷和过度消耗，不良的饮食习惯和生活方式不利于身体健康，亚健康状态老年群体更加庞大。此外，生态环境恶化给人类健康带来新的挑战、人们对健康质量的重视等都促使健康领域发展催生出更加丰富的内容。时代的变化和社会的需求成为推动大健康发展的强大推动力，促使健康领域不断衍生出符合人类和社会发展要求的新变革。受儒家传统的“孝”文化影响，子女应该照顾年迈的父母安度晚年，“养儿防老”是中国人的传统观念，但是计划生育政策的实施使得家庭结构呈现小型化特点，“421”结构的家庭普遍存在，年轻人忙于事业无暇承担养老的重担。随着人口结构的变化和社会的转型，老年人的养老观念逐渐向积极多元、追求个人价值实现的方向转变，追求生活需求和精神需求的双重满足，不只依赖于传统的子女养老方式。老年人的患病率较高并且大多是慢性病，需要长时间的照料护理，时代变迁下养老形势的发展，需要养老服务的社会化发展及医疗和养老服务的协同发展。然而，目前城市群的医养资源与养老的需要相比远远不足，医疗机构提供的养老服务不够全面细致，养老机构提供的医疗服务也难以满足契合老年人需求的医疗护理。生病老人不停奔走于养老机构和医院之间，既耽误治疗时机也增加经济成本，医养分割的社会养老服务体系无法适应老龄化的社会现实。受医疗保险制度报销约束和医疗资源分布不均的影响，慢性病老人在三级医院的压床现象十分普遍，大大降低医疗资源的运行效率。从中国健康与养老追踪调查（China Health and Retirement Longitudinal Study，CHARLS）的结果可以看出，我国所实施的养老保障政策为补救型政策，在很多方面的养老服务很不健全。在京津冀城市群中，人口老龄化和养老服务的供求差异十分显著，养老的需求和供给存在错配和缺配问题，三地医养结合的相关制度尚不完善，医疗养老资源的共享机制还未建立。例如，北京的养老床位供需矛盾明显，养老机构的床位数量与需求数量相差甚远，而河北的土地资源优势突出，可以通过合理的协调分配机制分担北京的部分养老需要。如何实现养老资源和医疗资源的创新性衔接和有机结合，是城市群健康医疗养老服务协同发展需要解决的关键性问题。

面对严峻的形势，2013 年国务院出台《国务院关于加快发展养老服务业的若干意见》，要求大力促进行业生长，满足养老服务的多样化需求，推进医养融合进程，促进医卫资源进驻养老机构。2015 年，卫生和计划生育委员会、民政部、国家发改委等九部委发布《关于推进医疗卫生与养老服务相结合的指导意见》，重点构建医养两种机构的合作机制，评估社会力量来建立此种机构。该文件指出，“到 2020 年，符合国情的医养结合体制机制和政策法规体系基本建立，医疗卫生和养老服务资源实现有序共享，覆盖城乡、规模适宜、功能合理、综合连续的医养结合服务网络基本形成”。《中华人民共和国国民经济和社会发展第十三个五年规划纲要》提出“建立以居家为基础、社区为依托、机构为补充的多层次养老服务体系”，“推动医疗卫生和养老服务相结合”，将养老服务业综合改革试点铺开，探索多样的“医养结合”方式。在国家政策的指导鞭策下，城市群也展开了一系列“医养结合”新模式的摸索。滇中城市群将大健康产业作为在“十三五”时期推进供给侧结构性改革中的重点产业，其中将养老服务业作为引导生产和促进消费的先导产业。2015 年 11 月，京津冀城市群发布《京津冀民政事业协同发展合作框架协议》，引导推动养老服务业向京外撤离，摸索新的养老模式——跨地区养老。2016 年 6 月，发布《京津冀养老工作协同发展合作协议（2016 年—2020 年）》，9 月发布《京津冀区域养老服务协同发展试点方案》。2017 年，京津冀异地就医直接结算正式冲破桎梏，京津冀养老协同发展政策补贴尘埃落定，共六家养老机构被列为新的协同发展试点机构。2016 年《长江三角洲城市群发展规划》中提出要加紧推进城市群内养老保险发布关系转移接续，鼓励联合承建或跨市共建养老服务设施，加速省际医保合作进程。同年的《中原城市群发展规划》指出，“实现各级医疗服务、医疗保障、公共卫生服务信息共享和业务协同”，“鼓励联建或跨市共建医疗、养生、保健、康复、休闲相结合的医疗健康服务小镇（区）”。《实施珠三角规划纲要 2017 年重点工作任务》中提出，“实施分级诊疗制度，建立完善家庭医生签约制度”，提升基层医疗卫生服务能力。

二、健康观念更新促进医养结合服务发展

在城市群协同发展过程中，医疗卫生服务协同是城市群协同发展的重要内容，而目前城市群医疗健康失衡问题突出，医疗资源配置问题亟待解决。2016 年，中共中央、国务院发布《“健康中国 2030”规划纲要》，从国家层面提出健康领域发展的中长期规划，倡导以人民健康水平的提高为核心的发展理念。在实施“健康中国”国家战略、实现全民健康和全面小康的部署中发布或涉及的各项政策中，都体现了大卫生、大健康的发展理念。目前，众多学者从不同角度对大健康的内涵进行解读。有学者认为，大健康的宗旨在于实现人类高质量生存和健康长寿，从自然科学、生物科学、人体科学、社会科学、思维科学等角度对大健康进行研究，众多学科交叉构成大健康观念的理论基础；也有学者将大健康看作一种产业概念、健康理念和国家战略，认为大健康实现了健康行业产业融合，是依靠大数据形成的健康管理模式和对传统健康观的拓展深化；还有学者认为大健康理念主要包含全方面健康、全年龄健康、全人群健康及全学科交叉几个方面。

正如上文所述，大健康观念是对生命全过程的生理、心理、社会、环境等全

方面健康的追求，更加重视健康自主管理，尤其关注衣食住行、生老病死等影响因素。健康观念的更新不仅改变了人们的日常行为，体现为生活中诸多行为习惯的变化，更给健康产业发展创造了更加广阔的空间，不断演变出健康管理新动态。

第二节　现代城市群医养结合服务的内涵及模式

现代城市群医养结合服务涉及医疗和养老两个方面，摆脱对养老的原有的认识，重新审视和管理养老服务内容之间的关系，这便是医养结合概念提出的内容基础。本节阐述现代城市群医养结合服务的内涵及模式。

一、现代城市群医养结合服务的内涵

医养结合服务将医疗放在老年人养老服务中更加显著的位置，包含专业健康检查咨询、疾病诊疗、医护保健等内容的医疗卫生服务，并且为年长者提供日常照顾、精神心理疏导、文娱、临终关怀等一系列全面的养老服务。这是一种全新养老模式，体现了整合照料思想，从多方面尤其是医疗方面满足老年人的养老需要。该养老理念是老龄化社会发展到一定阶段的必然选择，满足老年人追求高质量晚年生活的需求。

（一）医养结合服务的服务对象

医养结合服务的服务对象包括健康、基本健康、不健康和失去自理能力的老年人，其中，重心放在照护失去自理能力的长者，包括患慢性病、失能失智、处于大病恢复期和患绝症的老年人，为他们提供长期医疗护理。能自理或者能基本自理的老人偏重“养”，而失能和半失能老人着重“医”。随着医疗养老市场的完善发展、资源丰富，逐渐将其余类别的老年人也纳入服务对象范围。

（二）医养结合服务的服务主体

医养结合服务的服务主体是指供给健康医疗养老服务的一方，包括敬老院、护理院、社区养老服务中心、社区卫生服务中心及各级公立医院、乡镇卫生院等。

（三）医养结合服务的服务内容

医养结合服务的服务内容包括医疗服务和养老服务两部分，是在原有养老服务的基础上增加医疗服务或者在原有医疗服务的基础上增加养老服务，要兼顾照护长者基本生活和精神心理需求及疾病治疗、健康检查服务。

从区域协同发展角度来看，现代城市群健康医疗养老从城市“集合体”的层面实现医疗养老的健康协同发展，追求整个城市群内部医疗养老事业的良好发展和福利最大化，而不是以牺牲某地区利益为代价。现代城市群健康医疗养老的发展不仅涉及“医疗”和“养老”的有机结合，还涉及城市群内部各城市之间的沟通协调和资源流通共享。

二、现代城市群医养结合服务的模式

西方发达国家由于进入老龄化社会的时间较早，经过多年的探索，医疗养老服务模式已然成熟。美国实施 PACE（program of all-inclusive care for the elderly，长者护理全包计划）项目为长者提供全面照护。英国依托社区为老年人提供照料，由社区的老年服务机构提供专业照护，志愿者也积极参与其中。日本的介护服务具备完善的政策体系和丰富的服务类别。我国健康医疗养老服务起步较晚，处于发展的初期阶段，大体上可以分为养老机构内设医疗机构、医疗机构内设养老机构、养老机构和医疗机构联合运行、以社区为枢纽的医养模式。其中，前三种属于机构养老的范畴，最后一种属于社区养老的范畴。现代城市群健康医疗养老服务可以采用以上比较普遍的四种模式，从地域流动的层面，还可以根据城市群发展特点建立异地医养结合模式。

（一）养老机构内设医疗机构

养老机构内设医疗机构是指养老机构内部设有专门的医务室，为其中患有各种慢性病、常见病的老年人提供日常诊疗服务，给健康或基本健康老年人普及医疗知识，减少患病隐患。这类模式的优点在于，在解决长者日常养老需求的同时，也能提供日常医疗服务，满足普遍的医疗需求。局限性在于不能达到高层次的医疗水平，当老年人患严重疾病时仍需进入专业医疗机构进一步治疗。

（二）医疗机构内设养老机构

医疗机构内设养老机构主要是指通过在公立医疗机构设置老年病房、康复中心、护理中心等方式，为医疗机构增加养老服务功能。这种模式的优点在于老年人能够得到及时有效的治疗，实时监测病情发展，根据病情的严重程度采取转诊护理等措施，减少老年人频繁出入院的麻烦。局限性在于这种模式主要关注老年人的身体情况，在医疗机构的大环境中很难使得老年人在文化娱乐、精神心理方面保持良好状态。

（三）养老机构和医疗机构联合运行

养老机构和医疗机构联合运行主要针对达不到内设医疗机构的普通中小型养老机构，它与附近的医疗机构达成合作，为其中的老年人享受医疗服务提供便利条件，方便老人在患病时及时入院治疗，待病情好转后回到养老机构继续休养。这种模式的优点在于养老机构和医疗机构都免去了改良建设的麻烦，大大减少了改造建设成本。局限性在于就近原则对两类机构的地理位置要求较高，很难实现广泛的联合，也对合作运行机制的设计提出了较高要求。

（四）以社区为枢纽的医养模式

以社区为枢纽的医养模式是在社区内建立养老服务中心，然后以养老服务中心为核心机构构建居家养老服务网，工作人员上门提供对长者的基本医疗卫生服务。这种模式在最大限度上满足多数老年人居家养老的需要，但是该模式需要更多社会组织的参与，目前社区医疗机构人员的医疗水平难以保证。

除了以上四种模式外，异地医养结合模式也是城市群医养服务可采取的方式。例如，京津冀城市群中北京的养老压力较大，养老成本高，而河北的养老成本较低，并且河北的养老机构实现了医养一体化。这样一来，北京的老年人可以选择到河北养老，从而提高京津冀城市群医疗养老一体化水平。

第三节　国内外城市群医养结合服务协同发展的案例及经验

一、长江三角洲城市群泰康养老模式

泰康之家作为泰康保险集团三大核心业务之一，始终坚持“市场化、专业化、标准化、国际化”的理念，以四位一体（即“活力养老、高端医疗、卓越财管、终极关怀”）为经营模式，快速部署医疗行业。2019 年 1 月，泰康之家医养社区被健康中国论坛评为健康中国（2018）十大养老项目之一。目前，泰康之家已经在包括华北、华中、华东的全国各地建造多个高端医养社区，其中布局较为紧密的是长江三角洲地区。在长江三角洲城市群，泰康以上海申园为中心，结合苏州的吴园、宁波的甬园、合肥的徽园及杭州的大清谷，已经将医养服务辐射到整个长江三角洲，其中申园是泰康最具典型的一个项目。2018 年 7 月 18 日，泰康之家·申园以占地 9 万平方米，2 100 名居民的规模，在上海松江进入营业阶段。

这是泰康医疗社区连锁经营初期的一个里程碑。申园位置十分便捷，坐落于地铁九号线，临近松江大学城。作为泰康华东的第一个项目，社区坚持以“当地养老，持续爱护，人文关怀”为先进理念，尝试为住客创造暖心的家，营造和谐的生活环境。申园社区借鉴世界先进的 CCRC（continuing care retirement community，持续照料退休社区）养老模式，“1+*N*”护理模式，致力于长期为可以独立生活的老年人提供不同层次的辅助生活及专业护理，是一个大型综合性高端医疗社区。

（一）引入 CCRC 养老模式，提供始终如一的医养服务

CCRC 养老模式是泰康之家·申园医养结合养老模式的重要理论支撑。该模式起源于一百多年前的美国。一般而言，其目的是为长者供应持续和有针对性的护理设施和服务，确保其生活质量。这种模式的优点是，它可以使老年人在熟悉和舒适的环境中生活与养病，避免普通疗养院和医院之间的颠簸，减少事故发生的可能性，使长者的幸福感大大提升。泰康的 CCRC 模式主要表现在其依据长者自理能力的差别，供应差异化的宅邸，包括自助式起居公寓、失能护理公寓和失智护理公寓。完全自给自足的老年人可以选择独立的生活宅邸，拥有舒适的环境和自主的个人空间，这样既可以节省不必要的护理费用，避免过度护理，还能锻炼老人保持自理能力。失能护理公寓是一站式生活方式健康解决方案，为残疾和半残疾老人提供综合护理和医疗服务。该公寓主要针对需要专业护理疾病的人群，如老年人慢性病、脑卒中、帕金森病等术后康复治疗者；还有需要专业护理管道的人，如鼻胃管、尿管、人造气管和其他残疾护理团体；有必要长期提供肠内营养的患者。泰康拥有专业的医疗团队，对残疾老人的状况进行评估，了解长者的护理需求，并给出估测结果。根据评估结果，确定老年人需要的护理水平，对不同护理水平的老年人进行分区和治疗。同时，泰康引入美国 GRS（global response staff，全球相应人员）长期照料服务康复治疗标准体系，给长者策划具有个人特点的护理计划。失智护理公寓是专为认知能力下降，精神和行为障碍，以及日常生活能力下降的老人提供的一个解决方案，为其供给综合照护服务、生活和医疗照护。对于失智老人，泰康不仅能为他们提供专业的护理服务，也精心安排适宜公寓。其中，有记忆城镇、家庭记忆箱、康复绿色花园、音乐治疗室等来帮助恢复治理；有安全防眩光系统、地面无高差等设施来确保老年人的康复和安全。

（二）创新“1+*N*”护理模式

在医护方面，泰康创新了“1+*N*”护理模式。它是一种专人专家服务，由一位核心护理人主导，多位护理团队成员协助。根据身体评估结果，确定团队核心

护理人员及护理团队辅助人员的身份，如居民在独立生活区，主要护理人为管家；居民在协助护理区，主要护理人为护士；居民在专业护理区，主要护理人为医生。护理团队中的其他辅助人员，可能是健康护理员、营养师、社工、康复师、医生中的一位或多位。此外，泰康社区配建康复医院，汇集国内外医学专家，将诊断治疗和康护结合为整体的优质服务，提供给患者。泰康针对老年人慢性病多病共存的特征，全面构筑急救保障、老年慢性病管理、老年康复的三道防线。当老人发生紧急情况时，医院既可依托本身优秀的应急能力进行处置，也可以以最快速度送抵大型医院。同时，全面介入老年人的生活方式、饮食和保健习惯，改善老年人生活质量和状态，通过先进的护理技术，使老年人身体功能得到更好维持，与专业的康护设备配合，保障老年人的身体状态。

除了 CCRC 养老模式和“1+*N*”护理模式，泰康还提供健康丰富绿色的社区生活。首先，健康营养的食物是社区生活的重要组成部分。泰康食品团队以营养学家的指导为基础，结合居民饮食的特点，由专业的厨师进行烹饪，食材全部来自泰康供应链，质量和安全有保障。酒店提供客房服务、蛋糕预订、会议和宴会服务、辅助膳食准备和其他服务。其次，泰康社区非常注重绿色环保，社区内安装的新风系统可有效去除90%的$PM_{2.5}$，保障室内的空气质量；省水马桶、特殊的隔热玻璃幕墙等细节可节约大量水电，有助于保护环境。最后，泰康还建立乐泰学院，根据老年人的共同需求提供高质量的优质课程，并在课程学习中促进老年人的身体、心理和社会功能。提供各种社区互动活动，确保老年人精神世界的快乐。目前，泰康正在向全国更多地区推广“泰康模式”，为更多地方的老年人提供优质医养服务。

二、京津冀城市群燕达模式

燕达国际健康城位于天安门广场以东 30 千米的燕郊，是我国医养结合养老产业的领军者。该健康城共由六大板块组成，即河北燕达医院、燕达金色年华健康养护中心、医学研究院、医护培训学院、国际会议中心、燕达国际医学院。自成立以来，它为京津冀协同养老，分流北京医疗压力，促进三地协调发展起到关键作用。在该健康城的六个区域中，燕达金色年华健康养护中心和河北燕达医院可以视为燕达医疗服务的主要部分与主体，其他机构可视为支持机构。

（一）燕达金色年华健康养护中心

自 2010 年底开业以来，该养护中心经过多年的发展，已经日趋完善。它规划了 10 000 张床位，建筑面积为 56 万平方米。这是我国第一个与持续护理和退休社区相结合的大规模医疗服务中心。它按长者自理能力的差异提供差异化照护。该养护中心分为自理区和非自理区。自理养护区根据家庭式花园房建造，根据老年人的不同生活习惯，设计了不同风格的中、美、欧等个性化住宅。为了给长者提供全面及时的医疗保障，每个养护楼都配备了医疗站，并配备了专职医务人员，为长者提供慢性病、常见病和一般疾病的免费医疗，为长者定期进行免费体检、健康评估、恢复健康记录并制订健全的医疗保健计划。重病患者或不具备治疗条件的患者将由医务人员送至卫生城的燕达国际医学院治疗。非自理区主要为半自理和残疾老年人提供全面的养护服务。所有家具、家用电器、床上用品、洁具和其他生活设施都按照星级酒店房间的标准配备。护理床是一种特殊的电动三摇医疗护理床，呼叫器和氧气设备安装在每个客房的床边，可以在需要时呼叫服务人员。厕所和浴缸旁边有紧急按钮，按下之后医务人员会立即赶到现场帮忙。每个维修大楼的一楼都有一个医疗护理站。全职医务人员每天24小时值班，测试老人的心脏功能，确保健康和安全。还在该地区建立了生命体征遥感检测系统，以检测高危患者的心脏、呼吸和血压等身体指标。通过一般监控室的24小时监控屏幕检测，如果老人身体异常，遥感设备会自动报警，老人会及时接受治疗。非自我照顾区域的看护人员将照顾老年人的个人生活，并协助他们进行康复训练，将陪伴他们进行户外活动并与自然亲密接触。

除了提供有针对性的高质量护理服务外，养护中心的其他配套服务也十分到位。用餐方面，养护中心专配有营养师，以配置适合老年人的食谱，确保营养均衡；采取自助式用餐法，每餐提供十多种菜式以满足不同口味老人的需求；此外，喜欢自己做饭的老年人还可以在每户配备的厨房内烹饪自己喜欢的美食。为满足老年人的外出需求，该中心每周会组织两班公交送老人进城，并有医务人员随车，应对突发情况。该中心还与超市合作，每周有四次班车接送老人采购商品。环境方面，由于地处燕郊带来的土地价格优势明显，燕达内部拥有人造水系、各种花木和凉亭，像一个小公园，为居住在内的老人提供了优美的生活环境。娱乐方面，该中心建有老年大学，为老年人提供如书法、太极拳、养生讲堂等多样的课程，老年人可根据自己的兴趣导向，选择心仪的课程；还不时组织歌舞会等交谊活动，拉近长者们的距离。大学内每月还会举办集体生日派对，该中心领导会到场祝贺，让老年人感受到家的感觉，派对上老年人和工作人员表演自己准备的节目，欢聚一堂。此外，燕达还有多处大规模广场和活动室，拥有游泳池、棋牌室等娱乐场所，老年人可自己进行娱乐活动。

（二）河北燕达医院，成就医养皆强

尽管医养结合是养老行业发展的新趋势，国内外也有诸多成功的案例，但是由于医疗行业比养护行业专业性更强，投入成本更高，多数医养社区的医疗水平十分有限，形成“养强医弱”的特点，这成为很多医养社区的通病。燕达靠着专

业性强、医疗水平高的河北燕达医院，真正建立起了一个“医养皆强”的养老服务社区。

河北燕达医院靠近养护中心，为养护中心提供便捷、高水平的医疗服务。这也是燕达医养结合模式成功的关键。河北燕达医院是按照国家三甲标准设计建造的大型三甲综合医院，是河北医科大学的附属医院，下设内科、外科、妇科、儿科等科室。自 2014 年 5 月，河北燕达医院与北京朝阳医院、北京天坛医院、北京中医院等医院签订合作协议，被北京市卫生和计划生育委员会正式列入北京新农合指定医疗机构名单。2017 年，医院实现了北京社保卡直接入账。

医院内设有老年科室，同时在养护中心开设门诊，除看病外，还负责老年人的身体调理、康复等工作。从老年人入住开始就对老年人的身体状况进行评估，建立健康档案，每年定期体检，并可以通过针灸等疗法对有需要的老人进行治疗。医院为养护中心提供专用绿色通道，一旦发生事故，老年人可以第一时间接受治疗，不会因较远的距离而贻误救治时机。该医院还配有国际领先的医疗设备和专业人员，以保障对老年人治理的医疗效果。

除了作为燕达医疗组合模式的医疗保障外，河北燕达医院还缓解了北京的医疗和养老压力。每年北京近三成的患者都来自河北，这给北京医疗带来极重的包袱。在河北燕达医院与北京市的医院合作之后，它将河北进京患者分流出一部分，缓解对北京的压力。在养老方面，北京由于土地和劳动力成本高、养老费用高，质量难以保证，故燕达吸引了大量北京老年人。据统计，健康城中 98%为北京老年人，参照老年人不同的身体状况，北京市民政部门、养老机构等还向定居燕达的北京老年人供应补贴。

三、美国医养结合模式

当下美国医养结合的主要模式包含 CCRC、PACE 两种，二者针对不同养老需求的老年人群体，互为补充，保障了美国老年人参照自身需求的差异，得到相应的服务。

（一）“十年如一日”的照护——CCRC 医养模式

太阳城是美国 CCRC 医养模式成功的经典案例，也是世界上医养结合的典范。太阳城坐落在美国凤凰城附近，是美国最早的养老产业之一。太阳城的想法最早萌生于 20 世纪 60 年代，经过半个多世纪的发展，已经成为世界上最成熟、专业的养老社区之一。

太阳城的目标客户群非常明确，仅针对 55 岁以上的长者，长者的儿女不得进入居住，力求打造纯净的长者社区。按照长者自理能力来进行客户群体的细分，长者可根据不同程度的照护需求选择有不同特色的住宅。既有为具有完全自理能力长者设计的活力自理住宅，也有为失智失能老人提供的特别护理服务的住宅。长者随着自理能力的下降，可以在社区中选择适合自己当前状况的住宅进行转移，实现在一个社区完成各年龄段的养老，符合 CCRC 医养模式的理念。

太阳城多样的获利方式助力其运营水平不断提升。首先，太阳城的主要利润来源为销售房产，这样可以快速回收资金。其次，太阳城还提供租房服务，对买不起房和不愿买房的长者非常友好。最后，太阳城还具备旅游和度假功能，每年接待的度假客户数量达到常住居民的一半左右，为城区带来不菲的收入。

在社区生活方面，太阳城的特色是打造休闲、娱乐、慢生活的城市氛围，保证长者拥有高质量的老年生活。城中规定车辆最高时速为 50 千米，既保证了安全又降低了生活节奏。此外，城中设置了大面积的高尔夫球场，为其爱好者提供充足的活动场地。城中还拥有游泳、保龄球、美术音乐馆等各种慢节奏休闲娱乐设施，建有两个图书馆，保障了老人知识生活的丰富性。在这里，老人的精神世界将得到极大的丰富。除了丰富多彩的休闲娱乐设施外，城中其他配套机构也非常完善，消防队、银行、州长办公室等应有尽有。城中还建有两个人工湖和多个人工林，保证了城区环境的优美。

医护方面，城区中多所综合性医院、眼科心脏中心和各种诊所构建成城区内完善的医疗网络。太阳城还充分利用社区所在城市周围的市政的医护服务，作为社区内医护系统的补充，既降低了医护成本，又完善了医护服务。

（二）起源于华裔的医养结合模式——PACE 模式

PACE 模式可追溯到 20 世纪 70 年代的美国。那时，美国部分华裔长者有被照护的需要，但传统的念家观念导致其又不情愿进驻护理院。为解决这种现状，其借鉴英国的日间医院经验，将服务和照护服务引入社区，在社区建立起医养结合的模式。如此，长者既可获得护理院的医疗和介护服务，又能满足家园情怀。1973 年的“On Lok”护理中心就是该模式的第一个产物，且在五年后，该机构可以提供护理院拥有的全部功能。此模式的成功引起了美国政府的高度重视，以致在之后的 20 年内，该模式在美国得到飞速发展。1990 年，融合了 Medicare 和 Medicaid 的 PACE 项目开始实施。1997 年，美国平衡预算法案确立将 PACE 作为永久服务项目，纳入医保和医疗救助支付范围。目前美国的 PACE 项目已发展到一百多个。PACE 提供的服务多样，能满足长者各种需求，包括护理服务、身体恢复服务、心理咨询服务等，并会定期检测被服务者身体状况，对其健康、营养现状进行评估。

PACE 对服务对象有严格的限定，避免了资源的浪费。首先，申请者年龄要达到 55 周岁；其次，申请者所在地必须被 PACE 服务覆盖，并且申请者还要通过医疗鉴定；最后，申请者需要抛弃其他介护关系，同意仅享受该项目内的服务。

资金来源稳定而广泛是 PACE 模式能运行下去的重要原因。该模式主要从受国家保障的医疗保险和医疗救助中获取经费，而加入计划的长者一般均有这两项保障，因此不用额外缴纳医疗费用。国家还鼓励社会资本与 PACE 机构签约为其提供服务。PACE 对资金的使用有着先进的理念，立志于通过保障长者良好的身体状况来节约医护成本，而不是通过降低服务质量来节省资金。

科学的高素质团队是 PACE 服务质量的保证。除了医生，PACE 还包括营养师、护理师、心理医生、社工等工作人员，他们的专业性和稳定性都极高，不仅能满足被照护者的各种需求，还能及时发现被照护者身体、精神的异动，保障其身体健康。

四、日本医养结合模式

法令的完整全面是日本医养结合最显著的标志。早在 20 世纪 60 年代初，日本就通过了《老年人福利法》，正式建立了老年人福利制度。到 20 世纪 80 年代初，《老年人保健法》的出台标志着老年人家庭护理养老成为重点，国家开始承担一些老年人的医疗费用。20世纪80年代后期，通过“黄金计划”，各种长者高级公寓、活动室和老年医院建立，优化了养老的硬件条件。2000 年颁布的《护理保险法》标志着长期护理保险制度的落地。该系统制度普及后，老年人只需承担维护和治疗费用的十分之一，使长者养老的经济压力大大减小。

住家养老的想法是日本医养的另一个主要特点。主要原因是日本人已经形成了数千年的家庭观念，导致他们不愿离开家园。政府也鼓励采用这种方法。一方面，政府认为这将有助于长者保持延缓功能衰退的能力；另一方面，它也可以分担当局公共服务的压力，日本上门介护行业已成为家庭护理的坚强后盾。日本非常重视护理人员的素质，并将对其的教育列入正规教育系统。护士学校对学生的培训学时数也有严格的要求，必须达到 130 学时以上，教学内容包括技术操作，也涵盖心理学和交流等精神知识。护理人员需要通过成绩测试以提高他们的资格水平。同时，护理人员的薪酬水平根据资格水平（从初级到高级）而有所不同，但均在社会中处于较高水平，较高的工资水平保证了照护者的质量和正规程度。日本的家庭护理服务业非常发达，其服务分为 14 种类型，可以充分满足老年人的家庭护理需求。

除了家庭护理外，日本还提供机构养老模式。日本参照养老需求的差异化，为不同群体建立三种类型的长者护理服务机构，为需要照顾日常生活和康复的老年人建立日托中心。为满足无法自我照顾的长者（如失能人员等）的需要，为其建立特别养护之家。长者服务中心是一个为其辖区内的长者提供体检、保健和其他服务的机构。这些机构大多数都是在医院运营的医疗机构内置外包，这不仅保证了“养”的质量，而且保证了“医”的效率，真正实现医养结合。为了向有差别护理需求的长者供应匹配的服务，日本已经建立了介护认证程序。被服务者或家庭成员向保险公司提交护理识别申请。官方识别机构访问并结合医生的诊断结果，全面确定需要提供的护理水平。护理水平分为自我护理、需要帮助和需要护理，护理级别逐级提高，每个级别内都有更详细的细分级别。当评分完成后，评级组织将制订计划，养老组织将按相应水平为长者供应相应的服务。

日本的港北新城是家庭式养老住宅的典型代表，是日本医疗和养老的典范。它坐落于横滨的神奈川县，是东京都城区的四个新城之一。港北新城提供的住宅产品分为三类。一是“两代住宅”，目标客户是健康的、渴望与孩子一起生活的长者。住宅面积为 40~70 平方米，配备交流广场、步行车道、休闲绿地和管理中心等公共设施。二是带有介护功能的长者居所。目标群体是需要护理服务的老年人，配备有护理人员和医生。三是高级老人公寓，针对具备自我照顾能力的年长者。所有家居产品均配备无障碍设施，并引进高科技设施，对生活设备进行人性化归置，促进长者的独立行动。社区设有养老院、康复指导部和其他生活服务机构，为不想离开家的老年人提供社会服务，满足其精神健康需求。社区有图书馆等多样的兴趣中心，并鼓励长者开展自己的爱好活动。

第四节　现代城市群医养结合服务协同发展的路径

城市群健康医疗养老对城市医疗和养老产业的发展都提出了较高的要求，而在健康医疗养老中更强调以医养老，看重老年人医疗方面的健康产业发展，老年人医疗产业发展水平仍需提升。总体来看，受各种现实条件的限制，城市群健康医疗养老目前的发展还存在一定的困境。

一、现代城市群医养结合服务协同发展面临的困境

虽然中央及各城市群针对健康医疗养老出台了一系列相关的政策措施，我国也建成了比较符合国情的医疗保险制度，但是城市群的健康医疗养老服务协同发展还面临着一些困境。

（一）政府多头管理，导致权责不清，政策难以落实

我国城市群健康医疗养老服务管理的制度安排是一种多头管理的政府管理体

制，这导致健康医疗养老的政策可能无法得到有效的结合和落实。城市群的健康医疗养老主要涉及医疗卫生服务和养老服务两个领域的部门，而这两个领域的部门有将近20个。不同的部门有不同的职责分工，其中，卫生部门根据医疗机构的实施条例细则以及相关医疗人员的资质证书等进行医疗机构准入审查和医疗卫生机构管理。民政部门主管养老机构的审批和操办，老龄办牵头组织推行居家养老服务。人社部门负责医保的报销和定点机构的管理。医疗卫生服务方面主要由卫健委主管，养老服务主要由老龄委、民政部门和人社部门主管，各部门虽有分工但仍存在交叉。不同部门之间重叠的工作考核标准不一致，造成日常机构管理的混乱，缺乏一致的管理体系进行统一的协调，没有对各部门进行统筹管理的部门，不能对医疗卫生资源进行有效整合。城市群的健康医疗养老服务协同发展不只存在各部门的职能交叉问题，各城市之间的政府部门还存在行政壁垒，增加了城市群健康医疗养老产业的管理规划难度。目前，上海、青岛等地的健康医疗养老产业发展体制的阻碍皆由政府介入冲破，但是仍然根治不了多头监管的体制弊端。国家或者各大城市和城市群出台的健康医疗养老优惠政策，由于涉及健康医疗养老机构的设立、土地、税收、财政补贴等多个方面，不同优惠政策需要不同部门审批才能落实，政策落实缺少横向协调整合，从而导致优惠政策不能得到很好落实，不利于养老机构的可持续发展。

（二）资金筹集渠道单一，运行效率低下，资金缺口大

目前，无论是公立养老机构还是民营养老机构，筹资的渠道基本都是政府补贴及营业收入，此外就是慈善捐助，筹资的渠道比较单一。在健康医疗养老产业发展的过程中，对于公立的养老机构和医疗机构来说都享有政府的补贴与政策倾斜，因此，无论是内部自建医疗机构还是机构之间合作都享有政府的大力支持。公立机构的老年人的入住率通常都高于民营机构，慈善组织和公益组织的资金在长期合作的基础上也更愿意捐赠给公立机构。民营的健康医疗养老组织的发展就面临着很大的筹资压力。一方面，政府给予民营机构的补贴较少且存在一定的补贴要求，获得的政府支持较少，获得的社会各界的资金援助也远远少于公立机构；另一方面，社会对民营机构不太认可，老年人相对较少选择民营机构，因此民营机构获得的收入较少。

对于发展健康医疗养老产业的养老机构和医疗机构来说，存在着较大的资金缺口。根据国家卫生健康委员会下发的相关标准，机构内开展医疗养老服务需要承担的改造扩建成本很高，加上日常护理治疗的相关医疗卫生人员成本，获得的收入远远低于前期投入和日常运营成本。对护理工作的收费与投入相比相差很多，成本与收入相差悬殊，导致长期运营的机构承担着越来越多的经济损失。例如，北京市的公办医疗机构的护理服务收费标准远远不能满足护理开支，护理服

务的支出是收费的30倍之多。

对于有健康医疗养老服务需求的老年人来说，享受优质的服务同样面临着较大的资金缺口。2016年国家对于养老服务的财政补助达到420元，相比往年，补助有所增加但增幅很小，对于享受健康医疗养老服务的老年人来说依然存在很大差距。虽然地区不同，但是各地具备医养能力的组织的消费水平都偏高，处于两倍甚至三倍多于当地人均收入的程度，大部分老年人不能承担。由此可见，优质健康医疗养老服务的收费水平与老年人的整体收入水平存在很大差距。

（三）专业医护人员缺失，医疗护理水平不高

健康医疗养老更强调老年人在医疗和护理方面的需求，它要求为老年人提供更加专业化的医疗服务。然而，目前的相关专业医护人员短缺，医护水平不高。我国老年人口基数较大，患慢性病的老年人口很多，专业医疗护理的需求旺盛，而目前的专业医护人员配置难以满足需求。正规的医护人员主要分布在比较高端的养老机构或者公立医院，大多数老年人无法获得专业化的医护服务。

在我国，有超过90%的老年人选择社区养老和家庭养老，而在社区中的医护人员缺乏专业技能，多数没有接受过专业的训练，缺乏正确的理论指导，这造成了社区老年人的日常疾病不能得到有效的诊治，社区医疗卫生服务形同虚设。健康医疗卫生养老服务的发展，需要基层各科大夫及各类专业医护人员提供专业的服务。我国专业护理人士存在社会地位低、工作强度大等问题，从事健康医疗养老行业的医护人员在薪酬、职称等职业发展方面与专业医疗机构的医护人员存在很大差距，大多数专业医护人员更倾向选择专业医疗机构就业，导致健康医疗养老服务行业专业医护人员紧缺。

二、现代城市群医养结合服务协同发展的对策建议

（一）完善政府一体化管理机制，落实优惠政策措施

政府部门对城市群健康医疗养老的多头管理存在着很多弊病，多元主体的整合有利于形成完整的管理体系和政策供给链条。城市群健康医疗养老服务要根据各地区发展实际，由政府部门科学制定健康医疗养老服务体系总体发展规划，将其摆在城市群经济社会发展、都市建设总体布局、各类社会资源分配中的重要位置。民政、卫生、老龄办、社保等相关部门要常态化进行相互的沟通联系，减少各管一块的情况出现，各部门在明确统一城市群健康医疗养老服务的宗旨、性质、内容、对象的基础上，为城市群健康医疗养老服务的发展创立统一的机构设施建设规范、从业人员上岗规范、医疗养老服务标准，形成完整的市场准入、运

行和退出机制。

政府部门进一步完善落实各项优惠政策，引导金融机构增加对健康医疗养老产业资金信贷的支持，建立健康医疗养老服务发展专项基金。更深地细化、优化针对城市健康医疗养老产业的税负减免政策。通过合理的优惠政策鼓励引导社会力量和民间资本投入健康医疗养老产业的建设之中，减少民间资本投资健康医养服务的成本，创造积极的发展竞争氛围，把卫生、民政、老龄办等部门拨划给社区预防保健的经费、老年人医疗项目的经费、给予机构养老和居家养老服务的补贴整合起来，建立起统一的资金支付系统，形成对城市群健康医疗养老服务协同发展的统一资金支持。

（二）建立多元化筹资体系，提高资金利用效率

加强城市群健康医疗养老服务的资金保障，建立多元化筹资体系，建议在长期护理保险制度的基础上运行长期护理保险基金。德国、荷兰、日本等西方国家在 20 世纪就设立了该制度。我国 2012 年在青岛首次确立了长期护理保险制度，2016 年人力资源和社会保障部发布了《人力资源社会保障部办公厅关于开展长期护理保险制度试点的指导意见》，逐步探索建立一种为失能、半失能老人供应生活看护和医护保障的社保方案，首批建立 15 个试点。2017 年上海也被纳入试点，发布养老服务补贴的相关政策。建议以中心城市为试点，城市群内各城市逐步建立统一的长期护理保险制度，在此制度的基础上，建立对应基金，完善多方的筹募资金机制。眼下，我国该基金的源头大部分是基本医疗保险结余的划转部分，但是这样的渠道并不合理，可以将养老保险基金和医保基金结合起来，建立城市群通用的统一的一体化社保账户，根据我国国情采取丰富的措施募集资金。加强法律法规建设，为城市群内部各城市的长期护理保险制度和基金的有序运行提供坚实的制度保障。

城市群各政府加大对健康医疗养老服务的政策资金支持，通过财政资金支持医疗机构和养老机构的有效合作，为社区养老服务机构的医疗卫生建设提供补贴，强化过程评估与管理。吸引社会资金进驻，投资健康医养服务建设，提供更加充足的资金保障。政府的财政补贴要做到尽量细化，通过基层调研，了解养老机构的真实需求，放宽财政补贴的领取门槛，精准发放补贴，将公办和民办组织的补贴分开，优惠政策向民办组织倾斜。城市群可以考虑设立专门的医疗养老服务财政拨款项目，医疗、民政等部门协调统筹安排各城市医疗养老服务的补贴事宜，对不同类型和层次的机构给予不同程度的补贴，把资金投放到最薄弱的部分。政府部门要强化对社保基金使用的督查，规范资金的运营审批流程。

（三）培养老年专业医疗护理人才，提高从业人员专业素质

健康医疗养老服务涉及老年群体的医疗、护理、心理等多个方面，对相关人才的理论知识和专业技能提出了更高的要求，健康医疗养老服务人才的培养需要朝着更加综合化和国际化的方向发展。针对健康医疗养老服务专业人才紧缺、素质不高的问题，需要建立合理的人才培养机制，建立专业水平高、业务能力强的专业人才队伍。对于医疗机构来说，通过对在职医护人员进行系统的老年治疗、康复护理方面的技能培训，提高专业人员的护理水平和业务素质。可以以中短期培训、轮流在职进修的方式，定期普及行业发展前沿，进行专业理论讲授、更新专业技能。民政、卫生等部门聘请专业的培训人员进行培训，能力考核鉴定合格方可结束培训。同时，拟定规范的岗位工作要求和标准，完善老年医疗照护人才的从业资质认证标准，定期考核从业者的专业能力，确保从业者的技术操作专业水准，获得官方统一的职业资质后才能入职。加强对各类医生的培养，通过系统化的临床学习和培训，通过考试取得资格方可上岗。

目前我国还缺乏针对老人医疗养老的相关学科，尚未形成系统的课程体系。鼓励有条件的相关高校建立并丰富老年学科，设立专业化、系统化的课程，设置老年医疗护理的培训基地，注重提升医护人才的实际操作技能，不断扩充老年医疗护理的专业队伍。鼓励医护类高校毕业生积极投身到健康医疗养老服务中去，为健康医疗养老提供充足的人才储备。

为了留住老年专业医护人才，要提高从业者的待遇水平，构建合理的激励政策。对于通过职业资格认证和在职培训的从业人员给予一定程度的奖励，根据工作时长发放补贴，建立合理的绩效考核制度，激发从业人员工作积极性。政府部门实施明确的人才倾斜制度，提升老年专业医护人员的社会地位，使行业人员的薪资保持在合理的水平，确保薪资增长速度不低于经济社会发展速度，提升从业人员工作满意度，激发从业者的工作热情。

参 考 文 献

高虹. 2017. 城市“医养结合”养老机构的资金保障问题研究[D]. 吉林大学硕士学位论文.
辜胜阻，王建润，吴华君. 2017. 京津冀协同发展中的人口问题研究[J]. 经济与管理，（1）：10-13.
海青山，金亚菊. 2017. 大健康概念的内涵和基本特征[J]. 中医杂志，58（13）：1085-1088.
雷顺群. 2017. 大健康的核心思想和中心内容[J]. 中医杂志，58（2）：91-95.
刘师嘉. 2017. 我国医养结合养老模式现状分析与对策研究[D]. 黑龙江中医药大学硕士学位论文.

刘巍. 2016. 医养结合机构养老服务满意度研究[D]. 哈尔滨工业大学硕士学位论文.
刘酉华，骆金铠. 2016. 法国医养结合模式对我国养老体系建设的启示[J]. 中国护理管理，16（7）：930-933.
宋澜，王超. 2016. 从覆盖到发展：医养结合养老模式三步走战略[J]. 求实，（9）：62-69.
王超，孙军刚，余葱葱，等. 2018. 全生命周期健康服务模式探索与实践[J]. 中国医院管理，38（9）：74-75.
武留信，朱玲，陈志恒，等. 2018. 中国健康管理与健康产业发展报告 NO.1（2018）：新学科新业态[M]. 北京：社会科学文献出版社.
张劲柏，陈银海，傅晓宁. 2018. 大力推进大健康理念下的健康文化建设[J]. 中国疗养医学，（4）：446-448.
张宗光，孙梦露，高上雅，等. 2014. 对医疗卫生和养老服务实行一体化资源配置模式的思考[J]. 中国卫生经济，33（9）：8-10.

第九章 现代城市群环境保护公共服务协同发展研究

第一节 现代城市群环境保护公共服务协同发展的必要性和意义

一、环境保护公共服务与城市群协同发展

环境保护公共服务是以政府为供给主体，向公民提供的基本公共服务，同时其注重环境资源的可持续发展。以环境保护公共服务的性质为界定标准，环境保护公共服务可分为环保基础设施服务、环境污染防治服务、生态环境保护服务、环境监管服务、环境保护教育宣传服务、环境保护信息公开服务等。环境保护公共服务是保障公民基本生存环境的必要条件，它维护公民生命权、发展权等人民最基本的权利，满足人民日益增长的对美好生活的需求，是建设美丽中国的重要抓手。政府环境保护相关工作既包括监督设立环保基础设备、领导污染源头治理、制定环境保护政策，也包括区域城市绿化、构建环境质量监管系统、建立环保信息公开平台、开展公民环境教育活动等。

生态环境协同保护是指政府、企事业单位和全体公民等多元主体协同合作，形成高效的多元协作体系，营造良好的生态环境和生存空间，防止生态环境的污染和恶化。从具体角度来看，生态环境协同保护既体现生态环境保护的多元主体之间的协作关系，也指明环境保护的阶段性目标。

现代城市群环境保护公共服务协同发展体现一种不同主体共同配合的多元协作关系，生态环境保护的参与者与行动者是城市群内部政府、企事业单位等多元主体，不同主体之间协调合作、共同努力，致力于构建城市群内部各城市间、各个城市内部主体间的综合环境保护体系，最终目的是实现城市群生态环境效益最大化。

二、现代城市群环境保护公共服务协同发展的必要性

现代城市群经济发展及社会生活均受到城市群生态环境要素的深刻影响。建立生态文明长效机制，实现区域环境保护公共服务协调管理，是中国建立生态文明长效机制的必由之路。推动现代城市群环境保护公共服务协同发展有以下原因：内部因素是生态环境衍生机制的耦合变化，外部因素是政府环境治理以及开放的多社会实体参与治理的共同作用。

生态环境是一种公共产品，它的特殊性在于其不以行政边界为划分，同时也是影响人类生存和发展的自然因素总和。然而，当前在环境保护的具体实践中，中国通常采用传统模式，即由单一政府主导并由其他实体被动参与的单一模式。在复杂的社会结构和多元化的社会利益的现实下，面对跨区域传播的生态问题，传统单一处理复杂多变生态问题的治理模式往往不能有效发挥作用，甚至有可能还会使社会经济发展与生态环境之间的矛盾更加激烈。

客观来讲，生态环境公共产品是一个没有界定产权的公共领域。区域环境资源的产权没有办法进行准确的衡量和分割，但环境保护的责任却由区域内所有地方共同分担，环境资源的使用具有明显的外部特征。环境保护公共服务发展过程中的“搭便车”现象，不利于区域环境协同发展，更不利于从整体上对区域环境进行治理。

由于生态环境没有明确的产权界定并且“利益独立”，在面对区域环境污染时，城市群内部的单个政府作为“理性经济人”，为最大限度地实现自身利益，倾向选择“先发制人”的污染控制策略，将治理环境污染成本转移到其他地区，导致城市群环境保护的分散化。这很容易陷入利益博弈的困境，不利于实现共同区域内的环境保护协同治理。同时，环境污染物具有迁移、积累和长期的特征，这意味着环境污染物的环境影响会产生时空差异。城市群生态环境的特征容易使得各地疏忽本区域整体利益的协调，尽最大限度利用生态资源，追求自身效益的最大化。因而，在城市群环境保护公共服务领域，我们必须走一条协同发展、集成创新的合作道路。

近年来，随着中国工业化不断深化、城市化进程加快，中国各行政区域的污染问题日益突出，无论是技术手段还是市场手段都必须建立在行政系统、机制和政策的引导下。区域环境治理问题越来越复杂多变，城市群内的所有政府都需要共同努力。在规模效应和马太效应的影响下，优势资源的不均匀分布，促使人们逐渐建立相互协调发展、互补优势的意识。随着社会越来越多元化，处于人类社会中的环境保护公共服务建设也应趋于多元主体协同合作发展。转变以单一政府为主体、传统的生态环境建设模式，构建环境保护公共服务的长效机制，促进城

市群多主体协调发展，有利于环境友好、资源节约型和谐社会的建设。

三、现代城市群环境保护公共服务协同发展的意义

现代城市群环境保护公共服务的协同发展有利于打破传统的行政边界，有利于促进最大化整体利益实现，在城市群内部树立共存共生的区域环保意识，将其牢牢植根于城市群多元主体的价值理念追求中，转变传统以行政划分为各自利益的矛盾理念。

现代城市群注重环境保护，不但有利于各地区的利益平衡，而且有利于城市群生态环境保护原则，实现城市群生态环境的共同目标。现代城市群环境保护公共服务协同发展有利于集聚各方力量，共同提高环境保护效率。从传统单一主体管理模式到多元主体协作结构，推动环境治理模式的转变。现代城市群环境保护公共服务协同发展，以政府政策为指导，通过多元主体彼此间的信息交流和沟通，提高互信程度，形成全体公民积极参与公共环境治理的良好互动框架。

第一，在现代城市群的环境保护和治理中，能够避免权力的过度集中。正如我们在社会治理中所知，政府主导治理的核心在于权力和责任，即如何使用权力和承担相应的责任。如果以整个国家为出发点，可以缓和公共治理的矛盾，但是，存在优点的同时也存在着缺点。这种治理在运作过程中会产生权力过度集中，在国家背景下治理效率低的情况，从而增加社会治理的熵值，最终导致系统崩溃。然而，如果存在多元参与主体，就可以不断产生信息输入和输出，形成一个反馈链条，并且这也有利于系统内部治理熵值的减少，避免权力的过度集中。

第二，在现代城市群的环境保护中，有可能打破单一的“权力+资本”运营模式。通过行动者之间的互动，可以很好地控制资金和权力方面的盲目发展。在资本主义制度下，资本的扩张极易与权力相结合，这体现在权力与资本的相互追求上，但是开放的协同架构可以提供破除这种融合的机会，避免政府变成公共领域的破坏者。

第三，在现代城市群环境保护中能够让多元主体充分参与其中，这在很大程度上有利于集中城市群内各方的力量，培养良好的公民精神，相互监督，通力合作，有利于提高区域环保效率，实现城市群生态保护最大的协同效应。在治理方面，民主协商和共同治理的运用已成为现实生活中的主流概念。确保在系统中充分发展这种民主方式并平衡政府与社会之间的关系需要开放式协作结构的支持。

第四，它可以提高现代城市群环境保护公共服务的专业性。专业性不是我们通常意义上的技术专业化水平，而是专业水平的多视角。这种专业水平可以在环境保护领域发挥重要作用。

第二节　现代城市群环境保护公共服务的政策分析

一、现代城市群环境保护的紧迫性

从改革开放到如今中国经济已经取得世界瞩目的成就，支撑中国经济能够不断向前发展的重要因素有两个：一个是资源丰富；另一个是人口众多。中国有丰富的自然资源和相对较大的空间。实际上，在中国经济发展的同时，也面临着前所未有的生态问题和环境问题，人口、资源和环境之间的矛盾日益突出。在城市群发展初期的粗放型经济发展模式下，环境资源不能合理高效利用，还导致环境质量的严重恶化。中国许多行业存在产能过剩的结构性问题和资源利用效率低等问题，产能过剩不但增加产业结构调整的压力，而且没有严格按照环境标准实施，也造成了严重的环境污染问题。现代城市群在追求经济发展的同时，也亟待重视环境保护。

20 世纪 80 年代，西方发达国家又一次拉开政府改革的帷幕。英国通过权力下放改革重建地方政府的角色，并建立公私伙伴关系以促进私有化。美国将跨区域治理概念与城市群概念相结合，促进城市化，在多元化治理下形成国家政府自治的协调发展。欧洲共同体制定的欧盟软管理推动欧洲一体化进程。日本采用广域管理模式，主要方式是多元化的治理形式、精细的管理和完善的法律制度，从而加强地方政府的合作，提高行政效率。各国的实践探索表明，多元主体协同治理已成为公共管理的趋势，并在全球范围内开始流行。多元主体协同治理的时代已经到来。

随着中国工业化程度不断加深，城市化的步伐也不断加快，不可避免地出现经济利益和生态环境的双重不可持续性矛盾。用托克维尔的话来说，“一个中央政府，不管它如何精明强干，也不能明察秋毫，不能依靠自己去了解一个大国生活的一切细节，它办不到这一点，因为这样的工作超过了人力所之极”。建立资源节约型和环境友好型社会是基于中国国情的正确选择。建设生态文明的首要任务在于环境保护和治理。政府与公民的关系出现了前所未有的变化，社会结构也正在发生改变。一系列变化都突破了仅以政府为主体的传统生态环境治理模式，它需要更多的政府合作和社会参与，对政府协调多元主体之间的关系与环境治理能力提出了更高的要求。在此背景下，现代城市群环境保护协同治理作为一种新的治理模式已成为政府的理性选择。

二、现代城市群环境保护的发展进程

回顾改革开放以来中国环境保护的发展，随着政治体制、社会经济及环境问题的不断发展变化，中国政府作为环境保护的主体，及时创新环境保护管理模式，并逐步走上具有中国特色的环境保护公共服务协同发展之路。尤其是当前时代，社会组织和公众提出了生态环境保护公共服务的新要求，现代城市群区域环境保护公共服务协同发展已经成为中国环境治理面临的重要课题。

（一）环境治理理念的演进

从 1973 年首届全国环境保护大会到习近平主席在 2014 年亚太经合组织会议上向全世界承诺在2030年左右达到中国排放峰值，在实践经验不断丰富和经济社会不断发展的背景下，环境治理理念得到进一步的改进和完善。从建设资源节约型和环境友好型社会的提案到采用可持续发展战略，形成和进一步推进科学发展观，中国继续深化相关的生态环境保护和治理理念，中国的环保事业逐渐形成明确的发展方向和动态基础。

党和国家领导人高度重视环境污染问题，在党的第十六次全国代表大会上提出全面建设小康社会要“可持续发展能力不断增强，生态环境得到改善，资源利用效率显著提高，促进人与自然的和谐”。

在2006年制定的《中华人民共和国国民经济和社会发展第十一个五年规划纲要》中，强调要集中力量落实节约资源、保护环境的国家政策，努力建设资源节约型、环境友好型社会。同年10月，党的十六届六中全会倡议加快建设资源节约型和环境友好型社会，重点关注影响人民健康、可持续发展的环境问题。

在中国共产党第十七次全国代表大会上，党中央将“生态文明”建设纳入建设任务中，明确提出物质文明、精神文明、政治文明、社会文明、生态文明建设的要求，并作出重要安排。在全社会的范围内树立起生态文明的理念，对各类污染物的排放要进行严格控制，提高环境资源的利用率，鼓励使用可再生能源，提高生态环境的质量，发展循环经济、绿色经济，改变经济增长方式，优化消费模式，基本形成资源与环境共存的产业结构模式。

2017 年 10 月，在中国共产党第十九次全国代表大会上党中央提出“把我国建成富强民主文明和谐美丽的社会主义现代化强国”的新目标。坚持节约资源、保护环境，协调景观和林业湖草系统管理，实施最严格的生态环境保护体系的基本国策，形成绿色经济发展模式和绿色的生活方式，坚定地走生产发展、生活富裕、生态良好的文明发展道路，建设美丽中国。

（二）生态环境治理模式演变

1. “运动式”治理模式

环境治理具有典型的“政府管制型治理”的特征，首先以中央权威为核心、以地方政府的逐级任务分包和灵活变通为运行机制；其次具有“运动式”治理特征，“运动式”治理通常在突发性危机事件或治理的问题在某一阶段出现持续性恶化时采用。在生态环境恶化和上级政府强化重视后，出台相应的治理政策，投入资金和人力进行集中管理。这种方法过于被动，往往是事件发生之后才能作出反应，不利于生态环境保护事业的发展。中国环境危机多次爆发，环境治理即符合这个特点，在突发性、危害性较大，影响较大的环境危害事件发生后，政府会采取突击性严厉管控措施，在事发区域或领域进行集中治理。

在我国环保事业的最初发展阶段，政府直接控制是我国应对环境危机的最主要做法，这使得地方政府往往陷入政府干预失效的窘境，而“运动式”治理在某种层面上更会加大地方政府这一责任主体的压力。“运动式”治理的本质在于在短期内将大量资源投入环境治理工作中，若短期无法实现治理目标，政府将无法承担巨大的治理成本，使得政府与企业在环境保护和治理方面的矛盾更加突出。同时，“运动式”治理不注重环境治理的长效机制建设，而侧重对突发环境危机事件的应急处理。在环境危机爆发时，各级政府部门组成领导小组，临危受命，处理环境危机。在环境危机解除之后，这些领导小组也会解散，具有短期和临时性。最后，突击检查和集中整改导致环保事业陷入“污染—治理—重新污染—突击解决”的恶性循环。“运动式”治理虽然在短期内和表面上有效，但可持续的改善效果相对较差，无法成为环境治理的基本方式。

2. 中央政府主导和统一协调模式

在环境保护和治理方面，中央政府扮演着领导者的角色，发挥着巨大的指引作用。中央政府发布相关政策，引导地方政府自发加强合作与协商，加强地方政府实施合作的积极性，促进资金和人才在跨行政区域地方政府合作治理中发挥作用。与中央政府相比，基层政府拥有更多的关于地方污染状况、原因及自身执行的努力程度等信息，但在应对环境问题时，地方政府即便产生跨行政区域协同治理的想法，在具体实施过程中也会遇到各式各样的限制甚至阻力。另外，地方政府在考核标准、工作负担、责任承担、资源配置等方面具有信息优势，面对数量庞大的地方政府，中央也无法实现监管全覆盖，只能在特殊时期短时间内发动“运动式”督查。中央政府对地方政府的肯定保证了地方政府在未来保持持续合作的政治基础。为了达到更好的治理结果，地方政府只有在获得中央政府批准后才能进行进一步的合作。中央政府是环境治理的主导者，地方政府是参与环境治理的主体。民间社会组织、企业和非政府组织在环境保护和治理方面的作用非常有限。在环境治理中，中央政府占主导地位，政府既要有意识地下放或分散权力，同时又要具有较强的控制力，这是地方政府共同努力实现协同和协调行动的重要推动因素，从而实现环境治理的预期效果。

3. 横向政府、公私部门协同治理模式

在“运动式”治理模式中，政府在生态环境管理过程中过于被动，环境治理逐渐从单一的“政府管制”向政府、社会与市场多元主体综合治理转型。由于中央政府权力下放而不再直接干预，平行的地方政府倾向在追求自身利益的基础上积极合作，也获得了更多的自治权。地方政府将市场视为合作伙伴，积极与企业建立合营企业，双方之间不但实现资源的共享，而且分担风险和责任，使协同主体从一元发展到多元，协调发展关系变得越来越稳定。同时也要意识到，在横向政府和公私部门协同治理模式中，由于它们之间的合作概念尚未完全形成，即使地方政府逐渐成为行为主体，横向的政府间治理模式仍然不成熟。上级政府向下级政府下达环境治理指标，下级政府在横向间将任务层层分解，最后形成环境治理指标考核的环境保护目标责任制，使得中央政府与地方政府之间产生严重的信息不对称。由此第三部门开始进入人们的视野，由中央政府总揽大局，在宏观层面指导和把握方向，逐渐走向多元治理模式。

4. 多元主体协同治理模式

在各种复杂社会因素的影响下，社会逐渐变迁，各种社会力量不断兴起，多元化社会结构正在构建，这意味着生态环境的治理应该是全面的、整体的，应该最大限度地避免以行政区划为界限的零散研究。中央政府作为指导者和主要决策者，在必要的条件下逐渐从社会、经济、文化等诸多领域逐步退出。但是，这并不意味着中央政府没有作用，其仍然是治理的核心力量，继续发挥指导和监督多元主体、促进各社会力量相互合作的作用。企业成为治理的重要辅助力量，在过去的几年里，在应对环境危机时，公司、非政府组织和民间社会组织等的治理能力不断增长，发挥越发重要的作用。公民成为治理的基础力量，公民的积极参与及其环保意识、环保行为的提升是影响环境治理的重要因素。逐步形成中央政府和地方政府、城市群政府之间、政府与非政府组织以及公众之间协同发展的环境保护治理新模式，多样化的主体使得中国在环境保护与治理进程中取得一定成效，各司其职，发挥不同的功能与作用，共同推动当前中国生态环境治理。

目前，中国区域环境保护公共服务的发展基本形成多主体的良性互动。在环境保护方面，中国经过多年的努力终于收获比较大的成果，跨区域多元主体协同治理也取得较大进展，成为未来环境治理和环境保护的基础。在治理主体、领域和组织等方面，不同的生态环境治理模式都得到深化和改进。其中，中央政府的主导作用逐渐削弱，其他协同治理组织扮演越来越重要的角色。协同治理的类型不断扩大和深化，从中央领导、横向政府间和民间社会伙伴关系发展到多层次、全方位的合作。协同治理的内容逐渐扩展到包括流域、空气在内的环境污染治理、环境监测、宣传教育等全方位，基本覆盖城市区域环保公共服务协同发展的方方面面。

第三节　现代城市群环境保护公共服务协同发展案例分析

一、国外现代城市群环境保护公共服务协同分析

18 世纪中期，英国爆发工业革命，是最早开始工业化的国家。随着人口增长和工业化进程的不断加快，英国的城市病问题逐渐凸显，集中表现为泰晤士河流域污染和空气污染。1952 年 12 月，著名的“雾都”伦敦遭遇了一场前所未有的雾霾，短短两个月，有数万人死亡。水体污染重点表现在泰晤士河流域的污染上。20 世纪 60 年代，英国政府联合社会以猛药去疴的决心开始针对伦敦城市群的空气污染和泰晤士河流域的水质污染进行治理。在城市群内部各级政府和全社会的多年努力下，伦敦终于摘掉“雾都”的黑帽子，修复泰晤士河流域生态环境。现如今，伦敦已经变为全球生态之城。前事不忘，后事之师，英国在环境保护方面的经验有很多值得我们学习借鉴的地方。

（一）法律先行，制定区域战略规划

英国中央政府在伦敦城市群环境保护治理中处于主导地位，一切环境保护政策都处于中央政府的统一监管之下。为了解决日益严重的环境问题，中央政府颁布了一系列关于大气污染和水体污染防治的法律法规。1956 年，英国政府制定《清洁空气法案》，这是世界上首部针对空气污染保护而出台的法案。政府鼓励伦敦居民用清洁的天然气和电力取代煤炭和炉灶，采取集中供热政策，禁止在城市释放烟雾燃料，要求污染严重的公司和发电工厂搬离城区。1974 年，英国政府颁布《空气污染控制法案》，之后颁布实施《汽车燃料法》《污染预防和控制法》等相关空气污染环境治理的法案。随着法律制度的不断健全，英国政府在法律的保障下开始建立大气监测系统，并与伦敦及其周边城市共同建立检测委员会，制定各种废气排放的标准及相应的处罚措施，这些措施确保大气污染的控制和有效的环境污染防治。同时，中央政府多次颁布大都市区战略规划来规划大伦

敦地区的经济发展和社会环境，成立巴罗委员会来管理人口问题。顶层设计对保护伦敦城市群的生态环境起到了积极作用，协调了该地区在经济、人口、环境等方面的发展，为区域内的环境治理提供了行动指南和指导意见。

（二）各级政府协调合作

1965 年，英国政府成立大伦敦议会，主要职责是规划和协调管理伦敦城市群的整体发展。1986 年英国政府决定关闭大伦敦议会，将大伦敦议会的主要责任分散到各个自治市议会和伦敦城法团，但是这种分散治理形式阻碍了伦敦地区的发展。2000 年，英国成立大伦敦市政府，包括伦敦市长和自治市议会，统一对自治市和伦敦城进行管理。其中 32 个自治市主要负责提供区域内教育、住房等大多数日常居民服务，自治市和大伦敦市政府合作提供交通和污染防控等公共服务。

英国通过设立区域政府办公室、区域发展局和区域议事厅形成中央层面上的治理主体，设立区域议会主要负责地方治理。其中，区域政府办公室负责国家层面的政策整合，区域发展局负责区域经济发展，区域议事厅负责区域发展战略制定和执行监督。这些组织机构在伦敦城市群和英国的环境保护治理中都各自发挥了重要的作用。

（三）专门的流域环境机构具体管理

专门的流域环境机构对于伦敦城市群的环境治理发挥了非常重要的作用，促进了流域间的协同治理。1751 年，泰晤士河管理局在英国成立，主要负责治理泰晤士河部分流域的水环境。该机构主要由伦敦市市长和市议员、位于泰晤士河流域附近的官员和议员、一些学校和教区的领导和官员组成，除此之外，宣誓加入的一些个人也成为泰晤士河管理局的成员。

19 世纪中期，英国设立都市下水道委员会，通过对都市区的下水道、排水和供水事务进行统一管辖来改善都市区的水生态环境。1856 年，英国成立泰晤士河管理委员会。泰晤士河管理委员会主要由港务局、海军部等相关部门的官员组成，其管辖范围包括斯坦尼斯河东至延特勒特河口这一段泰晤士河流域，主要职责包括泰晤士河流域的治理规划、对治理进行监督并且处理出现的纠纷，维护城市利益和流域利益。1973 年，英国出台《水资源法》，形成以城市或工矿区为中心的水污染防治体制和以水体为中心的区域性污染防治体制，有利于实现多层次、多方面的流域生态综合治理。1974 年，英国成立多个流域水务局，随后成立专门的泰晤士河水务局。水务局除了负责流域内工农业及城市水资源供给、污水处理与排放等事务外，还提供流域污染防治、防洪和排水、流域水治理、水上旅游、水情监测等服务，统一管辖流域水治理工作和水资源。专门的流域环境机构促进了泰晤士河流域政府间的沟通联系，推动了各流域政府间的协调管理。1989

年水务局开始私有化，泰晤士河水务局变更为泰晤士河水务管理公司，经营和监管不再由同一个机构承担。泰晤士河水务管理公司仅负责区域内水资源的供给、排放和污水防控等事务，国家河流管理局开始承担水质检测、污水监管、检举起诉等职能。

（四）多元渠道参与

上述提到的各种组织机构都在伦敦城市群的环境保护工作中扮演了相当重要的角色，是生态环境保护的主体。除了政府组织之外，社会成员也广泛参与到城市群的环境治理行动之中。大伦敦市政府、伦敦市与各自治市之间的协调合作以及社会成员的积极行动是伦敦城市群环境治理能取得成效的重要原因。

在伦敦城市群关于空气和流域生态环境治理过程中，大伦敦市政府没有将所有的地方行政权力集中归于中央，而是将权力分散下放，与各自治市政府合作进行环境保护，协调泰晤士河流域内的治理行动，防止政府之间出现“踢皮球”现象。

除了政府间的合作外，其他社会力量也在伦敦城市群环境治理中发挥重要作用，如金融服务集团野村证券公司。该公司作为私营企业，积极参与空气环境治理，为降低垃圾车对空气的污染，创新性地通过合并垃圾的清理和食品、办公设备的运送，减少垃圾车的运输次数，并且该公司发行股票为泰晤士河水务管理公司筹集治理资金，鼓励员工骑行通勤。大型律所西蒙斯发起“步行去见客户”活动。另外，这些公司也处于政府、环保组织、社区和媒体等主体的严格监管之下。正是多元社会主体都积极参与到环境治理之中，才使得伦敦城市群的环境变得越来越好。

二、国内现代城市群环境保护公共服务协同发展

（一）现代城市群环境保护公共服务的背景

随着城市化进程的不断加快，人们的生产生活越加离不开能源，城市也会产生资源紧张、环境污染、气候变化等诸多问题。目前，全球因空气污染死亡的人数为每年 650 万人，其中化石能源消耗过程产生的污染物为主要原因。能源互联网（Internet of energy，IoE）以其“智能电网+特高压电网+清洁能源”模式成为应对城市能源发展挑战的重要改革措施，具体体现如下：在能源开发中使用太阳能、风能、水能等清洁能源代替化石能源，在能源消费上用电能替代化石能源。能源互联网技术作为世界上最新的技术手段之一，通过为不同的环境配备先进的传感器，创造了智能化的环境管理手段。能源互联网技术能够识别环境中的温

度、光、声、热和适当的湿度，在智能环境中进行能源管理，减少二氧化碳气体排放，防止环境破坏。相对于传统的能源供应系统，基于先进信息技术的能源互联网技术框架可以发挥能源综合应用和负荷侧交互技术优势，整体优化能源供应和消费，提高能源的综合利用效率。

中国积极推进智慧城市的能源互联网建设，布局能源公共服务建设与应用工程。2016 年 2 月 29 日，国家发改委、国家能源局、工业和信息化部联合制定的《关于推进“互联网+”智慧能源发展的指导意见》提出能源互联网建设的两阶段目标，“2016-2018 年，着力推进能源互联网试点示范工作：建成一批不同类型、不同规模的试点示范项目”，“2019-2025 年，着力推进能源互联网多元化、规模化发展：初步建成能源互联网产业体系，成为经济增长重要驱动力。建成较为完善的能源互联网市场机制和市场体系。形成较为完备的技术及标准体系并推动实现国际化”。试点项目的建成目的是攻克一批重大关键技术与核心装备，初步建立能源互联网的市场体系与机制，初步建成能源互联网技术标准体系，培育能源金融、第三方综合能源服务等新兴业态。通过能源互联网示范项目的开展积累经验，方便后续的推广应用。基于上述目标，能源互联网示范项目的建设有以下几大侧重点：一是推动智能化能源生产消费基础设施建设，实现可再生能源、化石能源生产的智能化，实现集中式储能与分布式储能的协调配置，实现能源消费的智能化。二是推动多能协同综合能源网络建设，实现各种能源生产、消费设施的“即插即用”与“双向传输”。三是推动能源与信息通信基础设施结合，发展智能终端高级量测系统及其配套设备，完善能源互联网信息通信系统。四是推动能源互联网的市场交易体系建设，建设基于互联网的绿色能源灵活交易平台，建立可再生能源实时补贴机制。五是为电动汽车的应用创造条件，建设储能设施、新能源汽车运行平台、充放电站等。六是推动能源大数据服务应用，建设国家能源大数据中心，鼓励企业发展基于能源大数据的业务，形成基于大数据的监管体系。七是推动能源互联网的关键技术攻关。八是建设国际领先的能源互联网标准体系。

在能源互联网示范项目组织实施中，在中央政府层面，成立“互联网+”行动实施部际联席会议机制，国家能源局与国家发改委、工业和信息化部等有关部门协调解决问题，国家能源局作为国家能源行业主管部门，在跟踪、监测、协调服务、专家咨询、指导、评价、总结、推广、应用等方面全方位加强服务。2016 年 6 月 22 日，国务院第 138 次常务会议审议了由国家能源局提出的《关于实施“互联网+”智慧能源行动的工作情况汇报》，从国务院层面对全国开展“互联网+”智慧能源工作进行检查、督促和再部署。2016 年 11 月 17 日，国务院总理李克强在国家能源委员会上提到要“加快能源技术创新和体制改革”“全面建设‘互联网+’智慧能源”。在各地方政府层面，结合中央文件要求，地方发展改革（能源）、工业和信息化主管部门制订适合本地区的能源互联网行动落实方案。

2019 年 1 月 2 日，国家能源局综合司开始示范项目验收工作，于 2019 年 4 月底完成。通过网上公开资料查询，通过验收的示范项目仅有 8 项，涉及 8 个城市（截至 2019 年 4 月 30 日通过网上公开数据显示只有 8 项验收成功，其余 47 项未通过国家能源局验收），具体情况见表 9-1。

表 9-1 首批验收成功能源互联网示范项目情况

序号	项目名称	申请单位	所在城市
1	面向特大城市电网能源互联网示范项目	广州供电局有限公司	广州
2	中宁县基于灵活性资源的能源互联网试点示范项目	宁夏中宁工业园区能源管理服务有限公司	中卫
3	支持能源消费革命的城市–园区双级“互联网＋”智慧能源示范项目	广东电网有限责任公司珠海供电局	珠海
4	延长石油 1GW 风光气氢牧能源互联网示范项目	陕西延长石油集团	延安
5	大规模源网荷友好互动系统示范工程	国网江苏省电力有限公司	南京
6	“互联网＋”在智能供热系统中的应用研究及工程示范项目	中国华电集团有限公司等	丹东
7	基于电力大数据的能源公共服务建设与应用工程	全球能源互联网研究院等	北京、南京、西安
8	广州市能源管理与辅助决策平台项目	广州市发展和改革委员会	广州

那么，中国能源互联网的建设能否有效地改善大气环境？影响的范围有多大？本案例将此次能源互联网示范工程作为一次公共政策实验，在城市群范围内分析能源互联网示范工程试点城市与其相邻和非相邻城市空气质量情况，搜集中国 6 个城市群 103 个城市的空气质量数据及空间地理信息，构造 2018~2019 年的面板回归模型，使用双重差分（differences-in-differences，DID）法实证检验能源互联网示范项目的实施效果。进一步地，本案例引入空间权重矩阵建立动态空间面板模型，考虑这项政策的空间效应和动态效应。

（二）现代城市群环境保护公共服务的数据来源

目前国家只公布了首批“互联网＋”智慧能源（能源互联网）示范项目，本案例以此为研究对象，收集 2018 年 1 月 1 日至 2019 年 6 月 30 日的所在地级市日数据。选取相邻城市作为对照组是 DID 常用的方法，它可以保障处理组与对照组在地理位置、自然资源等方面的相似性。城市群是中国新型城镇化的主体形态，因此，以城市群为基本单元选取处理组城市样本，对中国 103 个城市进行分析。我们将这些城市分为三类：第一类为处理组，纳入国家首批“互联网＋”智慧能源（能源互联网）示范项目名单，并且在 2019 年初通过国家能源局等相关部门验收的城市，包括北京、南京、广州、珠海、丹东、延安、西安和中卫。此外，由于天津市是最早开展综合能源服务的城市之一，虽未纳入首批“互联网＋”智慧能源（能源互联网）示范项目名单，但已于2017年开始建设全面城市能源互联网试点示范工程建设。2018年11月6日，天津智慧能源小镇创新示范工程方案通过国家部委、科研机构、相关高校权威专家论证。验收时间与名单城市仅差 1 个月，故此将天津放入第一类。第二类为与第一类城市相邻的城市或是地理距离不大于 d（一类城市与相邻城市的最大距离）的城市，定义为相邻对照组。由于大气污染具有流动性，污染的治理也存在溢出效应，空气质量会受到处理组影响，故此引入第三类，非相邻对照组。第三类为城市群范围内与第一类城市地理距离大于 d 的城市。

基于三类城市，本节设计三项检验。检验一是传统的 DID 分析，其中有三项分检验：一是处理组与全体处理组的 DID 分析；二是处理组与相邻对照组的 DID 分析；三是处理组与非相邻对照组的 DID 分析。检验二是处理组与全体对照组空间 DID 分析，通过建立空间权重矩阵，引入动态空间面板模型进行 DID 分析。检验三引入合成控制法，评估不同的试点城市之间的政策效果差异。

我们从以下几方面获得数据：①中国环境保护部（现为生态环境部）发布的官方 AQI（air quality index，空气质量指数）及相关污染物数据；②美国国家海洋和大气管理局（National Oceanic and Atmospheric Administration，NOAA）统计的 GSOD（Global Surface Summary of the Day，全球地表今日总结）中国气象站点的气象数据；③省市统计局数据。

1. AQI 数据

被解释变量为 AQI。AQI 是定量描述空气质量的无量纲指数。AQI 的数值越大、级别越高，说明空气污染状况越严重，对人体健康的危害也就越大。2014 年之前，中国只公布 API（air pollution index，空气污染指数），测度的污染物仅包括 SO_2、NO_2 和 PM_{10} 三项。2014年1月1日起，AQI 新增 $PM_{2.5}$、CO 和 O_3 三项，其中 $PM_{2.5}$ 是最主要的原因，所以相较于 API 能够更好地衡量空气质量。对于每个城市，环境保护部根据六种污染物浓度数据汇总为每天的 AQI。日值计算包括 SO_2、NO_2、PM_{10}、$PM_{2.5}$、CO 的 24 小时均值及 O_3 的日均最大 1 小时平均和 O_3 的日均最大 8 小时平滑动平均。AQI 被分为六级，低于 50 的 AQI 被定义为“优”，51~100 被定义为“良”，101~150 被定义为“轻度污染”，151~200 被定义为“中度污染”，201~300 被定义为“重度污染”，300 以上被定义为“严重污染”。

从 2018~2019 年样本空气质量分布可以观察出，珠江三角洲城市群的空气质量较好，AQI 基本处在 70 以下。东北地区城市群北端比南端的空气质量要好。宁夏沿黄城市群、关中平原城市群和长江三角洲城市群空气质量相对于其他样本城市群处在中等水平。京津冀城市群空气污染情况尤为突出，AQI 均值基本在 100 以上，即平均来看处在轻度污染级别。

2. 控制变量

控制变量分为三类：一是气象变量，包括平均温度（temp）、露点温度（dewp）、站点气压（stp）、能见度（visib）、平均风速（wdsp）和降水量（prcp）。二是社会经济因素，包括人口规模（lnpop）、人口密度（lnpopdensity）、地区生产总值（lnGDP）、第二产业增加值占地区生产总值比重（iGDP）、固定资产投资增长率（fagrowth）、第二产业固定资产投资增长率（ifagrowth）。人口规模、人口密度为社会因素，反映城市规模与人口对空气环境的压力大小。地区生产总值反映地区经济发展水平。固定资产投资增长率反映地区固定资产投资变动，固定资产投资会消耗大量的化石能源，增加高耗能产业的需求，造成环境污染问题。第二产业增加值占地区生产总值比重反映地区产业结构，其固定资产投资增长率反映第二产业固定资产投资变动。三是设置三项虚拟变量控制季节的波动，分别为春季（3~5 月）、夏季（6~8 月）、秋季（9~11 月）。由于前面公布的 2019 年社会经济因素数据存在缺失，本节选用单指数平滑法，根据 2014~2018 年数据进行指数平滑预测得到相关数据。

（三）现代城市群环境保护公共服务的研究结果

本案例以 2018 年全国试点能源互联网示范项目并成功建成的 9 个项目为准自然实验，以项目所在城市为处理组，以项目所在城市以外城市群范围以内的城市为对照组，比较处理组与对照组在这一政策实施前后的空气质量变化情况。其中对照组设计为三种类型，对应三种简单 DID 检验——全样本检验、相邻检验、非相邻检验。表 9-2 展示了简单 DID 模型估计结果。

表 9-2　简单 DID 模型估计结果（一）

变量	AQI		
	（1）	（2）	（3）
	全样本检验	相邻检验	非相邻检验
DID	−1.041 （1.184）	-3.036^{**} （1.476）	-5.903^{***} （1.495）
时间	1.343^{***} （0.469）	0.970 （0.641）	4.230^{***} （0.679）
处理组	-3.147^{***} （0.715）	0.026 （0.931）	2.699^{***} （0.930）
平均温度	0.055^{***} （0.014）	-0.117^{***} （0.018）	0.174^{***} （0.020）
露点温度	-0.002^{***} （0.001）	-0.002^{***} （0.001）	−0.001 （0.001）
站点气压	-0.001^{**} （0.000 5）	-0.005^{***} （0.001）	0.003^{***} （0.001）

续表

变量	AQI		
	(1)	(2)	(3)
	全样本检验	相邻检验	非相邻检验
能见度	−0.010*** (0.001)	−0.015*** (0.002)	−0.013*** (0.002)
平均风速	0.003 (0.004)	0.006 (0.005)	−0.012*** (0.004)
降水量	0.030** (0.012)	0.023* (0.013)	0.062*** (0.020)
人口规模	11.730*** (0.440)	12.380*** (0.580)	13.070*** (0.624)
人口密度	2.697*** (0.300)	−0.224 (0.380)	3.462*** (0.455)
地区生产总值	−3.700*** (0.279)	−2.670*** (0.387)	−3.834*** (0.424)
第二产业增加值占地区生产总值比重	−1.087** (0.448)	−0.109 (0.493)	−14.710*** (1.228)
固定资产投资增长率	−0.028*** (0.003)	−0.034*** (0.003)	−3.158* (1.809)
第二产业固定资产投资增长率	0.595*** (0.126)	0.393*** (0.129)	−1.297 (1.449)
春季	−13.100*** (0.654)	−9.561*** (0.814)	−15.330*** (0.965)
夏季	−14.160*** (0.847)	−4.350*** (1.040)	−21.700*** (1.274)
秋季	−19.190*** (0.771)	−14.150*** (0.994)	−21.890*** (1.116)
常数项	29.330*** (1.644)	45.120*** (2.307)	14.050*** (2.286)
观测值	53 972	31 440	27 248
拟合优度	0.052	0.049	0.079

***p<0.01，**p<0.05，*p<0.1

注：稳健标准误（括号中数字）

根据表 9-2 的结果，在同时控制了时间、城市和其他控制变量后，DID_{st} 的系数在所有检验中都为负，说明示范项目建成对空气质量有积极影响。同时，可以观察到在全样本检验［列（1）］中虽然 DID_{st} 的系数为负，但并不显著，相邻检验［列（2）］和非相邻检验［列（3）］中显著为负，但 DID_{st} 的系数存在差异，说明如果不区分对照组城市与处理组城市的地理距离，会给回归结果带来偏差，这种结果的出现初步解释了示范项目建成对城市空气质量的影响存在空间上的不同。观察其他显著的控制变量，气象变量能见度在三个检验中均显著为负，说明能见度越高，空气质量越好，符合常识。社会经济因素人口规模越大，空气质量越差，符合常识。地区生产总值和固定资产投资增长率越高，空气质量越好。一般我们认为经济增长和固定资产投资增加会恶化大气环境，但结果并非如此，说明中国在 2018 年至 2019 年 6 月经济发展和固定资产投资环境友好程度较高。季节控制变量在春季、夏季、秋季均显著为负，说明这三季的空气质量相对较好。表 9-3 展示的是具体空气污染物作为被解释变量的相邻检验和非相邻检验。

表 9-3　简单 DID 模型估计结果（二）

检验	被解释变量	DID	时间	处理组	R^2
相邻检验	$PM_{2.5}$	−1.274 （1.026）	−0.227 （0.475）	−2.860*** （0.607）	0.191
	PM_{10}	−4.017** （1.724）	−1.684** （0.698）	−0.997 （1.122）	0.144
	SO_2	0.017 8 （0.277）	−3.663*** （0.176）	−1.897*** （0.212）	0.215
	CO	−0.058 7*** （0.012 0）	−0.052 5*** （0.005 97）	0.012 2 （0.007 92）	0.197
	NO_2	−3.275*** （0.507）	−1.135*** （0.218）	3.008*** （0.329）	0.240
	O_3_8h	−1.365 （1.192）	−4.819*** （0.540）	1.822** （0.785）	0.352
非相邻检验	$PM_{2.5}$	−2.841*** （1.044）	1.428*** （0.517）	0.556 （0.623）	0.182
	PM_{10}	−6.541*** （1.749）	2.189*** （0.775）	3.420*** （1.102）	0.127
	SO_2	0.529* （0.295）	−3.347*** （0.149）	−0.382 （0.240）	0.204
	CO	−0.056 3*** （0.012 6）	−0.056 2*** （0.005 77）	0.121*** （0.008 85）	0.189
	NO_2	−3.045*** （0.520）	−0.150 （0.214）	4.141*** （0.344）	0.297
	O_3_8h	−4.345*** （1.219）	−2.319*** （0.520）	−0.733 （0.800）	0.359

***$p<0.01$，**$p<0.05$，*$p<0.1$

注：稳健标准误（括号中数字）

根据表 9-3 结果，除了污染物 SO_2 外，所有污染物的系数都为负，进一步说明示范项目建成对空气质量改善有积极的影响。对比相邻检验和非相邻检验的结果，非相邻检验的结果更为显著，特别体现在造成雾霾天气的 $PM_{2.5}$ 上。这一结果更加说明空间地理会对回归结果有影响。

由上文的回归结果可以得到示范项目建成对空气质量改善有积极影响的结论，同时发现两组不同区域范围的对照组与处理组组成的相邻检验和非相邻检验的结果有一定的差异。下面将从空间角度拓展结论，考察示范项目建成对空气质量影响的空间效应。首先采用ESDA（exploratory spatial data analysis，探索性空间数据分析）的全局和局部空间自相关性指数进行检验，常用的测度指标为全局莫兰（Moran's *I*）指数和局部莫兰指数。本节选取的空间权重矩阵为地理距离矩阵，其元素表示城市 i 与城市 j 最近公路里程的倒数。

由图 9-1 可以看出，各月的全局莫兰指数均大于 0 且在 0.01 的水平下显著，表明空气质量情况分布呈现高–高型（高污染地区被高污染地区包围）和低–低型（低污染地区被低污染地区包围）集聚的空间正相关关系。随着时间的推移，AQI 的莫兰指数在不断上升，说明 AQI 与空间分布的相关性在增强，说明 AQI 的实证分析适宜用空间计量模型。全局空间自相关检验会忽略局部地区的非典型性特征，因此本节进一步计算了局部莫兰指数，指数为正意味着高污染地区被高污染地区包围或低污染地区被低污染地区包围，指数为负则表示低污染地区被高污染地区包围（简称低–高型）或高污染地区被低污染地区包围（简称高–低型）。

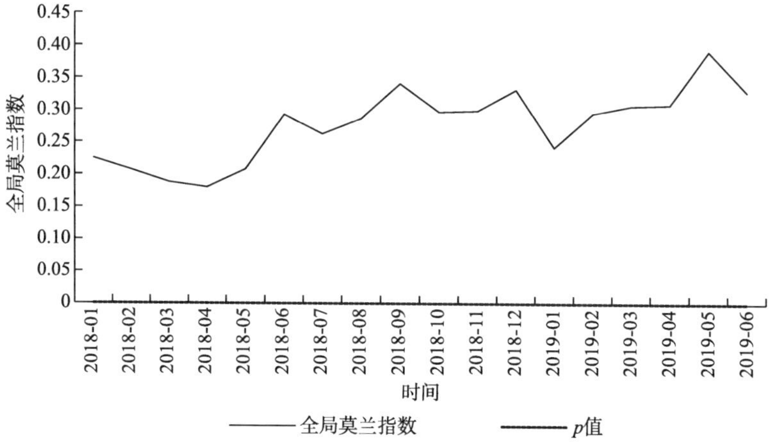

图 9-1 全局空间自相关性检验结果

从动态来看，2019 年的 AQI 空间分布的相关度相较于 2018 年更高。处理组城市的局部莫兰指数出现新变化。京津冀城市群的北京的高–高集聚程度在降低；珠三角城市群的广州和珠海低–低集聚程度在升高；其余处理组城市的局部莫兰指数更加接近于 0，反映出与周边城市的空气质量出现差异。基于城市群范围的观察，变化比较大的为宁夏沿黄城市群，在 2018 年宁夏沿黄城市群城市都处在高–高型空气污染区域，到了 2019 年半数城市包括处理组城市变为低–低型空气污染区域。珠三角城市群的低–低集聚程度的提高度最明显。

综合上文回归结果与空间自相关检验结果，本案例继续深入考察示范项目建成对空气质量改善的空间效应影响，建立空间面板模型，估计结果见表 9-4。

表 9-4　空间面板模型回归结果

变量	(1)	(2)	(3)	(4)
	主变量	滞后项	空间	方差
DID	−0.134 (1.912)	-60.14^{***} (16.71)		
时间	-10.26^{*} (6.205)			
处理组	−2.372 (3.525)	74.78 (58.14)		
平均温度	0.569^{***} (0.107)	-0.551^{***} (0.129)		
露点温度	−0.000 321 (0.000 338)	$-0.004\ 76^{***}$ (0.001 35)		
站点气压	$-0.002\ 42^{*}$ (0.001 42)	−0.000 162 (0.003 27)		
能见度	$-0.010\ 3^{**}$ (0.005 26)	−0.001 53 (0.013 8)		
平均风速	−0.002 69 (0.004 12)	0.024 9 (0.018 8)		
降水量	0.000 568 (0.022 9)	0.027 6 (0.044 7)		
人口规模	1.849 (2.691)	16.63 (29.72)		
人口密度	0.825^{*} (0.475)	21.39^{**} (8.471)		
地区生产总值	0.177 (1.268)	-28.08^{**} (14.00)		
第二产业增加值占地区生产总值比重	0.767 (2.463)	24.44 (26.94)		
固定资产投资增长率	−0.005 68 (0.003 58)	0.302^{***} (0.110)		
第二产业固定资产投资增长率	0.032 5 (0.072 1)	−0.175 (2.523)		
春季	−0.683 (1.449)			
夏季	−1.289 (1.542)			
秋季	−0.969 (1.350)			
空间自回归系数			0.952^{***} (0.003 95)	
个体效应的特异误差				812.5^{***} (56.24)

续表

变量	(1)	(2)	(3)	(4)
	主变量	滞后项	空间	方差
常数项	−39.41 (76.44)			
观测值	53 972	53 972	53 972	53 972
R^2	0.039	0.039	0.039	0.039
样本量	103	103	103	103

***p<0.01，**p<0.05，*p<0.1

注：稳健标准误（括号中数字）

由表 9-4 可知，空间自回归系数在 0.01 的水平上显著为正，再次证明样本城市空气污染存在空间集聚效应，某一城市的空气质量与地理邻近的城市空气质量水平密切相关，邻近 AQI 每提高 1 个单位，本市的 AQI 提高 0.952 个单位。观察感兴趣的变量 DID 结果，可以发现建设能源互联网示范项目虽然能改善空气质量，但效果不太显著，而对其邻近城市空气质量却有较大程度的提升，DID 的空间滞后项在 0.01 的水平上显著。本节将 DID 模型与 SDM（spatial Dubin model，空间杜宾模型）结合使用，为评估环境政策效果提供新思路。从区域的角度看，能源互联网示范项目的建设将会产生更大的环境效益，这将是项目的推动者关注的焦点。值得注意的是，在社会经济因素中，固定资产投资的增加会导致城市空气质量变差。能源互联网示范项目建设离不开大量的固定资产投资，但尽管控制了固定资产投资这一变量，DID 的系数仍显著为负，更加证明了能源互联网示范项目改善空气质量的作用。同时，研究发现邻近地区的人口密度大也会导致城市空气质量变差，而邻近地区的经济发展水平高会使城市空气质量变好。

（四）现代城市群环境保护公共服务研究结论

本案例的政策启示是以能源互联网示范项目为代表的智慧型城市发展项目符合绿色发展宗旨，就中国政府而言，应进一步推广建设，抓好审查验收工作，推动区域间实现环境合作和共同治理，建立起全国统一的能源互联网。随着中国能源格局的变动，传统的国家“自上而下”的能源管控逐渐转向“分布式”“矩阵式”的多主体能源供给，清洁能源进入门槛越来越低。因此，在这种新的能源格局中，如何协调多主体行为成为政策的重点考量，能源互联网示范项目为此提供了思路。能源互联网示范项目借助电网与互联网优势，对推进区域能源合作、推动能源市场化改革、推行清洁能源配额制有重要作用。同时，基于本节结果，能源互联网示范项目同样有助于大气环境的改善，是环保型项目，中国政府应进一步推广能源互联网建设。

第四节　现代城市群环境保护公共服务协同发展的路径

一、转变理念，建立“双赢”的利益协调机制

现代城市群生态环境治理的理念转变主要体现在要建立城市群政府环境保护公共服务协同合作发展的理念上。由于生态环境的整体性，环境污染具有外溢性和流动性，有必要避免不同政府之间追求由分工和行政区划分开而出现的保护自然生态系统的单独行动，也要防止政府部门为了最大限度地追求自身经济效益破坏生态系统的活动。为了真正避免“共同土地的悲剧”和“集体行动的困难”，只有建立基础广泛的整体利益至上的城市群政府环境保护公共服务协同发展理念，地方政府彼此间基于协同发展理念，可以适当协调局部利益与整体利益的关系，以最大限度地发挥城市群与自然共存的公共生态环境效益。只有树立城市群府际合作协同治理的理念，才能促进环境保护公共服务的良性发展。

利益关系是城市群府际关系中最直接、最实质的关系。为了实现现代城市群环境保护公共服务的协同发展，各地方政府间必须解决好府际利益关系问题。城市群内部不同城市之间的社会发展水平差异较大，政府管理、发展规划、行业和投资政策存在明显差异。因此，不可避免地存在利益矛盾。建立“双赢”利益协调机制，正确处理地方环境政策与发展政策的关系使地方政府的利益得到满足，地方政府关系的发展相对顺畅。构建城市群环境保护机制是城市群建设进程中的必然要求。建立和完善各地政府的利益协调机制是推进城市群生态环境保护治理，实现城市群协同发展的必经途径。

利益协调机制要客观地协调好产业政策和区域政策的关系。“双赢”的利益协调机制主张城市群各地政府之间在生态环境保护公共服务问题上讲究合作与竞争并存，并在此基础上实现环境利益的地方共享。在城市群内，有必要为环境产业市场的竞争创造公平的环境，充分实现各种利益形式的协调，尽量不要将过多的资源集中在单个城市的产业发展中。在对产业结构进行调整的过程中，还要尽可能考虑城市群公共利益的平衡。避免简单基于地方发展差距将污染行业或即将淘汰的行业转移到次发达地区。为了实现城市群环境保护的目标，有必要防止污染行业从一个城市流向另一个城市。因为即使污染行业从本地城市迁移，该地区的整体生态也没有有效改善，会在邻近城市蔓延，实质上不利于解决该地区的环境危机。追求双赢的利益协调机制应以实体化的组织形态为载体，建立和完善城

市群间的合作组织机构，将这些机构实体化，赋予这些机构实权，协调各方的共同利益，解决区域内的环境问题。

二、区域生态法制保障

环境保护要有法制保障。严格健全的法律法规为环境保护提供方向和监督。有效实施环境保护措施需要法律保障，依法建立城市群环境治理管理机构，依靠完整的法律制度和政策支持城市群环境管理机构的工作，在加强立法的同时，开展城市群环境保护公共服务的协同治理，两手都要抓，两手都要硬。

当前，城市群内政府间的协同机制呈现出随意性、不稳定性的特点。到目前为止，中国仍缺少关于区域生态环境治理方面的政策法规。关于府际关系，也没有具体的法规和条例。这在一定程度上阻碍城市群政府间的合作发展：首先，各级地方政府依赖于上级政府的安排，忽视横向的政府间合作。其次，地方政府之间缺乏明确的合作权限，也没有具体的法律法规来明确规定处理跨地区公共事务的地方政府职责。

现代城市群环境保护公共服务协同行动的制度化程度相对较低，往往只流于表面，举行各种会议，集体磋商。现有的协调机构主要通过对话协商和自愿承诺开展工作。这些机制缺乏行政区域的执法和约束力，导致地方政府在城市群中的合作成本高、效率低。因此，为了促进城市群政府在环境保护方面的合作，可以在法律法规条例中对府际关系进行规范，进而形成一个有约束力的合作机制。

第一，尽快建立保障城市群区域内环境保护一体化的法律法规，尽快建立跨行政区域的城市群环境保护法律体系框架，完善城市群区域环境污染治理的法律体系，制定切实可行的区域环境污染防治法。目前，城市群内各地政府在进行环境治理的时候，难以确定主要负责主体，在缺乏统一的法律法规情况下，环境保护公共服务发展的难度大大提高。建立完善的法律法规，有利于提高环境治理效率，降低成本，规范各地政府在协同发展中的行为。制定完善的有利于跨行政区域环境治理的法律规范，可以在城市群社会中树立法治的观念，用法律的方式明确划分各地方政府间的权限，避免行政垄断和地方保护主义的出现。

第二，增强法律的执行力度和约束力。坚决监督破坏环境的行为，关闭高污染企业。司法救济应在处理跨区环境纠纷问题上开展创新，在不受地方利益的影响下实现民事经济纠纷的司法公正，为构建协调发展机制提供法律平台，为中国城市群环境保护公共服务的协调发展提供坚实的保障。

三、现代城市群区域生态补偿机制

生态环境具有系统性，由于各地地理位置、发展要素、制度安排等方面的差异，城市群区域各城市在经济发展过程中，必然会呈现出不同的发展进程。随着经济的不断发展，较发达的中心城市对整个城市群的生态环境影响较大。再加上次发达地区的资源在一定程度上会在虹吸效应的作用下被吸收至发达地区，最终导致不发达地区的发展速度愈加降低。此外，它们还遭受来自周边发达城市转移的间接环境污染损失，一系列不均衡加剧区域内的利益矛盾，最终引发该地区的整体环境问题。为了解决环境与资源领域的矛盾问题，政府要进行更加积极的行政干预，建立完善的生态补偿机制，来促进整个区域的环境保护公共服务协同发展。

首先，建立一种新型的生态管理效益补偿机制。新型的生态管理效益补偿机制必须着眼于提高现代城市群内生态补偿意识，受损方通过标准化的利益转移得到合理补偿。在现行制度下，中央政府是核心，地方政府是转移地或转移的目标。中央政府主要通过财政补贴和退税来补偿地方政府。在这种制度下，地方政府收到的补贴形式不统一。建立一种新型的生态治理补偿机制，就是在确保效率与公平的基础上，实现地方利益的合理再分配。例如，中央环保部门可以对城市群环境治理中投入较多、损失较重的地区给予较为合理的转移支付。

其次，城市群的地方政府应该按照“谁发展谁保护，谁破坏谁恢复，谁受益谁付钱”的原则，确保生态环境治理主体和受益人的权利和责任相互匹配，对城市群内自然资源的开发利用征收适当的生态补偿费，对损害大、投资大的城市进行生态补偿。同时，城市可以利用市场、法律等多种手段，探索多种生态补偿方式，搭建谈判平台，引导和鼓励城市群内部通过财政补贴、园区联合建设等手段建立横向补偿关系。建立合理的生态补偿机制是提高城市群环境保护公共服务发展水平的关键手段之一。

最后，完善城市群区域生态补偿机制的立法工作。由于生态补偿的理论研究尚不完善，缺乏完善的法律法规，生态补偿工作往往存在与实际脱节的问题。生态补偿过程中有些补偿没有规范可循，没有法律依据，一些资源无法得到有效和充分的补偿。因此，在加强相关生态补偿理论研究的基础上，必须立法先行，加强和完善生态补偿机制的立法。

四、区域生态协同治理的运行机制

首先，夯实生态协同治理机制的运行基础，优化城市群的资源配置，合理划分政府和市场的职能，发挥城市功能和各自优势，强化均衡发展。现代城市群要在相关合作组织机构的领导下，建立起城市群间的横向财政转移支付制度，横向政府间财政转移支付是基于生态治理的区域、规模和前期投资。科学地衡量各地区的成本后，建立专门的财务管理部门，统一分配和利用生态环境保护资金。区域政府联合组织人员进行定期财务审计，确保最大限度地利用生态管理资金。这样能很好地解决现代城市群内各群体集体治理和环境保护的成本投入和利益共享问题。

其次，强化生态协同治理机构的权威，各组织机构要定期沟通了解现实情况，建立长期合作机制和现代城市群协同管理的问责机制。在生态环境治理的早期阶段，将组织职能的表现、生态治理工作的积极性和主动性及资金使用效率作为评估指标，而在后期，成本–生态治理的效率、生态治理的效果和生态治理的满意度应被认为是关键的评价指标。问责可以规范参与城市群生态治理的机构和管理人员的行为。

最后，完善生态协同治理的公众参与机制，政府应该培养公众环保意识，提升其参与能力，公众的监督是公众参与机制的重要组成部分，这样才能弥补政府、市场和企业的不足，才能更好地促进现代城市群生态协同治理的发展。

参 考 文 献

国玉. 2018. 区域生态环境协同治理问题研究[D]. 长春工业大学硕士学位论文.

胡佳. 2010. 跨行政区环境治理中的地方政府协作研究[D]. 复旦大学博士学位论文.

金太军，陈雨婕. 2012. 论长江三角洲区域生态治理政府间的协作[J]. 阅江学刊，4（2）：26-31.

李培秀. 2017. 京津冀环境协同保护的制约因素与对策研究[D]. 燕山大学硕士学位论文.

李雪松. 2005. 中国水资源制度研究[D]. 武汉大学博士学位论文.

王玉明. 2017. 伦敦城市群环境治理的重要特征和主要经验[J]. 城市管理与科技，（1）：78-81.

王玉明，王沛雯. 2018. 京津冀城市群环境治理合作的探索路径[J]. 郑州航空工业管理学院学报（社会科学版），37（1）：123-131.

许玉婷. 2017. 雾霾协同治理中的府际合作研究——以京津冀地区为例[D]. 南昌大学硕士学位论文.

乐欣瑞. 2015. 区域生态治理的协作困境与优化路径研究[D]. 广西师范学院硕士学位论文.

张彦波，佟林杰，孟卫东. 2015. 政府协同视角下京津冀区域生态治理问题研究[J]. 经济与管理，29（3）：23-26.

张振波. 2013. 多元协同：区域生态文明建设的路径选择[J]. 山东行政学院学报，（5）：30-32.
Li L，Zheng Y L，Zheng S M，et al. 2020. The new smart city programme：evaluating the effect of the internet of energy on air quality in China[J]. Science of the Total Environment，714（20）：1-17.

展 望 篇

第十章　现代城市群建设与公共服务供给体系

第一节　现代城市群公共服务协同供给的主体

公共服务是指需要国家权力进行干预或投资公共资源并具有共同消费性质的公共产品和服务。公共服务根据其基本内容和形式，可分为基础性公共服务，如维护国家安全、市场秩序、公共秩序等；经济性公共服务，如为促进经济发展的公共补贴、政策信贷等；社会性公共服务，如为全民提供的教育、医疗、社保、就业等。在成熟的公共服务供给体系中，通常认为有三种主体对此负责：政府、市场和第三部门（图 10-1）。受不同历史发展阶段中政治结构、经济环境、文化制度、社会习俗等差异的影响，这三种主体发挥的作用有所侧重。善治语境中，需要国家政府和社会积极合作、互为补充，同时在公共服务供给体系中贡献力量，产生“1+1>2”的良性结果。在城市群区域内，公共服务表现出供给更为复杂、需求更为多元的棘手局面，单纯依靠政府主体供给面临着诸多无法解决也不便解决的问题，因此，必须寻求一种适合于城市群公共服务协同发展的治理模式。

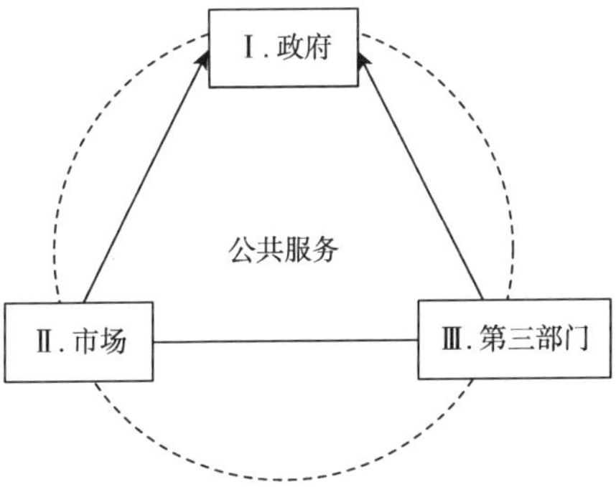

图 10-1　现代城市群公共服务协同供给的主体及其关系

20 世纪 80 年代以来国外发起各种政府改革运动，其中就包括对治理理论的实践，开始讨论公共服务领域中多方主体扮演的角色及其相互关系，并对不同主体的供给优势进行区别。政府最适合在宏观管理和追求公平的领域发挥作用；市场适合在不强调权威、追求效率的领域进行主导；第三部门（如非营利组织）则常在政府不便发挥作用、市场不愿发挥作用以及产生较少利润的领域展现优势。结合不同主体的特点，本节将从公共服务治理体系中的政府、市场和第三部门角度出发，分析不同情境下我国城市群公共服务存在的供给难题与治理矛盾。

一、政府供给

公共服务供给中最为重要，也是目前最为主要的形式就是政府直接供给，即政府负责公共服务的全部流程，包括规划建设、运营管理及维护回收等服务。提供公共产品与服务是公共财政支出的重要组成，也是政府的基本职能之一。1994 年分税制改革以来，通过对财权进行重新配置与有效划分，推动中央政府与地方政府财税收入的合理化。2020 年全国一般公共预算支出共 238 858 亿元，其中一般公共服务支出为 20 127 亿元，较 2015 年上涨 48.57%，为政府进行公共服务供给提供有力的财政支持①。但经济高速发展的另一面却是区域内公共服务体系发展不均衡、不充分的现实盲区，城市群内核心城市与非核心城市之间、城市中心地区与边缘地区之间、城市与乡镇之间的公共服务供给偏差并未得到有效消解。

通常，政府通过对现有资源进行合理配置来提供公共产品和服务，以保障和满足公民基本教育、文化、医疗、环境等生活需求，这些需求通常具有非竞争性和非排他性。因此，政府生产和供给这部分公共服务有助于克服公共产品领域中存在的市场失灵现象，解决某些公共服务供给中排他性成本过高及“搭便车”的问题，实现基本公共服务的均等供给，但是在区域一体化进程中，考虑到传统府际关系中存在行政管辖权和行政边界，各城市政府主体对跨行政区域公共问题的积极性不同，如城市群范围内跨部门、跨区域的大江大河治理、生态环境保护等问题。在城市群公共服务治理过程中，不但需要统筹横向的各城市政府关系，而且涉及中央政府与地方政府关系。目前，党中央明确指出要调动中央与地方的主观能动性，在保证整体的积极产出的同时兼顾局部范围的积极产出，维护国家宏观调控权集中的同时赋予地方必要的权力。在城市群公共服务方面，仍然存在中央与地方政府职能转变不到位、职责交叉，公共服务与社会保障等事项的协同治理能力不足，简政放权中“一放就乱、一收就死”等问题。究其原因，关键是在处理中央与地方政府关系时，仍多采用政策下达、会议决定、领导指示等传统

① 数据来源：国家统计局网站。

性、经验性手段，较少考虑法治思维和科学方式。

二、市场供给

在新公共管理理论的影响下，政府开始“掌舵”而非“划桨”，充当起公共服务中的“催化剂”，也更加推崇市场经济体制，各类市场主体逐渐从公共服务的受益者转变为参与者。新公共服务运动发展到今天，更多的领域可以通过公民自身生产或者购买服务满足需求。因此，市场正在成为除政府之外的主要公共服务供给主体。很多国家的市场化改革经验也表明，在公共服务领域引入竞争机制能够在很大程度上提升市场主体的政治参与感，并且对于提高服务效率也会起到积极的作用。

通常，企业在一些公共产品或服务生产提供方面具有效率、技术和管理优势，但是也应该看到，当过分强调市场作用时，市场中企业数量众多，各自规模不一，彼此没有隶属关系，实行自主运作，会导致公共产品与服务的供给碎片化。当有利可图时，市场中愿意生产公共产品与服务的企业主体就会越来越多。各企业各自为政，致力于寻求自身利润最大化的供给区域与方式，而缺乏在行业内或与公共部门进行公共服务提供方面的沟通及协同，忽视公共服务本身的公共利益最大化属性，导致城市群公共服务整体供给的碎片化，形成公共服务治理中的“马太效应”，即拥有优质公共服务资源的地区会吸引更多企业投资，提供更为丰富的公共产品；而公共服务资源匮乏区域，会在总量、质量等各方面越发落后。同时，市场的自利性使得其在提供公共服务时，并不会将改善当地的经济、社会与环境状况列入供给目标。在这种情况下，市场要想在公共服务领域体现出自身优势，克服“经济人”利益至上的理念困境，在很大程度上取决于政府对公共产品市场化供给的管理能力。在选择采购公共服务合作方的过程中，公共部门不能只考虑价格、数量等常规评价因素，而必须将社会、经济与环境价值纳入考虑范围，以合理价格购买真正造福当地的公共服务。

三、第三部门供给

在善治理论不断发展的今天，人们越来越深刻地认识到，服务型政府应该把更多职能以不同的形式交给社会中的第三部门（如非营利组织）承担。在整体规划当中，政府更应当“掌舵”而非“划桨”。换句话说，政府作为公共管理的顶层设计者与第三部门（如非营利组织）一起，共同构成公共服务提供中必不可少的主体，多主体供给逐渐成为世界各国公共服务变革的普遍趋势。20 世纪末以来，非营利组织在公共服务供给与一些社会问题的解决中展现出独特的优势，如在社区服务、环境保护、慈善福利、地方自治及公民参政等公共实践方面引入非营利组织是行之有效的手段。我国非营利组织的迅速发展，为社会提供新的资源配置思路，增大实现公众多元化公共服务需求的可能性，非营利组织越来越成为我国社会发展中的稳定力量。

通常，非营利组织弥补的是公共部门在工作中难以顾及的情况，如受中位选民需求影响，公民享受公共产品的资源是不平衡的，出现“政府失灵”的局面，或是私营部门不愿涉及的领域，如慈善、福利、环保等社会领域，非营利组织的公益性使得公众在这些领域对它们的信赖程度远高于市场。因此，非营利组织在某些领域具有天然优势，如涉及公共服务供需不平衡、供给不及时等领域。然而，公民与社会组织参与城市群公共服务治理的程度很低，参与渠道也很狭窄。现阶段，城市群层面有利于非营利组织发育和成长的氛围尚未形成，同时非营利组织过于依赖政府的培育和支持，在公共产品和服务供给方面的作用十分有限，其公共服务治理的主体地位亟须提升。除此之外，在积极模仿政府机构或者企业的组织结构和运行环节时，非营利组织中也遇到了公共部门和私人部门所面对的类似组织和运行问题，如组织体制僵化等。事实上，这是非营利组织运作模式转变过程中难以避免的一个阶段，这些都使得公民会对第三部门供给公共服务产生总体的不信任。在这种情况下，寻找不同于政府和企业的公共服务供给途径是树立第三部门形象的必经之路。

第二节　现代城市群公共服务协同供给的逻辑基础

一、善治理论的基本分析框架

自 20 世纪 90 年代，一个新的政治分析框架（即治理与善治理论），已经出现在西方政治学之中。治理和统治之间最本质的区别在于，它们指的公共可信度是不一样的：治理强调的公共可信度不一定是指政府部门；而统治的权力主体必须是国家权威。表 10-1 总结了善治理论的基本概念，并区分了良好的治理和传统统治的本质特征。

表 10-1　善治理论的基本概念

	基本含义	良好的治理
概念	俞可平（2000）提出善治是一个上下互动的管理过程，它主要通过合作、协商、伙伴关系、确立认同和共同的目标等方式实施对公共事务的管理。治理的实质在于建立在市场原则、公共利益和认同之上的合作	
	巴泽雷（2002）把善治归结为“公民价值体现”	

续表

概念	基本含义	良好的治理
	陈广胜（2007）认为善治需要多中心的治理结构，要求在公共事务领域中，国家和社会、政府和市场、政府和公民共同参与，形成一个上下互动，甚至是多维度的管理过程	
	福克斯和米勒（2002）将人民作为善治的标准，提出"善"就是人民为促进幸福的实现而民主决定的东西，善治应当以人为本，除了人民之外没有判断对错的更高标准	
价值取向	合法性	指政府与法律的权威被民众自觉认可和服从的程度。合法性越大，善治的程度就越高
	透明性	指公开政府信息，通过有效的政治渠道将信息传达给公民，增加公民参与公共决策、监督政府管理的有效性
	责任性	指公众，尤其是政府工作人员对自身、国家及社会的责任感和自觉承担责任、履行义务的自觉态度
	回应性	指的是公共管理人员和管理机构必须对公民的疑问和诉求作出及时、负责的反应
	法治性	法治既规范公民的行为，同时也对政府行为具有一定的制约力，它是公共管理的最高准则
	有效性	主要指治理的效率，一是管理机构设置要合理，二是最大限度地降低管理成本。以善治是否达到目的为评判标准
	稳定性	主要指治理过程中公共产品的秩序性、社会内部的和谐性、治理政策的连贯性
本质特征（区别于统治）	管理主体	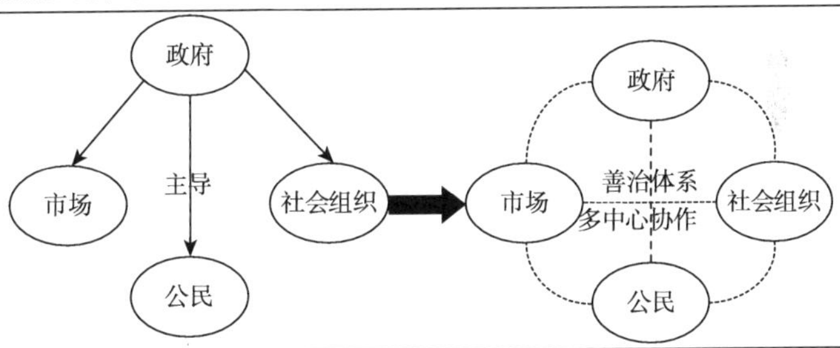
	管理手段	强制性的行政、法律手段 ➡ 在协商的基础上自愿、平等合作
	权威基础	强制性法规和命令 ➡ 社会的广泛认同
	权力运行方向	"政治–行政"两分和自上而下的运作方式 ➡ 多向或双向
	本质特征	政府与公民对公共生活的合作管理

二、现代城市群公共服务供给体系的善治逻辑

改革开放取得成功的一个关键因素就是治理改革的成功。在经济体制深刻变革之后，善治理论为国家治理体系变革提供了新思路，在公共服务领域倡导善治不但强调公共服务供给主体的多元化，而且重新调整和界定政府、市场和第三部门之间的相互协作关系。一是调整政府与政府之间的协同关系。单一城市由上级部门协调调配区域内公共资源，解决具体公共服务供给问题，这一传统思路不再适合城市群多方政策偏好不同的政府主体。城市群包含着更为复杂的多级官僚体制，如何协调基层政府与上级政府、同级政府不同部门之间的供给财权和事权分配成为更关键的问题。善治理论不但强调治理中心的类型多元，而且强调同一类型主体数量和种类的多元，多方政策制定者之间也同样需要协作，以更好地履行

所负责区域的公共服务供给职能。二是调整政府与市场之间的协同关系。改革开放前，中国实行有计划的经济体制，不允许存在市场经济，私营部门的发展受到严重控制。20 世纪 80 年代引入竞争性的市场经济体制之后，继而实行政企分开，政府不再直接控制生产，转而交给市场决定，新的市场治理体制极大地促进了国民经济的高速发展。在城市群公共服务供给体系中，政府不再是万能的，而且其服务范围日益精简，在这种情况下要充分调动私人部门的生产活力，充分释放市场供给主体的生产潜力，在政府难以顾及的供给领域中发挥作用。三是调整国家与社会之间的关系。基层民主自治在20世纪末取得突破性发展，这也成为国家向社会分权的重要标志。随着非营利组织等的大量出现，政府对民间组织的态度也逐渐发生转变，从控制到培育，在众多社会治理领域开始引导第三部门积极参与，并将部分公共服务职能返还给特定的社会组织。总之，城市群公共服务供给的理想状态就是善治，实现国家、市场和社会对公共服务的协同治理。在这个过程中，合理划分出政府、市场和第三部门（如非营利组织）的供给与服务边界，是公共服务治理的基本任务。

三、现代城市群公共服务供给体系的善治设计

根据善治理论的基本概念框架与城市群公共服务供给体系中的善治逻辑，对城市群公共服务供给模式的类型进行梳理总结。判断一个主体能否有效提供公共服务涉及三方面标准：一是公共服务本身，是否具有典型公共物品的非排他性和非竞争性等特性；二是公共服务供给主体，是否具有强烈的服务意识、是否需要具有供给公共服务的权威、是否拥有足够的资金进行供给、供给手段是否丰富等；三是响应公共服务供给目标，即公共服务需求的公共差异化。据此，表 10-2 总结了在不同标准下，公共服务供给体系中各主体该如何科学有序地进行公共服务供给的六种模式。

表 10-2　善治设计中公共服务供给模式类型谱系

模式序列	公共性	权威性	服务性	资金状况	丰富性	回应性	公共服务供给模式类型
（1）	+	+	0	+	0	−	政府供给模式
（2）	−	−	+	+	+	0	市场供给模式
（3）	0	−	+	−	−	+	第三部门供给模式
（4）	+	+	+	+	+	0	政府+市场组合供给模式
（5）	+	+	+	+	0	+	政府+第三部门组合供给模式

续表

模式序列	公共性	权威性	服务性	资金状况	丰富性	回应性	公共服务供给模式类型
（6）	+	+	+	+	+	+	政府+市场+第三部门组合供给模式

注：①“+”表示在该模式下公共服务的具体特性能够很好地满足，或者程度较强；“−”表示在该模式下公共服务的具体特性不能够很好地满足，或者程度较弱；“0”表示在该模式下公共服务的具体特性满足情况待定，或者程度居中

②三种符号强度关系为“+”>“0”>“−”；在后三种组合供给模式中的符号由强度较强的一方决定

③当然，现实中存在很多特别状态，但是为了进行总结，本节只是列举了普遍状态

目前，我国城市群的公共服务供给模式仍然以模式（1）为主，政府部门在主导公共服务供给时，也开始探索向市场和社会借助力量，释放部分公共服务供给职能。很显然，政府、市场、第三部门在城市群公共服务供给中应当如何配置，在不同地区以及同一区域的不同条件下会有很大差别，在我国的治理体系中，党和政府应当也必须起绝对的主导作用。表 10-2 所列举的公共服务及其供给过程中所需的评价标准并不完整，但仍然能够从中提炼出一些设计城市群公共服务供给路径的新思路。

（一）城市群内企业提供公共服务市场化供给

首先，打破供给参与主体的垄断地位，一定要形成实际的供给主体竞争关系。从西方经济学的角度，实际的竞争为参与供给时的准入自由而不是有多少供给主体，即便区域内只有一家大型集团做主要供给，但是供给的参与是自由的，任何企业和个人均能够自由进出此供给市场即竞争关系。通过打破垄断实现真正的竞争，以提高公共服务市场化的供给水平和供给质量，满足区域公民多样化的公共服务需求。

其次，提升区域整体数字化和智能化水平。随着大数据时代的到来，特别是新冠肺炎疫情带给经济的重大冲击，线上办公、网络运营等现代数据网络的巨大生命力已经展现，区域内的企业出于经营的压力，往往会进行改革，形成创新发展思路。区域内的相关各级政府，可能存在改革动力不足的问题，因此应借力在数字化和智能化改革中取得优异成绩企业的发展势头，引入其技术和经验，助力政府内部改革，同企业一道为公共服务市场化供给提供数字化和智能化的产品。

最后，打造良好的政商关系。市场和政府的关系一直以来备受关注。党的十八届三中全会指出，“使市场在资源配置中起决定性作用和更好发挥政府作用”。市场的作用被不断放大，但市场和政府的关系仍然是一个辩证的过程，在某些领域仍然需要政府主导，市场调节。在公共服务市场化供给中，则应该充分发挥好市场的决定性作用，政府不能因公共服务的提供属于政府履行公共服务提供职能而排斥市场的进入，政府应起到动态监管和长期监督的作用，克服市场可

能存在的失灵行为，使公共服务的供给质量得到保证。

（二）城市群内非营利组织完善公共服务的志愿性供给

首先，非营利组织与政府的关系一直存在不对等性。非营利组织在诸多公共服务事务中难以真正发挥介入作用，城市各级政府又很难把握赋权标准，进行合理赋权，因此，应适度采用项目跟进的办法进行管理，对于紧急必要又不一定需要政府介入的工作，调动起非营利组织的积极性，使其在引导中走向工作的常态化和规范化。

其次，引导区域非营利组织实现组织成长。非营利组织的工作运行往往依托于地方政府的财政补贴，因此其发展具有不可持续性。一些基层政府往往难以拿出足够的资金来支持，导致基层政府往往难以组建形成相应的非营利组织，因此要培育非营利组织的成长土壤，鼓励当地企业和民众组建非营利组织团队，然后进行定期引导培训，使之在责任和使命的引领下不断成长，在公共服务供给等事务中发挥作用。

最后，提升非营利组织参与城市群公共服务供给的能力。城市群公共服务的提供往往由多地政府进行多重领导，但非营利组织由于资金等条件限制，其组成往往主要聚集于某一区域，属于某一区域内部的组织，故很难真正有能力参与到城市群内部公共服务的提供事务中，有必要从中心城市率先引领，带动本区域发展势头好的非营利组织进行跨区域参与，逐渐摸索、建立一条真正适合非营利组织跨区域参与的发展模式。

第三节　政府主体内部协同供给机制

一、善治理论框架下城市群公共服务协同供给机制创新

综上所述，可以通过鼓励市场、非营利组织等供给主体共同参与到公共服务的提供中，持续推动公共服务的治理创新。在这个过程中，由于城市群新发展平台的出现以及对传统城市公共服务供给模式的挑战，协同治理的矛盾和瓶颈逐步显现，亟须综合分析，全面解决。这些矛盾和瓶颈主要是指在城市群层面，公共服务多元供给主体组成更为复杂所带来的挑战。一方面凸显公共服务供给模式变革对城市群建设带来的新变化与新机遇；另一方面也体现城市群发展对公共服务治理体系提出的新要求。

如政府失灵和市场失灵一样，第三部门提供公共服务同样也会面临失败的风

险，三方主体独立供给总是有不能克服的缺点，在这种情况下，元治理理论应运而生。在保留原先治理理论强调多方主体共同参与的基础上，元治理重新定义政府的角色，进一步强调政府在多方主体共同治理中的重要地位。在城市群公共服务提供过程中，更要求政府、市场和第三部门的共同协作治理，诚然，在城市群中这种协同合作会更加复杂，如政府主体不再是同一城市内的政府部门，而是多个政府主体，包括不同城市之间的同级部门及其各自的上级主管部门、下级负责部门；市场主体和第三部门主体也是如此，即存在多个市场主体、多个第三部门主体。当治理各方主体的立场、地位、利益及考虑角度不同时，原本顺利的协作或谈判过程就会遭遇困境，由此就达不到预先期望达到的治理目标和目的。

要想在这种复杂治理系统中寻求一种平衡与协调，就要在现有的治理理论与元治理理论之上强调善治：多政府协作担任城市群公共服务的顶层设计与基本供给责任；多市场协作满足公共服务的多元需求并加强自身监管；许多非营利组织灵活协作，以应对政府和市场无法提供的情况，并履行其职责。不同类型的公共服务应根据不同公共物品的属性进行多元化的制度安排，使整个城市群的公共服务供给体系不断完善和发展，具有良好的协同效应。并在此基础上调整和改革跨部门（政府、社会、市场）、跨层级、跨组织结构，促进新时代国家治理视域下的机构与行政体制改革。具体来说，善治理论提出两种协同思路：组织内部自我协同创新及组织间的协同创新。善治是政府和社会对公共事务合作管理，使公共利益达到最大化的政治过程。在我国，善政是实现善治的关键，具有权威的政府是我国社会变革成功的根本保障。因此，本节从政府主导公共服务供给的角度出发，详细分析公共服务协同治理创新的两种路径：一是政府主体的同类组织公共服务协同供给创新；二是多政府与多市场、多第三部门（如非营利组织）的不同主体间公共服务协同供给创新（图 10-2）。

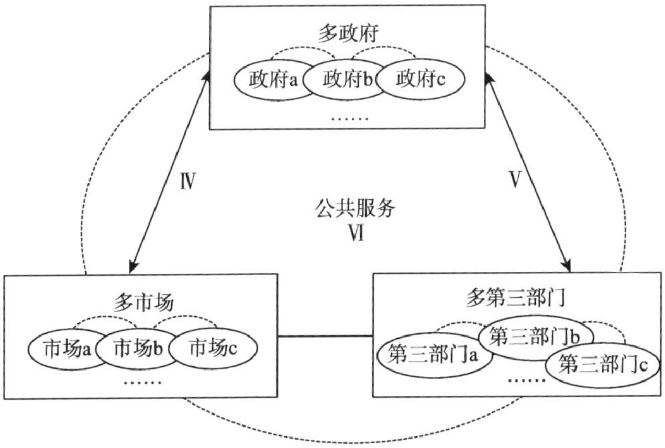

图 10-2　引入善治后的城市群公共服务协同供给的两种路径

二、政府组织内部公共服务协同供给创新

（一）政府间协议

在城市群公共服务体系中，常常会出现国家、省（区、市）、县（市、区）多级政府管辖职责相互交错的情况，较单一城市公共服务供给模式更加复杂，处理不慎就会产生“多家哄抢”或是相互推诿的失控局面。因此，政府间协议在城市群公共服务供给中的作用和优势也更加明显。在城市群范围内，公共服务供给中政府的各个部门职责分工不尽相同，在多数情况下需要两个或两个以上部门共同供给，但由于核心职责、考核目标等存在差异，各部门往往不会主动寻求合作，这就给政府层面的公共服务供给造成一定的困难。区域内政府不同部门的各自为政是制约公共服务一体化发展的体制性难题。诚然，科层制的设计是强调专业分工的，而在城市群层面，因为上级部门的加入，这种在单一城市出现的公共服务治理困境就有了解决之道。具体来说，上级政府可以就某些公共服务进行统筹协商，构建多政府之间的协同平台，彼此通过沟通、对话和协商寻求共识，在一致同意的基础上达成协议，开展协同行动，即中央政府可以通过财政支出的形式付费给地方政府以获得公共服务，不同政府分别承担公共服务供给中的一部分责任，而其中的制度安排就是政府间协议。

（二）政策网络

在公共服务供给中，政府间协议体现城市群内各行政主体的合作关系，也使得政府之间的网络连接更加明确。在政府间协议的框架下，将一组拥有自己资源的政策实体结合起来，这可能会导致公共服务协调政策的成功或失败，区别在于各行政机构在网络互动中的政策偏好能否实现。在区域公共服务供给体系中，不同政策主体在资源禀赋、谈判技巧、网络互动、环境等方面的差异都可能导致最终政策结果的不同。同时，多层级政府合作需要付出规则建立、网络维系等更高的交易成本。因此，在城市群层面进行公共服务供给能够有效降低相应的成本，并且能够在多级政府之间建立较为密切和稳定的网络关系，进而通过城市群层面的组织与协调降低政策的执行风险。在公共服务供给的议题网络中，城市群内各级政府行动主体为实现自己的目标，在相关政策网络中不断进行互动并相互制约。除此之外，政策网络作为一种超越传统政策分析的范式，还重视市场、社会、专家、媒体、利益集团等行动方的互动关系与优势作用，实现对多级政策主体之间“竞争–合作”二元冲突及传统领导与服从关系的超越。在实践中，政府间协作治理的形式多种多样，还包括特区发展委员会、区域联盟、政府联席会议等。

京津冀协同发展领导小组及其办公室的成立就是城市群层面政府间协议与政策网络相结合的良性探索。在保护生态环境等领域，市场“不愿意”，第三部门“不能”提供相应的公共服务。因此，中央政府和地方政府必须承担提供相关公共产品和服务的责任。以京津冀协调环境治理为例，2015 年京津冀环境保护局正式签署《京津冀区域环境保护率先突破合作框架协议》，主要包括：建立三省（市）环境信息共享平台；建立应对污染事件和区域大规模大气污染的应急联动工作机制；为重点行业规划和重大工程项目实施环境评估会议。总之，通过有序谈判，京津冀城市群内部的环境问题得到缓解。不仅如此，京津冀城市群也在医疗、劳动和就业等领域积极探索，并在集团层面提供更有效的公共服务治理实践。京津冀城市群环境保护中的府际网络关系与政策主体见图 10-3。

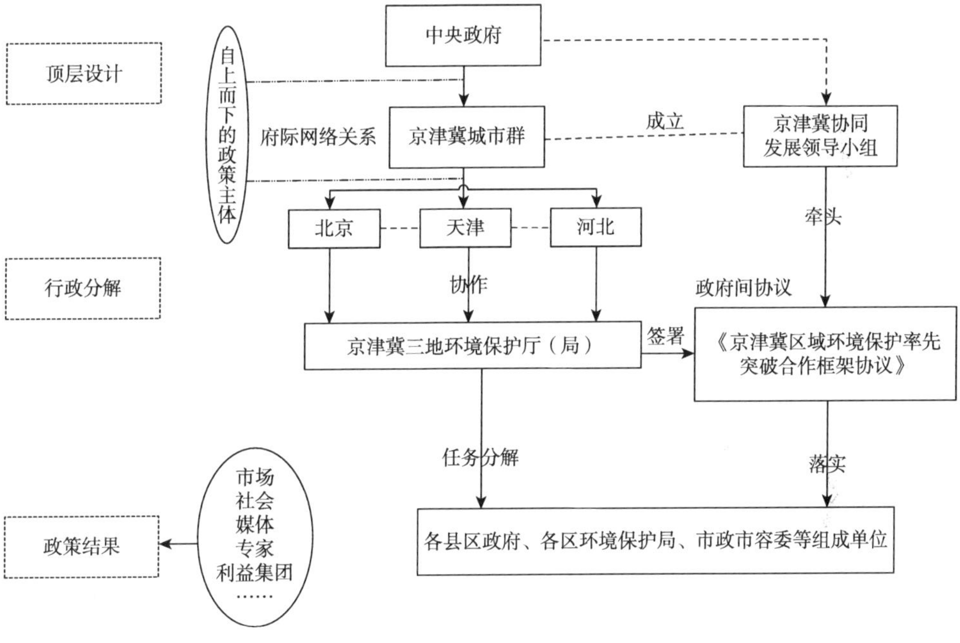

图 10-3　京津冀城市群环境保护中的府际网络关系与政策主体

（三）联席会议

对于联席会议是什么的解释很少，认识也不够统一。但是，在政治实践方面，联席会议应该是指没有隶属关系但有工作联系的有关部门，为了解决责任的横截面没有明确规定或规则不够明确的问题，联席的一方或多方将以会议的形式起带头作用。在充分推进民主的基础上，达成共识，形成具有约束力的规范性意见，指导工作，解决问题。

城市群的发展和建设往往是市场化发展到一定阶段，为了达成更好的发展成就，要求政府破除当前发展的现实约束而进行的建设成果。政府在进行城市群内部合作中，会采用联席会议的模式，联席会议进行的议题商讨和区域发展策略构建已经成为区域内在一定时间段的重要发展方向，在城市协同中扮演极为重要的作用。城市群的合作往往是区域一体化程度的不断升级所形成的必然结果，但是，区域合作往往受行政边界影响导致各参与主体的热情和重视程度存在较大差异。联席会议作为一种自愿协商、争取共赢的协同合作模式往往能够克服合作的壁垒，而不是中心发达城市的过度资源付出和周边欠发达城市的被动接受。常态化的联席会议能够保证区域高层政府的及时有效对话，把握最新发展矛盾，抓住最新机遇，拓宽区域发展新视野。

中国的城市群发展动力存在着明显的差异，较为发达的长江三角洲城市群受内部市场一体化的影响，区域协作的发展动力较强，京津冀城市群受北京疏解非首都压力和雄安新区建设的影响，政策动员性强，区域一体化的发展动力强劲。但是有一些非国家级城市群，各个城市内部受自身发展压力的制约，很难在城市群范围内进行资金的流动和资源的协调性配置。城市群的联席会议则对这样的问题有一定的缓解，定期召开区域内联席会议不是基于行政命令而是基于发展需要，它更容易被各个城市的各级政府所接受和认可。通过合作使某一地的某一问题解决，某一公共服务质量提升，其结果往往带有正的溢出效应，造福于其他区域。特别是由于联席会议是本着自愿和平等的模式来开展的协调工作，如中心城市资源单向的资源输出可能会转变为多城市多网络联结的资源流动，更加激发了城市群的合作活力和发展动力，使之进入健康的发展轨迹中。总体来看，城市群联席会议未来的发展思路要遵循以下的原则。

（1）参与成员的“不对等”性。原有的城市群事务协商往往存在协商参与主体的过分对等问题，如要同样级别的同样部门进行协商，要政府部门和政府部门进行协商，要非营利组织和非营利组织进行协商。城市群联席会议则要求“不对等”，即从事务的本来属性出发，从公共服务的有效供给出发，如何能高效提升公共服务的供给质量和效率，便如何采取行动，多元主体的交叉参与将带来更好的合作创新机遇，打造良性的供给环境。

（2）从城市群到“城市群思维”。城市群联席会议所商讨和作出的发展协议不一定要局限于城市群的本来视角，而要拓展至“城市群思维”的视角，即区域合作的协调需要，有利于区域（可以是某一城市内部区域）的发展需要。虽然还没有达到城市群的高度，或某一区域（跨越某一城市群，跨越此城市群到其他城市或其他城市群）的事项，但是，都可以在联席会议上进行沟通和协作，以探索合作协调和利益有效分配的模式，探索新时代的城市群发展新道路。

（3）从“非中心城市”到“中心城市”。城市群在发展过程中往往需要中心城市发挥好协调带动作用，但是城市群有诸多城市，诸多城市的发展实际均有所不同，过分强调中心城市的作用会加重中心城市的发展负担，导致中心城市参与城市群的协调治理的动力不足。基于此，要发挥非中心城市的动态比较优势，结合当地要素禀赋找到当地的发展机遇，吸引中心城市资源流入，实现常态化的合作双赢。

（4）从“大协同”到“小协同”。城市群的联席会议主要协商的都是多边事务而较少有单边事务，主要是涉及范围较大的事务而非局部事务，因此要学会拓展合作思维，要在条件允许下不过分追求大协同，而是以必要为出发点，从民众最迫切的需求出发，需要多边协同的要多边协同，不需要的则不要做多边协同，做到遵循有用的原则。

第四节　政府与其他主体间协同供给机制

一、多政府+多市场协同供给

其实除了三种供给主体分别提供公共服务以外，在日常生活中更为常见的是公共部门、私营部门和第三部门以合作供给的方式共同实现公共服务的供给。政府和市场的合作一般来说可以在公平和效率两个基本维度上满足大多数公民的公共服务需求。在公共服务供给机制中，公共部门和私营部门的协作供给是一种类似于买卖关系的合同关系，公私合作的实践来源于对公共服务生产和提供可以分离的认识。Ostrom 等（1961）提出，在公共服务的提供里，政府不是绝对的生产者，可以由私人从政府手里获得生产任务，政府通过购买这些产品或服务，然后供给到公民和社会。这就是“政府+市场”公共服务供给的基本运作模式。但是在城市群中，政府主体会涉及水平维度上不同城市间的相同部门，以及垂直维度上的央地政府，而市场主体也会有多家企业竞争供给资格。同时，在这个过程中要注意的是，双方的目标并不一致，公共部门的目标是公共利益最大化，而私营部门的目标是利润最大化。因此，在公共服务协同供给中需要政府承担起一定的监管责任，使得市场在提供公共服务过程中不至于因为自身利润而损害公共利益。

实际上，公共服务治理体系中市场主体的存在对于城市群的善治兼具积极与消极的双重意义，市场的参与是国家制度与市场力量在社会背景下互动的产物。现在，需要不断强化城市群中政府主体的自主能力、整合能力和调控能力。上级政府不但是公共服务供给规则的制定者，而且要成为多个地方政府主体和多个市场主体之间矛盾的仲裁者，以实现公共利益整体性的最大化为导向，尊重不同主体利益差别，建立利益均衡机制，使多政府主体与多市场主体在相关公共服务供给上实现“非零和”的理想结果。在城市群公共服务供给体系中，多市场主体的参与能够形成对政府主体体制外的有效监督，克服地方政府及其成员的自利性，规范政府行为。同时，政府要以善治理念塑造市场主体及其成员的公共精神和社会责任感。这不但有利于公共服务治理体系向好的方向发展，而且对构建和谐社会，促进社会发展具有积极意义。

京津冀城市生活智慧港项目的建造就是政府和市场合作解决京津冀食品供应及公共就业问题的典型实践案例。该项目主要是构建农产品一小时服务供应和生活服务品质保障，由保定市政府和高碑店市政府、北京二商集团和汇通图腾国际物流有限公司共同发起推动。在多政府与多市场合作供给公共产品或服务时，政府之间协调沟通并通过全面评估，制定准则，公开招标选择合适的公共服务进行购买，市场实体通过竞争成为公共服务生产的参与者。同时，专业服务组织和政府在这一过程中也具有竞争关系。这种混合治理结构有利于提高公共服务的提供效率，也有利于政府选择。企业统一供应服务标准能够避免市场过分逐利而损害公共福利。总之，有效发挥政府机制和市场机制的比较优势，可以更好地实现公共服务提供的效率和公平两个目标。

二、多政府+多非营利组织协同供给

在政府与非营利组织合作模式下开展公共服务供给时，通常是由政府部门提供资金、场所、设施等必要的硬件支持，由非营利组织提供所需的具体服务。随着新公共管理运动在世界各国广泛而深刻地推广，人们逐渐认识到非营利组织在公共服务治理方面的独特优势，但同时也意识到，离开政府的支持与合作，非营利组织很难提供优质且高效的公共服务。政府与社会力量的关系应该是“互补共存”的“伙伴关系”。这种伙伴关系在以社区为单位提供社会公共服务的领域更为常见，即非营利组织是服务的直接提供者，政府的派出机构和社区是公共服务的组织安排者，地方财政是其主要经费来源。较小的单位比较大的单位更具响应性，能更准确地满足公民的需求，因而政府与非营利组织在社区医疗、卫生与社会保障等领域有着坚实而广泛的合作基础，一方面提高政府供给公共服务的效率与质量；另一方面随着非营利组织在公共服务领域参与广度和深度的增加，尤其是为弱势群体提供更多帮助，其对于缓解社会矛盾、巩固群众基础、维护社会稳定有重要意义。

社会主体参与公共服务供给在某种意义上能够催生出新型的社会治理模式，张康之（2010）将其称为后工业社会治理模式。实际上，以非营利组织为代表的社会力量的兴起，预示着由传统管理型行政模式向服务型社会治理模式的转变。

因此，在城市群公共服务供给过程中强调第三部门的加入，不但能够使公共服务政策更具有伦理属性，而且可以进一步促进服务型政府的建设及行政人员服务理念的生成。在传统的严格等级式政策制定模式中，公民的意见很难在公共政策中体现，而公共服务的直接供给对象就是社会中的公民，其多元化的实际需求意愿在相关公共服务政策制定过程中的体现就显得尤为重要。在善治理论框架中，管理型社会的“中心-边缘”结构政策制定主体逐步转变为多中心的政策制定主体，非营利组织在一定程度上能够代表公民的声音，使得公民的公共服务需求表达变得清晰和强大起来，从而使相关政策制定更加准确、全面。在具体公共服务提供上，非营利组织凭借数量大、类型多的优势，能够协助政府提供更加多元且更具针对性的公共服务。一些具有技术或者是拥有良好社会基础的非营利组织是公共部门理想的社会治理伙伴，同时，政府在提供良好的制度环境之外，还需构建善治框架下的合作机制。

慈善超市是政府和非营利组织在社会援助方面合作的典型例子。慈善超市是指定社会捐赠或社会救助机构，依靠常规社会捐赠站（点）解决社会困难人群的临时生活困难，以有针对性的招募和分配为主要形式。社区慈善超市是政府社会救助职能转移的一种形式。通常，政府提供设施和场所，非营利组织管理运营，动员公民广泛参与。在城市群发展过程中，这种合作模式具有推广的现实紧迫性和可能性。此外，还有社区民间组织服务中心等多种政府与非营利组织共同供给公共服务的方式。

三、多政府+多市场+多非营利组织协同供给

城市群公共服务的供给更具复杂性，使得政府与市场或是政府与非营利组织的合作治理模式仍有疏漏。因此，可以考虑选择多政府、多市场与多非营利组织共同解决城市群公共服务供给中存在的复杂问题，实现公共服务的有效供给。通常三者的合作有 BOT（build-operate-transfer，建设-经营-转让）、BOO（build-own-operate，建设-拥有-经营）、TOT（transfer-operate-transfer，移交-经营-移交）等不同模式。在城市群公共服务治理体系中，要统筹协调好多方政府、多个市场及多类型的第三部门并不容易。尽管各主体参与公共服务供给的目的不同，但是仍然可以在差异中寻求合作的关键节点。当市场参与在政府主导下的公共服务供给时投资风险更小，能够获得稳定的利润，同时可以在一定程度上降低公共服务对公共财政支出的要求，提高供给效率和质量。第三部门的加入，除了能更好地表达与满足弱势群体需求之外，在承担社会责任方面也为市场主体提供一个良好的标杆，是社会治理朝着“良善”方向发展的明灯。概括来说，在城市群公共服务要求协同发展的新形势下，政府、市场、社会各方主体的多种力量都应当

加入公共服务供给创新的浪潮中，实现善治在公共服务领域长足发展。

如果只依靠市场和社会提供公共服务供给，就很容易出现新问题，即市场与社会之间的相互侵权。在环境卫生、义务教育、慈善救助等一些基本公共服务领域，企业的大量自利行为将造成环境、教育、信任等危机。因此，政府必须采取干预措施，采取有效措施，规范市场与第三部门的关系。例如，完善企业的社会责任体系；鼓励社会企业发展，同时规范和遏制民间组织的营利行为；强调社会建设。在当前城市群公共服务供给机制创新的新形势下，公共服务供给日趋注重在公共部门、私人部门和第三部门之间达成信任、共识，构建多方协作、参与、共赢的合作治理格局。十八届三中全会指出，“统筹城乡基础设施建设和社区建设，推进城乡基本公共服务均等化”，多方参与的城市基层公共服务供给是新时期国家发展社区治理的重点之一，多方组织合法有序的民主参与是公共服务治理体系不断完善的有力保障，是加强城市群政府善治的有效途径。让市场和社会充分参与政府的某些管理活动有利于减少政治决策的失误和行政过程的成本，推进基层民主建设，也有利于增加制度认同和社会认同。因此，在善治的背景下，政府不再是公共服务的单一提供者，而是动员市场参与者；吸收社会力量、社会组织、社会资本等参与提供公共服务的政党已成为未来的发展方向；同时，多政府主体仍居于主导地位，是协同运作的发起者、动员者和协调者，多市场和多非营利组织则需要采取相应的配合行动，不能基于自身利益而采取互相侵害的行为。

新型居家养老服务就是需要多政府、多市场与多非营利组织合作治理的一大社会难题。截至2017年底，《京津冀区域养老服务协同发展实施方案》的出台，使养老支持政策的范围拓展到位于京津冀城市群的所有养老机构。此外，老年看护服务行业也在悄然兴起，为居民提供专业养老服务的同时，也为众多政府惠民项目提供长期服务，这在高龄老年人居家长期照护方面逐渐成为不可替代的重要主体，同时市场提出的“老人在哪里，服务到哪里”、分级评估、按需护理等高效服务模式也推动着政府进行公共养老服务改革。第三部门（如非营利组织）在养老领域也发挥着自身独特优势，各种社会企业和组织不断入驻社区，相比于政府和商业机构，它们可能更乐于倾听居民的需要，填补前两者的供给缺口。

参考文献

奥斯本 D，盖布勒 T. 1996. 改革政府：企业精神如何改革着公营部门[M]. 周敦仁译. 上海：上海译文出版社.

巴泽雷 M. 2002. 突破官僚制：政府管理的新愿景[M]. 孔宪遂译. 北京：中国人民大学出版社.
曹海军，刘少博. 2015. 京津冀城市群治理中的协调机制与服务体系构建的关系研究[J]. 中国行政管理，（9）：21-25.
陈广胜. 2007. 走向善治. 杭州：浙江大学出版社.
陈强远，梁琦. 2014. 技术比较优势、劳动力知识溢出与转型经济体城镇化[J]. 管理世界，（11）：47-59.
陈振明，李德国. 2011. 基本公共服务的均等化与有效供给——基于福建省的思考[J]. 中国行政管理，（1）：47-52.
党秀云. 2009. 民族地区公共服务体系创新研究[M]. 北京：人民出版社.
邓国胜. 2009. 公共服务提供的组织形态及其选择[J]. 中国行政管理，（9）：125-128.
丁煌. 2004. 西方行政学说史[M]. 修订版. 武汉：武汉大学出版社.
董遇. 2016. 北京市体育局向社会力量购买公共体育服务研究[D]. 北京体育大学硕士学位论文.
范柏乃，金洁. 2016. 公共服务供给对公共服务感知绩效的影响机理——政府形象的中介作用与公众参与的调节效应[J]. 管理世界，（10）：50-61，187，188.
福克斯 C J，米勒 H T. 2002. 后现代公共行政：话语指向[M]. 楚艳红，曹沁颖，吴巧林译. 北京：中国人民大学出版社.
辜胜阻，杨建武，刘江日. 2013. 当前我国智慧城市建设中的问题与对策[J]. 中国软科学，（1）：6-12.
顾丽梅. 2012. 公共服务提供中的 NGO 及其与政府关系之研究[J]. 中国行政管理，（1）：34-38.
郭凤林，沈明明. 2014. 公共产品类型、绩效与政府满意度差异[J]. 天津大学学报（社会科学版），16（6）：499-504.
洪世键. 2009. 大都市区治理：理论演进与运作模式[M]. 南京：东南大学出版社.
胡畔，王兴平，张建召. 2013. 公共服务设施配套问题解读及优化策略探讨——居民需求视角下基于南京市边缘区的个案分析[J]. 城市规划，37（10）：77-83.
黄昌勇，解学芳. 2017. 中国城市文化指标体系的构建与实践[J]. 学术月刊，49（5）：102-115.
黄春雷. 2010. 公共池塘资源及其治理模式初探[J]. 甘肃农业，（1）：10-12.
江曼琦. 2007. 公共产品投入共享、交易成本节约与城市起源[J]. 华中师范大学学报（人文社会科学版），46（5）：43-48.
姜晓萍，肖育才. 2017. 基本公共服务供给对城乡收入差距的影响机理与测度[J]. 中国行政管理，（8）：84-89.
康晓光，许文文. 2014. 权威式整合——以杭州市政府公共管理创新实践为例[J]. 中国人民大学学报，28（3）：90-97.
李金滟. 2012. 中三角城市群多维能级梯度分析与绿色崛起路径研究[J]. 统计与决策，（9）：121-124.

李磊，顾辰影，郑依琳. 2018. 城市群公共服务供给如何创新？——善治视域下的协同路径探析[J]. 江苏行政学院学报，（6）：102-109.
刘方，李文钊. 2016. 有限理性、公共服务动机与国家治理现代化[J]. 公共管理与政策评论，5（1）：64-71.
麦金尼斯 M. 2000. 多中心体制与地方公共经济[M]. 毛寿龙译. 上海：三联书店上海分店.
毛寿龙. 2010. 公共事物的治理之道[J]. 江苏行政学院学报，（1）：100-105.
欧阳艳艳，张光南. 2016. 基础设施供给与效率对“中国制造”的影响研究[J]. 管理世界，（8）：97-109.
任晓辉，朱为群. 2015. 新型城镇化基本公共服务支出责任的界定[J]. 财政研究，（10）：2-8.
宋伟，徐胡昇，宋小燕. 2015. 社会创新的公共使命与社会企业的发展[J]. 公共管理与政策评论，4（1）：14-25.
孙柏瑛. 2014. 开放性、社会建构与基层政府社会治理创新[J]. 行政科学论坛，1（4）：10-15.
汪锦军. 2012. 构建公共服务的协同机制：一个界定性框架[J]. 中国行政管理，（1）：18-22.
汪小兵. 2009. 奥斯特罗姆公共池塘资源理论及其现实意义[J]. 安康学院学报，（5）：21-22，51.
王欢明，诸大建，马永驰. 2015. 中国城市公共服务客观绩效与公众满意度的关系研究[J]. 软科学，29（3）：111-114.
王家合. 2011. 当代中国公共服务伦理：价值、失范与重构[J]. 中国行政管理，（9）：73-76.
王乐夫. 2001. 论公共管理的社会性内涵及其他[J]. 政治学研究，（3）：78-84.
王梦雪. 2013. 公共服务管理创新的三元分析框架——以“先看病，后付费”制度的地方试点为例[J]. 中国行政管理，（10）：61-65.
王晓琴. 2017. 哈长城市群区域公共服务一体化机制的构建[J]. 中国商论，（28）：122，123.
魏守华，李婷，汤丹宁. 2013. 双重集聚外部性与中国城市群经济发展[J]. 经济管理，（9）：30-40.
徐璐，贺京同. 2016. 京津冀一体化中的市场失灵与去功能化——对成熟城市群发展经验的借鉴[J]. 当代经济管理，38（6）：56-62.
杨宏山. 2017. 首都功能疏解与雄安新区发展的路径探讨[J]. 中国行政管理，（9）：65-69.
杨开峰. 2018. 新时代国家治理视域下的行政体制改革[J]. 中国机构改革与管理，（2）：30-32.
姚从容. 2016. 人口空间集聚与公共治理的绩效：基于城市权利的视角[J]. 人口学刊，（3）：74-83.
俞可平. 2000. 治理与善治[M]. 北京：社会科学文献出版社.
俞可平. 2014. 走向国家治理现代化——论中国改革开放后的国家、市场与社会关系[J]. 当代世界，（10）：24-25.
俞可平，李景鹏，毛寿龙，等. 2001. 中国离“善治”有多远——“治理与善治”学术笔谈：治理和善治分析的比较优势[J]. 中国行政管理，（9）：15.
张成福，李昊城，边晓慧. 2012. 跨域治理：模式、机制与困境[J]. 中国行政管理，（3）：

102-109.
张康之. 2010. 论伦理精神[M]. 南京：江苏人民出版社.
张述存. 2016. 依法规范中央与地方关系 推动地方政府治理现代化[J]. 中国行政管理，（5）：9-13.
郑思齐，于都，孙聪，等. 2017. 基于供需匹配的城市基础教育设施配置问题研究：以合肥市为例[J]. 华东师范大学学报（哲学社会科学版），（1）：133-138，176.
钟业喜，冯兴华. 2018. 长江经济带城市职能结构的演变[J]. 南通大学学报（社会科学版），34（1）：34-40.
周春山，高军波. 2011. 转型期中国城市公共服务设施供给模式及其形成机制研究[J]. 地理科学，31（3）：272-279.
Anderies J M，Janssen M A，Ostrom E. 2004. A framework to analyze the robustness of social-ecological systems from an institutional perspective[J]. Ecology and Society，9（1）：18.
Andrew S A，Carr J B. 2013. Mitigating uncertainty and risk in planning for regional preparedness：the role of bonding and bridging relationships[J]. Urban Studies，50（4）：709-724.
Badalov E S. 2016. Main directions of development of the Baku urban agglomeration[J]. Geography and Natural Resources，37（2）：174-180.
Baland J M，Platteau J P. 1998. Division of the commons：a partial assessment of the new institutional economics of land rights[J]. American Journal of Agricultural Economics，80（3）：644-650.
Bruinsma F，Rietveld P. 1993. Urban agglomerations in European infrastructure networks[J]. Urban Studies，30（6）：919-934.
Delmartino F. 1999. Decision-making in the European Union[J]. Political Studies，50：77-106.
Maciulevičius K. 2009. Case study of urban agglomeration development between two major cities in Lithuania[Z]. School of Techno Culture，Humanities，and Planning.
Meyer C A. 1992. A step back as donors shift institution building from the public to the“private”sector[J]. World Development，20（8）：1115-1126.
Ostrom E. 2006. The value-added of laboratory experiments for the study of institutions and common-pool resources[J]. Journal of Economic Behavior & Organization，61（2）：149-163.
Ostrom E，Calvert R，Eggertsson T. 1993. Governing the commons：the evolution of institutions for collective action[J]. American Political Science Review，86（1）：279-249.
Ostrom E，Walker J，Gardner R. 1992. Covenants with and without a sword：self-governance is possible[J]. American Political Science Review，86（2）：404-417.
Ostrom V，Tiebout C M，Warren R. 1961. The organization of government in metropolitan areas：a theoretical inquiry[J]. American Political Science Review，55（4）：831-842.

第十一章　现代城市群公共服务的治理体系

近年来，随着城镇化水平的持续提高，城市群越来越多地出现在公众的视野，治理的概念逐渐进入公众的视野。2013 年以来，公共服务中的教育医疗、公共交通、环境卫生等公共服务正在掀起一场市场化改革，成功与失败的反复交织将公共服务治理推向时代变革的浪潮之上。公众对城市群公共服务的市场化改革褒贬不一，而对其持怀疑和否定的态度日益成为社会舆论的主流。显然，社会现实已经向学术界提出挑战，城市群公共服务的治理问题亟待重视。

作为培育公共服务新增长极、拓展公共服务发展空间的新型平台，城市群正在成为推进新型城镇化建设的重要抓手。作为国家治理的重要组成部分，公共服务治理的提出，标志着我国在新时期国家战略和治理方式的整体转型。公共服务治理是相对于以往的公共服务管理而言的。公共服务管理是国家通过一系列规章制度、社会和国家文化、教育、医疗卫生、基础设施等促进行为的规范化，对象是公共服务行为及其整个生态系统，主体是政府；善治是国家通过采取一系列良善的政策措施和制度安排，利用和借助服务的功能以解决国家发展中的问题，对象是文化、教育、医疗卫生、基础设施等，政府发挥主导作用，社会参与共治。但是，公共服务治理与国家治理体系和治理能力之间并不是割裂的关系，应该辩证统一地看待它们。也就是说，善治不仅是国家治理现代化的理念和功能在公共服务领域的体现和延伸，而且渗透到社会的各个领域，是实现国家治理现代化的引导力量。

第一节　现代城市群公共服务治理体系的构成要素

从西方政治经济学和管理学中嬗变而来的治理这一概念，逐渐成为全球治理语境下实现善治的重要理念。1995 年，联合国全球治理委员会提出治理需要符合以下四个特征：第一，治理应当是一种动态变化、积极调整的过程，而不是一套固有的规则，或一种既定的活动；第二，治理过程建立在协调之上，而不是控制；第三，治理涵盖公私两部门；第四，治理是国家与社会的良性互动，而不是一种自上而下的制度。公共服务治理体系以公共服务的治理理念为根基，以体系这一重要的关键词来扩展“枝叶”。现代城市群公共服务治理体系在供给主体方面体现为多元性及协作性，由于涉及不同主体、治理原则、模式演变等诸多事务，故更加强调统筹协调。

一、治理主体

无论是从现实基础出发的国外公共服务发展经验，抑或是国内先进城市群的典型示范，还是从理论推导的经济学公共产品供给理论，我国城市群公共服务治理主体之争从未停歇。此问题在城市群层面如此复杂的原因就在于城市群涉及多层级政府。同时，公共服务也涉及供给、需求、监管等多方面的治理问题，政府、市场与社会间的统筹协调就显得更为重要。

（一）供给主体

考虑到城市群公共服务的公共性属性，以及经济学中的市场失灵理论，一般学界将政府界定为公共服务体系的供给主体。与此相对的另一种传统观点则认为，在城市群公共服务治理中，事无巨细的政府作为相关公共服务和产品的主要供给者，存在效率低下的问题。同时，公共部门也无法应对差异化的公众需求，出现“政府失灵”的局面。因此有学者提出一些特殊的公共产品供给可交给市场，通过市场满足公众的个性化需求，特别是文化教育、医疗卫生等领域。在政府与市场双重失灵理论之外，第三种观点是社会力量承担部分公共服务供给，也就是让第三部门（如非营利组织）在公共服务供给中发挥补充作用，这为社会介入公共服务供给及促进第三部门发展提供理论空间。

（二）需求主体

城市群公共服务需求是指在公共服务过程中，公众个性化和大众化的需求总和，是城市群区域内公众对丰富多样公共服务需求的偏好合集。需求是决策和供给的前提与基础，没有需求就没有供给，而公众对公共服务的满意度是推动治理型政府建设的重要动力。城市群公共服务需求问题包括公共服务需求的产生、对多元化需求的管理，以及如何保障一般化与普遍化的公共服务需求。过去，公民一直被视为在公共服务过程中消极接受的一方，研究者普遍忽略其作为公共服务治理体系建设主体的主观能动性。在现代城市群公共服务治理体系中，公众公共服务需求的满足感和公共服务权益获取的便利性是其核心目标之一，但应当明确的是，现代城市群公共服务治理体系建设主体的讨论不能脱离公众参与，因为更为重要的是作为需求主体的公众，如何从自身角度出发推动公共服务治理体系的建设。

（三）监管主体

上述探讨之后，我们应当有这样一个明确的观念：国家、市场、社会、个人都应该是现代城市群公共服务治理体系建设中不可或缺的一部分，不但是公共服务供给、需求的主体，也应该成为城市群公共服务监管中的重要角色。在城市群中，公共服务监管问题的复杂性在于，公共部门、私人部门和第三部门在建设公共服务体系中的职责边界如何界定，角色定位如何划分，避免陷入多元主体的争论中。目前，对于城市群公共服务监管体系存在着三种不同的研究路径：一是国家监管。因为公共服务兼具非营利性和社会再分配功能，如公共基础设施建设需要政府承担相应的监管责任。二是市场监管。现代城市群公共服务治理体系的建设不能脱离社会主义市场经济体制，应当走市场化监管的道路，使各种公共服务资源要素充分涌流，最大限度地满足日益差异化的个性服务需求。三是综合监管。国家监管和市场监管各有合理的一面，但也有其局限性。因此，为应对可能出现的政府失灵和市场失灵问题，要走公共机制与市场机制相结合的监管路径，即国家与市场相结合的方式。

二、治理原则与内容

城市群公共服务治理涉及三层含义：第一，城市群治理意味着政府与上级政府、政府与同级政府、政府与非政府即市场主体、公民个人的共同参与、协同合作，构建良性互动的自治氛围，使公共服务向着不断合理化的方向迈进，最终达到善治的结果。第二，公共服务治理强调政府职能在社会管理领域的重新界定。在公共部门、私人机构、第三方组织共同管理公共事务的过程中，管理理念必然会发生转变——从“统治”到“治理”，推动各项公共服务治理向着制度化的方向迈进。第三，治理体系意味着需要通过科学有效的制度建设来依法管理城市群公共服务涉及的各项事务。就我国当前的社会现实来说，国家治理更强调城市群公共服务改革的全局性，强调多方主体的协同合作。

现代城市群公共服务治理体系构建的基本原则有基础原则、系统原则和公平原则：①基础原则。城市群公共服务治理体系的基础性在于它保障公民基本的生存与发展权利，如人身与人格权，受教育权，进行科研、文艺创作和其他文化活动等宪法赋予人民的基本政治权利。②系统原则。城市群公共服务治理体系应是一个有机整体，包括各级政府、多元市场、个性化的社会组织等组成部分。随着经济社会事业的不断发展，各组成部分会不断发展出新的内涵，但其整体功能大于部分功能的机械相加的系统性并不会发生改变。③公平原则。城市群公共服务治理体系的构建必须要体现社会的公平正义，这是社会主义和谐社会的必然要求。

根据城市群公共服务治理体系的构建原则，可以确定我国现阶段的城市群公共服务治理体系的框架，主要包括四大类型的公共服务，并构成轮辐式模型（图 11-1）。

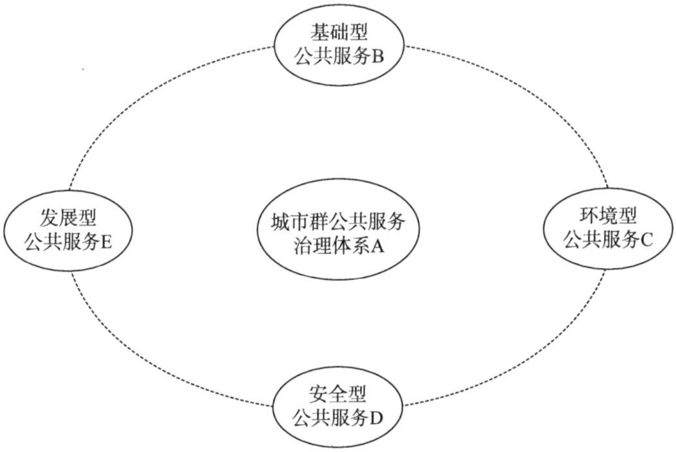

图 11-1　轮辐式模型

（1）整个模型的中心是城市群公共服务治理体系，它由基础型、环境型、安全型、发展型公共服务组成，四大部分与整体之间形成一个良性循环过程。

（2）基础型公共服务是城市群公共服务治理体系的基石。根据马斯洛需求层次理论，人首先要满足基本的生存需求，其次才转向较高层次的需求。从城市群公共服务领域看，需要满足公民的基本社会生活权利、相应的政治权利及自由、人身权利、社会经济权利等，才有可能推动社会整体向着良善的方向发展。

（3）环境型公共服务是城市群公共服务治理体系的重要组成部分。环境是人类赖以生存的物质基础，二者是相辅相成的有机系统。从城市群公共服务发展角度来看，城镇化的快速发展使得公共交通基础设施等领域有所加强，但饮水工程、环境监测等公共环境领域取得的成效不大，而这些是与公民生存息息相关的，应当成为今后城市群政府提供公共服务的努力方向。

（4）安全型公共服务是城市群公共服务治理体系的重要保障措施。任何一个城市群的存在和发展都需要公共安全来维护，否则整个城市群乃至社会都将陷入混乱。从本质上来讲，安全型公共服务不但包括社会治安、交通安全等方面，而且应对食品、药品、餐饮安全给予足够的重视。公共安全作为一种公共产品，是政府必须提供也必须提供好的一项公共服务。

（5）发展型公共服务是城市群公共服务治理体系的最高层次。在基础型公共服务得以满足、环境型公共服务得以提高、安全型公共服务得以保障的基础上，公民个体自身发展的重要意义就会凸显出来。事实上，公民发展会涉及诸多分类更细、个性化更足、统一标准更少、监管更难的公共服务，如公共教育服务涉及的师资保障、教育资源提供；公共文化服务涉及的公立博物馆、艺术馆、图书馆；医疗保健服务涉及的疫苗接种、妇幼保健；等等。

三、治理目标

随着国家治理方式发生重大转变，“城市群公共服务体系”与“国家治理体系和治理能力现代化”的概念先后被中央提出，标志着我国政府对履行公共服务职能进行全面改革，开始重新理解公共服务体系在国家治理体系中的战略性定位。城市群公共服务治理体系既是现代国家治理体系的组成部分，也是实现国家善治的重要渠道和途径。随着改革的推进，“城市群公共服务”与“治理体系”的契合性不断加强，城市群公共服务治理的目标也逐渐清晰。

（一）在城市群的区域中实现公共服务的全覆盖

政府在履行公共职能的过程中，往往会通过项目制的手段进行资金的使用，而使用的依据往往受各地区的执行能力、区域未来的发展需求等多方影响，但是一定要牢记基本公共服务需要进行全方位覆盖的原则，把握短板效应。从招商引资和未来发展需求来说，一些发达的城区高质量的公共文化供给是必要的，但不能因其资金需求便挤占非中心区域的资金需求。始终牢记公共服务的供给在需要考虑效率的前提下同样需要考虑公平。

（二）在城市群的区域中实现农村区域公共服务的有效供给

无论是市场还是政府，从绩效角度考量，在城市群发展的实践中往往更关心经济发达区域的相关实践，但公共服务的供给与其他项目有着本质的不同，作为公民的基本权利一定要体现公平的供给原则。因此，政府要关注农村地区的公共服务提供，给予该地区适当的政策倾斜和财政支持，并通过多渠道和多途径引导企业进入农村的公共服务供给市场，以实现农村公共服务的建立和提升。

（三）在城市群的区域中实现公共服务常态性的供给

城市群的公共服务提供往往需要项目制来实现，但是公共服务的提供不是提供一次或短期提供便可以的，需要形成制度，定期更新和提升，因此项目制的公共服务供给可能不适合城市群公共服务常态化的供给需求。基于此，一定要形成公共服务的提升制度和优化策略，城市群内部地方政府要做到常抓不放，长期设定相应的财政支持，以实现公民对公共服务的动态性的、不断提升的需要。

四、治理模式的演变

原有的城市内部供给不断发展，随着城市群建设的不断升级，城市群间的公共服务供给模式日益构建，这一构建体现了政府提高公共服务水平的决心和能力，即为了高质量和高效的供给而打破原有的行政边界，构建共赢的供给模式。通过完善城市群公共服务协同供给，提升区域公共服务供给水平，使供给水平较低的区域利用动态比较优势抓住城市群发展的机遇，使供给水平较高的区域发挥正向溢出作用，形成良性的互动型供给模式。

在城市群的公共服务供给时，依赖于传统的行政指令和政策制定惯性显然已经不够合适，同时垂直部门的纵向部署也难以满足现代化的公共服务供给需求，因此，现代城市群的公共服务供给一定要学会做到模式创新，在政策制定和工作部署中，借助现代化的技术和手段，通过人工智能和大数据等技术来解决经验式政策制定带给政策的负面影响。同时要达到多元主体交叉合作模式，让各主体在参与中的嵌入作用得到强化。

随着经济的不断发展，人们对于公共文化的需求不断更新，迫使城市群各级政府不得不提高公共服务的供给质量和水平。相比于被动追赶，更应该提升各级城市群政府的主动性和引领能力。这就要求地方政府积极引入市场机制，高效配置和供给公共服务资源，使公共服务的提供水平动态提升、公共服务的提供质量持续升级。

随着有为政府和有效市场关系的不断构建，市场的供给能力不言而喻，这时要求政府足够有为，合理制定相应的公共服务提供策略，保证市场在公共服务的提供中足够高效。同时，从善治角度来看，还要引导非营利部门和公民有序参与，多元主体协力推进公共服务的供给水平。

在城市群公共服务提供中，不同参与主体的参与动力存在明显差别，因此，可能会出现个别部门在公共服务供给中效率不高的问题。现代城市群公共服务治理体系的变革就要改革低效的供给模式，通过制度创新来解决制约发展的关键性问题，满足人们在追求美好生活需要时对高质量的公共服务的需求。

作为现代服务型政府基础职能的公共服务，并不是传统公共服务事业的“升级换代”。这是因为两者存在着从管理方式到制度体系上的诸多差异，它们分别代表着不同时代的公共服务理念。构建现代城市群公共服务治理体系，就是要促进公共服务事业向现代管理不断迈进，同时能够在现代城市群公共服务治理体系中积极调整自身应对新的社会结构和形态。可以说，现代城市群公共服务治理体系就是从城市群层面对传统公共服务体制的整体性重构，以形成新的公共服务生产和分配体系，推动城市群公共服务建设向着更高的发展阶段转型。

第二节 现代城市群公共服务治理能力的影响因素

作为我国政府机构的重要组成部分，城市群政府的治理能力颇受社会关注。众所周知，城市群政府的公共服务能力对该区域的发展有着重要作用，各城市群政府治理能力的集合会影响整个国家的发展趋势。城市群政府在公共服务方面职责的履行就是其公共服务能力的外化体现。城市群的公共服务治理能力指的是城市群各级政府应当具备的能力：以公平性为基础，在综合考虑城市群区域内现有的经济发展状况后，结合当地社会发展水平，充分考虑本地区居民的公共服务需求来制定切实有效的相关政策并积极计划落实，最大限度地对本地区的公共服务资源进行优化配置，为城市群区域内居民提供优质高效公共服务及产品的能力。

一、城市群公共服务治理体系的影响因素

（一）财政投入模式的影响

城市群各级政府在履行公共服务职能时，依赖于财政资金的支持，但财政资金和公共服务的履行质量不一定呈现明显的正向关系，这主要与财政资金的利用效率和相关监管有关。财政资金的利用效率依赖于政府的政策制定水平，准确把握区域发展实际和民众需求的政策更有利于资金的有效流动。同时，政府的动态监管决定政策能否被贯彻，无论是各级政府，还是政府与市场、非营利组织和公民，出于不同角度的考虑，都可能影响政策的落实效果，因此，上级政府需要在调动各方积极性、给予各方足够自主空间的同时，进行动态监管，保证政策能够真正落实到位。同时，要保障财政资金的数量足够，高效利用虽然能保障质量但是不能保证全覆盖的公平性，唯有使资金全覆盖才能保证全体公民特别是农村公民的公共服务权利。

（二）政策网络的影响

城市群公共服务的提供需要政策落实，政策网络是城市群在公共服务构建和提供中必备的要素。政策作为政府实行意志的重要手段，其水平的高低会产生较大的影响。因此，城市群政府在制定政策时，一定要做好足够的政策评价，保障政策的兼容性。以城市群公共交通服务的提供为例，如果某一城市群在城市群一体化进程中实现公共交通网络的一体化，则老年人的出行政策要兼容，有些发达城市的老年卡政策规定老年人可以免费刷卡乘车，有些发达城市则按月发放交通补贴而不支持免费刷卡乘车，这两种政策都会有一定的问题。例如，免费乘车可能会导致老年人乘坐公共交通频率增加，加剧公共交通负担，实施补贴可能会导致老年人乘坐公共交通频率降低，活动范围降低。因此，不同城市在城市群公共服务一体化建设时，一定要制定符合本地发展实际的政策网络，实现政策网络的兼容性。

（三）公民需求表达的影响

城市群公共服务政策的落实需要同区域需求实际相结合，而这种需求表达的主体即公民，相比于政府的声音，公民的声音更加零散，表达渠道多样，但表达反馈仍存在不足。例如，随着数字化的不断发展，在政府官方媒介留言成为公民参与政事的重要模式，然而以公民留言的回复解决来看，在一些政府问政的公民留言中，一些地方部门的领导回复率仍然有待提升。并且公民往往有户籍限制，属于某一城市的居民，对城市群整体事务的关注相对不足，因此，在需求表达中往往也很难从城市群的角度出发进行需求表达。这就要求城市群政府相比于原有模式进行创新，推动公民基于城市群角度进行有效的需求表达。建立这一表达机制，不但有利于公共服务的提供，而且会强化政府同公民的关系，使公民在需求表达中更加信任和理解政府，更能强化自己的使命感和责任感。

（四）资源统筹协调的影响

城市群在进行公共服务供给时，地方政府对各种资源的统筹协调能力成为影响公共服务质量的重要因素。地方政府和基层政府的各个部门在资源的统筹协调上水平明显不同，政府部门内部，工作大多需要下级部门来落实，而下级部门的人才队伍和技术能力一般低于上级政府，因此可能会导致原本的部署难以被有效落实。基于此，上级政府应该有意给予下级政府一定的支持引导，建设其人才队伍，增强其工作能力，提升其在资源统筹协调上的能力。同时，要在问责和激励中寻找到某种平衡，使下级政府部门积极同上级政府部门良性互动，协同提升资源配置能力。

（五）监督考核的影响

城市群公共服务的提供落实一定需要有效的监督考核，这能有效纠偏不同利益主体可能对政策造成的影响。城市群公共服务的提供往往涉及诸多领域和诸多行业，上级政府很难有精力对所有的公共服务提供行为进行监督考核，这就需要上级政府不断完善监督考核机制，引入第三方的监督评价单位协助政府部门进行考核。同时，一定要根据地方实际设置合理的考核指标，切忌为了考核而考核，同类项目全部适用于同一考核体系的情况，要把握好按实际出发和因地制宜的尺度，保证不因不合理的监督考核而影响公共服务的提供质量。

（六）人才队伍建设的影响

提升公共服务的供给质量，一定要提高相关工作人员队伍的工作能力和工作水平。一方面，重点提升基层工作人员的工作能力和水平、基层工作人员是政策落实的最后一班岗，其工作能力的高低直接影响公共服务落实的水平。因此，上级政府有必要适当提升基层工作人员的待遇和工作条件，通过政策引领吸引人才进入基层工作。另一方面，强化基层工作人员的监督考核机制，强化政府内部工作竞争，倒逼基层工作人员进行工作创新。

总体来看，这些影响因素在何种程度上影响城市群公共服务提供水平很难进行量化，但是短板效应的制约可能带来显而易见的改善效果，基于此首先要打破短板的制约，调节短板的负面影响。其次要基于城市发展实际，寻求各区域的动态比较优势，提升公共服务的质量，为公共服务的高效提供建立体系保障。

二、城市群公共服务治理能力影响因素的作用机理

（一）财政投入模式的作用机理

在城市群公共服务经费投入的过程中，首先要警惕的就是著名的“伊斯特林悖论”，即更多的财富并没有带来更大的幸福。城市群公共服务提供时不能一味地追求财政投入，理所当然地认为公共服务经费投入越多，该地区的公共服务发展就更好。正如钟君（2014）提出的：“这就像我们有钱了，你就应该活得更幸福一样，但是我们发现有的地方有钱了这些老百姓还不怎么满意，并不因为你的GDP越高你的公众对于你的公共服务的满意度就越高。”通常来讲，政府的行政级别对城市群政府的公共服务能力是有所影响的。从政治层面来看，行政级别越高，在国家政策方面越有机会得到优惠，但这也不是决定性因素，在我国专项转移支付比均等化转移支付发展得更加完善，因此高级别政府更容易获得预算外的资源，从而更有利于公共服务治理的改善。

（二）政策网络的作用机理

本节中已经陈述了政策法规在城市群公共服务治理体系中的重要作用，相应的政策法规体系是城市群公共服务协同发展的指南、规范与保障。城市群公共服务政策法规是指国家机关、党（团和工会）组织、国内与国外公共服务部门及其相关组织在一定的历史时期内制定的，在城市群范围内用来规范、指导各类公共服务有关的方针政策等。目前虽然我国并未出台城市群层面的公共服务政策法规，但政府层面已经有丰富的以促进公共服务事业发展为目标的政策性文件，成为构建城市群层面公共服务法律体系的重要参考。

（三）公民需求表达的作用机理

在城市群公共服务体系构建过程中，需求表达主要是指作为公共服务治理对象的公民将关于某一公共服务的情绪、态度、意见等主观意识通过一定的表达渠道公开表达出来，并期望得到有利于自己权益的回应的过程。从理论上来说，要想使得公共服务需求表达更好地起到推动社会进步的目的，良性的表达保障机制是必不可少的。这是因为在现实生活中，普通公民在与公共权力的协商中往往处于弱势地位。当有关公共服务的客观事件发生以后，公民会从自身的出发点对此形成舆情议论，并在一定的主客观条件下表达出来，而表达出来的内容能否得到有效回应，是需要相应机制来保障整个过程的。需求表达机制主要解决如何使需求表达的各个阶段能够协调运行的问题。需求表达中的各个阶段包括民意培育阶段、理性沟通阶段、科学回应阶段、良性保障阶段（图 11-2）。

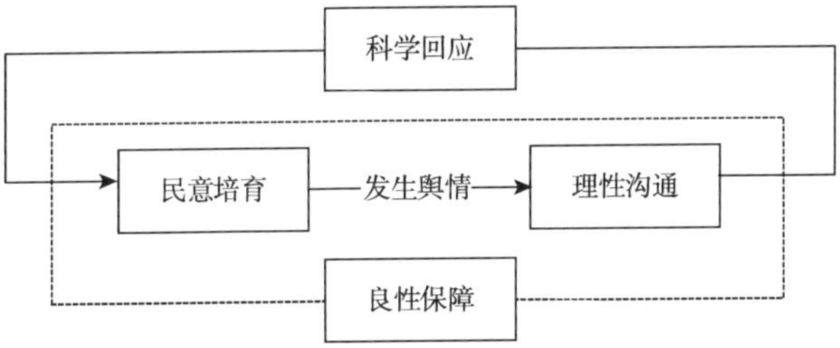

图 11-2　需求表达机制的运行阶段

（四）资源统筹协调的作用机理

资源统筹协调能力是其他影响因素得以实现的基础。显而易见，公共服务资源统筹协调能力较高的政府可利用的各类资源较为丰富，在城市群区域内提供相应的公共服务时可利用的资源就相对充裕。因此，通常来讲，资源的统筹协调能力与城市群公共服务治理能力之间应该是正向的促进关系。但是，当资源多至一定的程度时，可能会导致政府公共服务治理效率的低下。因此，需要辩证地看待城市群公共服务资源，合理化配置优于大量拥有。

（五）监督考核的作用机理

城市群公共服务的监督考核有利于规范城市群各级政府及参与公共服务提供的企业、非营利组织和公民的行为，使其能够正确高效履行公共服务的提供责任。高水平的监督考核机制一方面能够使各主体规范行为，另一方面能够做到不过分干预，保证正常开展的公共服务的供给工作不会受到影响。

（六）人才队伍建设的作用机理

城市群政府涉及多层级政府及政府的多职能部门，在这个庞大的行政系统内部，无数的公职人员坚守在不同岗位的行政部门，分工合作来维持国家机器的顺利运转。也正因如此，城市群政府公职人员的素养能力是构成公共服务治理体系的重要助燃剂。

在决定是否要聘用一个公职人员时首要考虑的就是公职人员的个人能力及意志。通俗来讲，一个人的文化素养越高，那么他对知识及专业技能的理解就越透彻，越能够更快更好地解决问题。也就是说，一般受教育程度高的人相应的工作素质和学习能力优于受教育程度较低者，这是对“任人唯才”的科学解释。但是我们也应该意识到，文化水平并不是衡量个人能力的唯一标准，在实际情况中要灵活运用，综合考虑。个人能力越强，就越能凝聚行政部门的团队力量，越能更好地落实国家政策，更好地促进区域发展，更好地为人民服务。随着社会的发展，人们综合素质的普遍提高，越来越多的公职人员意识到从事公共事务的本质是为人民服务。在提供公共服务过程中要避免透支民众对政府的信任，增大构建城市群公共服务治理体系的难度。

第三节 现代城市公共服务治理实践

20 世纪末，西方国家为了解决政府所面临的财政危机，发起新公共管理改革运动。但是，随着新公共管理运动的不断深入，更多的管理问题被暴露出来：在强调低投入、高产出的行政效率时，管理危机及信任危机的弊端及巨大破坏力逐渐显现。因此，在之后的公共服务改革中，政府逐渐明白准确高效地满足公民真正的公共服务需求才是最重要的目标。公共服务的价值体现于其对于公民的价值，效率增进的价值不在于效率本身，而在于对公民的需求的满足。在这样的理念下，西方政府在公共服务的提供中，以公民需求为导向，不断提升公共服务的质量和水平。

一、发达国家公共服务治理实践

在公共服务治理的理论研究中，全球学者的基本目的都是希望借此来引导公权力部门进行公共服务改革，通过不断提高公共服务效果，来实现全人类共同的公共价值追求。传统管理强调政府通过条块分割的公务员体系来实现公共服务供给，这样能够明确公共服务供给过程中的责任界限，但是面对日益复杂及多样化的公共服务需求时，仅依靠垂直管理或是横向合作就显得尤为吃力。因此，西方各国先后开展公共服务改革，统筹政府、企业和公众力量来改善治理，持续推动政府其他领域的改革实践。

（一）澳大利亚政府改革

在澳大利亚政府改革过程中，越来越注重以人为本的原则，对公民意见的重视程度随着改革的深入不断推进。澳大利亚政府改革主要包括以下三个方面：首先，将市场力量积极地纳入公共服务供给体系，加强政府与公众、私人部门横向合作。在供给公共服务过程中，政府依据环境情况逐渐放开对市场及具体企业的复杂烦琐监管，同时充分发挥公民及第三部门的作用，此时政府的职责不再是传统的发号施令者，而是承担起协议沟通和安全监控的保障作用。其次，在政府内部组织机构和部门加强协作，积极完善公共服务治理体系。通过加强政府的纵向合作，不同政府层级及部门间的公职人员能够以一种整体的印象来代表公共服务系统。同时，政府内部合作的加强能够使彼此间信息共享更加便捷，降低沟通成本，提高政府的公共服务能力。最后，完善公民公共服务诉求的表达机制。通过公民对公共服务满意度的调查，了解公民实时更新的公共服务需求变化，并及时将反馈信息向公共服务供给者传递，促进公共服务的持续改善。

（二）英国整体政府改革

作为公务员制度的起源地，英国政府一直是各国政府公共行政管理建设的学习蓝本。早期改革目标是要提高政府效率，撒切尔夫人上台之后，很快建立了“雷纳评审”，其着眼点就是公共部门内部的行政管理效率。改革进行到中期，英国政府改变早期只注重公共服务效率的改革方向，逐渐将改革重点转移到对公共服务实际效果的提高上，据此，公共服务的效益、实际效果及公民需求的满足成为英国行政改革的主题。英国政府逐渐将满足公民的公共服务需求作为公共服务改革的终极目标。随后，英国的公民宪章运动建立了一套完善的公共服务评估标准，之后的竞争求质量运动更是将更高质量的公共服务供给作为重点工作，通过满足公民日益改变的公共服务需求，提升公民对政府公共服务的满意度。20世纪末，英国政府首次提出进行整体政府改革，其主要内容是通过整合公共行政部门内部资源，达到公共部门的整体性协同，使得行政管理从分工走向合作。同时也将私人部门和社会第三部门的力量纳入公共服务治理，加强公民参与感，旨在将政府公共服务能力构建成为世界级的标准，这实质上也是英国政府对公共服务治理模式的不断摸索与前进。

（三）美国的网络治理模式

在经典管理理论林立的美国，公共服务网络治理的盛行足以说明它是科学性与实践性兼具的方法。其中，经典网络治理理论著作《网络化治理：公共部门的新形态》一书详细阐述了美国政府逐步走向网络治理的实施步骤，通过实际的行政管理案例研究后提出公共服务网络治理的一般模式。首先，治理主体包括各级政府——联邦政府、州政府及地方政府，还包括市场上的私人部门、社会中的第三部门（如非营利组织），并且在公共服务的具体执行过程中充分将公民的真实需求与力量纳入管理中。随着网络治理在公共管理领域的成功实施，美国开始在各领域大范围应用网络治理模式，如当21世纪初的恐怖袭击发生后，美国就将网络组织模式应用到国防安全公共服务中。自此，一种崭新的公共安全服务治理模式开始登上历史舞台。网络治理模式实质上是对公共服务改革理论与经验基础的理论提升，如图11-3所示。

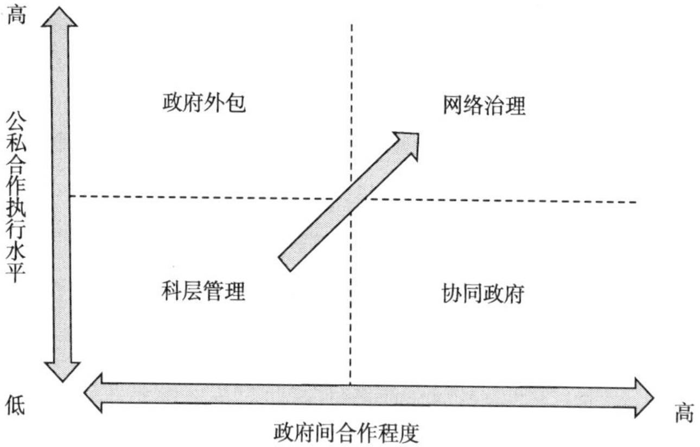

图11-3　网络治理模式的形成图

从图11-3中可以发现，网络治理模式下的公共服务有两种衡量维度，即公共权力部门间横向合作程度以及与市场私人部门合作的纵向执行水平。可以很明显地看出，随着政府间合作程度以及与市场私人部门合作水平的同步提高，公共部门的科层管理逐步从政府外包阶段、协同政府阶段走向网络治理模式。但是大量的公共管理案例都在说明公共服务改革从来都不是一帆风顺的，在不同阶段都面临着不同程度的管理问题，而随着网络治理的广泛运用，逐步解决之前各阶段的管理问题。网络治理比科层管理更加灵活多变，适应性更强；网络治理可以弥补政府外包中监管缺位的缺陷，使得公共服务的供给更有保障。

（四）新加坡公共服务改革

新加坡是亚洲城市型国家的典型代表，其廉洁高效、追求卓越的政府公共服务治理能力在全世界范围内也颇为典型。在20世纪末开展了“面向21世纪的公共服务”运动，其目的是通过强化新加坡政府部门的公共服务意识，来提供准确高效、质量至上、精益求精的公共服务来满足公民日益多样化的公共服务需求。为充分落实“面向21世纪的公共服务”运动，新加坡政府还设立相关办公室以解决改革过程中发生的各种问题。在此次公共服务治理改革过程中，新加坡政府将构建新型的公共服务体系作为主要目的，使得公共服务由传统的统治的管理模式转变到治理的服务模式，同时成立相关的卓越服务办公室来沟通协调可能出现的问题。为了能够持续改善政府公共服务能力，新加坡政府设立公共服务创新奖，通过在公共系统内部鼓励公职人员发挥创新意识，来推动公共服务能够以良性的姿态持续前进，以满足公民日益丰富多样的公共服务需求，更加科学合理地调配公共服务资源，提高政府的公共服务能力。新加坡政府公共服务治理创新的另一个重要表现就是建立电子政务，使之成为世界上最早将互联网应用到政府政务中的国家，使得公共服务效率有了质的提升。

二、中国公共服务治理实践

改革开放以来，中国城镇化快速发展，城市群政府的公共服务职能也在随社会变迁而全面转变。2008年全球经济危机爆发以来，中国政府逐渐意识到推动管理型政府向服务型政府的转变必须成为中国公共服务未来改革的最主要方向，公共服务治理模式的政府改革已经势在必行。打造服务型政府的重要内容就是建立合理的公共服务评价标准并据此持续提高城市群公共服务质量。全球范围内的公共服务改革运动正如火如荼地进行着，其中不乏丰富的公共服务质量改善经验，研究其他国家的公共服务改革模式，能够为中国城市群公共服务治理体系的构建提供学习范本。

通过对前述各国公共服务改革的分析能够看出，虽然世界范围内的各国政治制度、文化习俗、经济发展迥异，但进行公共服务改革的策略和方向都大同小异，通过设计相应的公共服务治理体系来对体系涉及的各主体进行合理分工，以社会整体公共价值最大化的实现为终极目标。在此过程中，政府越来越重视与市场及社会力量的协作，这成为当前公共服务治理实现的现实基础，具体包括三层内涵：首先，政府需要改变以往“拍脑袋”式的决策思维，以公众真正需要的公共服务问题为导向，解决公民最切实关心的身边事。其次，政府部门要转变过去“一家独大”的统治式思维，随着扁平化的治理模式在各行各业发挥作用，社会事务正在发生翻天覆地的变化，越来越多的公共服务需要政府跨部门合作才能解决。最后，为了解决日益复杂的公共服务难题，公共部门需要借助私人部门乃至第三部门的力量，通过整合全社会的资源来更好地实现公共服务治理变革。中国正处于快速城市化进程中，中国城市群面临着严峻的公共服务治理考验，需要从全球政府治理和公共服务实践中学习经验，取其精华，思考如何构建和完善城市群公共服务治理体系。

（1）推动城市群公共服务向着体系化治理方向发展。西方新公共服务管理运动的兴起就是为了满足公民日益丰富多样的公共服务需求。新公共服务管理运动发展到中国，使得党和国家领导人高度重视中国政府的转型改革问题，在开始时的摸索阶段主要是以公共部门的行政命令为进行公共服务供给活动的主要手段，在认识到市场和社会的强大力量之后，开始向着城市群公共服务治理模式转变。首先，政府部门要积极转变定势思维，转变过去政府包揽一切公共服务活动的做法，扎实推进大部制改革，用新方法、新手段整合政府内部机构的公共资源。其次，充分吸纳私人部门和第三部门的改革力量，积极推进公共服务市场化改革，将社会资本充分整合并加以利用，出台相关法律法规规范市场行为、引导社会发力方向，使得一切能够提升公共服务质量的源泉充分涌流。随着服务型政府改革的不断完善、市场经济体制的日趋成熟，中国城市群公共服务治理体系的改革将会蒸蒸日上。

（2）在进行城市群公共服务治理改革的过程中，政府、市场、社会三大主体间的责任边界和监督反馈机制是不得不面对的重要难题。首先，政府、市场、社会既是公共服务的供给者，也是享用者和监督者。当前公共服务供给要求打破政府垄断等问题，以增加市场竞争、强化社会力量，需要充分强调公私两部门及社会第三部门之间的合作，更准确高效地提供公民满意的公共服务。其次，城市群公共服务治理体系使得各主体间的协商机制更加明朗。只有合理地安排政府、市场、企业之间的契约形式，才能在政策制定及执行落实时避免各方利益诉求的矛盾。各方意见得以充分、流畅表达，三部门的协同才能够长久和睦。在城市群公共服务的实际治理过程中，这种合作机制十分重要。需要说明的一点是，尽管三方在城市群公共服务治理体系中的地位越来越平等，但是政府在其中所发挥的统领作用是无可替代的。

（3）实质上，城市群公共服务治理要解决的是使得治理体系的各方参与主体利益平衡的问题，公共服务的治理过程也是使得政府、市场、社会三方力量均衡发展的过程。在城市群公共服务治理中，可从公共服务的决策—执行—评估三个阶段逐步进行。在进行最开始的公共服务决策时，应该充分考虑公共服务对象——公民的真实公共服务诉求，拓宽公共服务需求表达机制，并且在决策时充分考虑其意见，避免损害公民的公共利益。公共决策制定之后就是公共服务政策的执行，在执行过程中需要注意的就是明晰公共部门、私人部门及第三部门之间的服务边界，尽量避免出现范围交叉或者服务真空地带，增强公民对除政府外的其他公共服务主体的容纳度。同时，对公共服务供给全过程进行评估，即对此过程中出现的收益和风险进行及时准确的反馈，并根据反馈结果及时准确地找出问题所在，明确是决策环节还是执行环节出了问题，后续积极改进。此阶段的公共服务效果评估方法如下。

$$
\begin{aligned}
\text{公共服务效果} &= \text{公民满意的公共服务} \\
&= \frac{\text{公民满意的服务}}{\text{产出}} \times \frac{\text{行业产出}}{\text{行业投入}} \times \text{政府投入} \\
&= \text{公民满意度} \times \text{运营效率} \times \text{政府投入}
\end{aligned}
$$

从上述公式中可以得出，城市群公共服务效果评价与政府投入、运营效率和公民满意度三者有关。改革开放以来，中国逐步在公共服务领域采用市场化改革，之前主要考虑的是政府投入和最终的产出效率，但改革进行到今天，公民作为公共服务的直接服务对象，应当成为公共服务效果评估的重要考虑因素，因此在当前的公共服务治理改革过程中，城市群政府需要考虑的是结合公民满意度的新公共服务效果评估模式。

诚然，在中国这样一个大国推进改革发展，没有可以奉为金科玉律的教科书，但是城市群在建设服务型政府过程中，需要抓住的关键问题就是要提供能够满足公民日益发展变化需求的公共服务。通过学习参考西方国家的公共服务改革经验，结合中国具体情况，建立适合城市群公共服务治理的长期发展模式。

第四节　现代城市群公共服务治理体系构建

一、城市群公共服务体系共建共享的社会动因

前三节内容先后回答了城市群公共服务治理体系是什么、为什么以及西方国家公共服务改革的成功经验对我国城市群公共服务治理体系建设的启发，在第四节中我们将根据前面所阐述的理论来回答怎样做的问题。众所周知，城市群公共服务治理是一个多方力量共同参与的协作过程，它涉及政府、自由资本市场及社会自发性力量，三方主体通过参与协作过程整合内部资源、实现自身价值，并由

此产生交互影响的社会惯例。因此，公共服务体系的构建过程涉及公共部门的良善治理、市场资本的公共理性培育与公民权益理念的实现，上述一系列社会惯例构成了城市群公共服务治理体系共建共享的社会动因。

（一）公共部门：打造善治政府

城市群公共服务作为公权力部门公共服务事业的主要体现地，是政府履行公共服务职能的关键平台。城市群政府提供满足公民需求的公共服务具有正外部效应，也就是说，当政府的公共服务能力达到一定水平后，能够对意识形态建构起到积极的助推作用，对经济社会的和谐发展起到积极的助推作用。城市群公共服务治理体系的构建，能够使我国逐步实现公共服务现代化治理。具体包括以下实施步骤：①积极构建城市群公共服务治理体系的框架规制，公共部门通过提供令公民满意的优质高效公共服务，提高公民幸福感和获得感，起到向社会输送社会主义核心价值体系的作用，保障政府在公共服务治理体系中的统领和监管作用，使得公共服务治理体系中的三方主体能够顺利合作，保障各方利益。②积极整合公私部门之间及各部门内部的公共服务资源，积极促进部门间及部门内部信息资源共享，提升行动效率，通过公共服务资源的共建共享真正变革传统管理模式为新型服务治理模式，推动网络化的社会治理结构真正形成。③共建共享作为善治在城市群公共服务领域意识价值的核心，是缩小城市群与城市群之间、城市群内部差距的重要途径。通过在善治模式下对城市群区域内的公共服务资源进行合理调配，努力实现城市群公共服务均等化发展，在更深的层次上对城市群公共服务资源进行优化配置，提高政府公共服务能力及公共服务资源利用效率。

（二）私人部门：培育公共理性

市场作为城市群公共服务治理体系重要的供给者与参与者，受自身利益驱动，个性化差异明显，因此，在公共服务生产以及向公民终端的传输过程中，公共理性的培育就至关重要。公共服务与产品的提供天然具备供给者的意识要素，这可能会与公共服务的享用者——公民自身的价值观念发生冲突——可能是推动社会变革创新的正面冲突，也可能是阻碍公共服务治理体系构建的负面冲突，需要一分为二辩证这一观念的碰撞。所以公共部门应当承担起形成公共服务及产品内涵价值的重要作用，通过对私人部门进行社会主流价值的规训与育导，从而使得公共理性能够在全社会范围内占据一定的地位，避免冲突的发生。培育公共理性的通常手段是政府部门承担起统领作用，在充分尊重私人部门、第三部门的相关利益基础之上，建立多方平等对话的协商机制，形成治理体系内部的良性互动。作为政府公共服务能力的重要衡量标准，公共服务治理体系的发展必须对多元主体间利益关系予以必要的重视，通过在全社会范围内建立广泛的信任机制，致力于形成覆盖城市群全部区域的公共服务共建共享网络。当前我国的市场主体发展还不完善，社会公益力量也较为薄弱，多方主体间的责任定位与职责边界仍不明晰，城市群公共服务共建完成后的利益分配标准也未建立，因此，实现城市群公共服务治理体系现代化改革目标仍然依赖于我国社会整体的不断发展完善。

（三）公民：培育权益理念

在宪政主义的理论中，运用新公共服务理论对目前的公共服务治理体系进行改革时，首先肯定的是公共部门存在的本质就是为社会向着良好的发展方向服务，与此同时，还将公共利益设置为公权力部门服务的核心目标。在这一理论的基础上，国家治理与公共服务方向的学者对公民的公共服务权益进行深入剖析，并在城市群公共服务治理体系的构建过程中将公民的服务权益纳入考虑范围。此外，公民对于自身公共服务权益的价值认同是受到公共服务供给与消费的各个环节所影响的，而这种权益意识能否觉醒的关键在于公共服务治理体系中是否囊括公民需求表达机制，使得公民真实的公共服务诉求得以充分表达并得到合理回应。从目前我国的城市群公共服务治理体系来看，政府依然是公共服务体系的主导者，对公共服务资源如何配置享有决定性的话语权，虽然过去的经验说明这种模式可以保证公共服务的供给数量，但是当公民的真实公共服务诉求得不到满足时，再多的公共服务供给也不会发挥其真正的作用，还将抑制社会与公民自身的再生产力。此外，由于城市群范围内的农村公民仍然是公共服务参与的薄弱一环，所以构建能明显消除地区差异、破除我国公共服务城乡二元体制的城市群公共服务治理体系是解决上述问题的唯一途径。

二、推进公共服务体系共建共享的策略选择

城市群公共服务治理体系的建设宗旨在根本上是对社会各方主体公共服务需求的现实回应。作为公共服务供给的多维度主体，如国家、政府及公民等，其公共服务需求会对整个社会结构的重新修正有巨大且深远的积极意义，并且也影响着公共服务体系的建设结构及运转法则。在整个城市群公共服务治理体系过程中，社会的共同公共服务价值追求承担着十分重要的角色。公共服务治理体系的共建共享，通过多维度协作的治理体系，从公民公共服务需求合理表达的提高开始，让其自觉养成相应的服务权益意识，引导公民的创造力，培养出优秀的社会人才，使社会公共服务治理体系建设向着良善的社会治理方向发展。

（一）政府层面：引入善治

在城市群公共服务治理中，在政府层面强调善治理念并付诸实践具有重要意义。在善治的理念里，通过整合多元供给主体之间的利益、协调城市群内外区域并在全社会范围内形成正确的政治认同是对公共性使命的履行，政府、市场、社会等公共服务机构借此来提高公民对其的信任度，这一过程实际上也是城市群公共服务体系社会治理功能不断发展成熟的过程，此外，也成为缓解社会矛盾、维护社会治安的重要手段。随着经济的不断发展，我国综合实力日益增强，国际地位也得到提升，但是公共管理模式的变革也带来许多现实问题。因此，在公共服务治理体系构建过程中要十分重视社会理性的培育，善治越来越成为政府改革的迫切要求。从具体操作层面来说，需要将善治引入城市群公共服务体系，最终使公共服务体系的共建共享达到善治的高度。在构建城市群公共服务治理体系的过程中，要坚定不移地将社会主义核心价值观作为基本价值导向，在遵循社会主义基本原则的基础上，持续培育社会公共理性，激发公民的服务权益意识，整合社会认同感向着良善的方向发展，实现以公共善治为基础的城市群公共服务治理体系的现代性重构。

（二）合作层面：建立规范

在政府层面引入善治并不意味着其他主体就能够不重视善治在全社会的重要作用。善治实质上是一个社会不断规范化的互动过程，并借此实现区域范围内的利益协调和协同合作。因此，系统化共建共享规范就成为全社会进行善治的重要内容。价值规范在城市群公共服务体系构建中的介入，恰恰是治理体系中明晰各主体责任边界、协调各方利益关系的重要体现。通常来说，城市群公共服务治理体系的价值规范主要是对多方供给主体责任范围的划分、公共服务体系发展方向共识以及公民需求的表达途径等的约定和规范，要实现城市群公共服务的共建共享，必须将主体协作的规范纳入公共服务治理体系的制度框架。首先，发挥公共部门的统领作用。我国社会组织的力量还较为薄弱，因此，政府需要扮演好“掌舵者”的角色，把握社会共同价值规范的走向，引导私人部门及第三部门积极参与城市群公共服务共建共享过程。其次，明晰城市群公共服务治理体系中多方主体的责任范围，对公共服务的建设经营、内容审核、维护审验等各个方面作出详细参照标准，规范可操作的建设体系是保障公共服务质量、提高公共服务能力的基础。公权力部门一方面要建立全社会共同遵守的共建共享规范；另一方面要积极搭建公民需求表达渠道，以开放的姿态接受公民的反馈和监督。最后，培育健康的社会参与力量。善治强调的是提高全社会成员在城市群公共服务治理体系中的参与程度，使得各方主体能够自由充分地进行民主平等交流，推动社会治理向着公共善治的方向持续发展。

（三）权益层面：培育社会组织

在强调城市群公共服务治理体系构建过程中多元主体的合作规范时，需要注意的是共建共享的最终目的是公共利益，也就是通过政府、市场、社会各主体对公共责任的承接来抑制公共部门“一家独大”或损害其他主体的利益，保证公共服务供给的优质高效。大量的改革实践充分肯定了社会力量在公共服务领域的卓越贡献，一些社会组织（如非营利组织）已逐渐成为关键公共服务政策的重要参与者和良好社会关系的重要稳定者。但是现实情况是，第三部门面临着承接公共服务的能力较差、较为依赖公共部门、难以与私人部门公平竞争等问题。因此，要解决这些问题，就必须从社会组织内外两方面找原因，通过增强社会组织自身力量来减少对公权力机构的依赖，并积极调整管理机制进行革新，重新与市场站在同一起跑线上。在具体操作层面应加快社会组织自身内部组织机构的优化，完善人力资源制度，并制定符合组织发展目标的日常运营准则，同时，坚持增强公共服务供给能力，强化社会组织优于政府机构的灵活性以及比市场企业更为精细的市场划分优势。就外部环境来说，公共部门应进一步培育公民的相关公共服务权益意识，优化社会组织的成长环境，出台相应的法规体系以保障其良性发展。只有转变以往的统治式管理思维，简政放权，不断培育社会组织的独立性，才能深度建立与公民的信任关系。此外，通过多种手段激励社会组织不断更新城市群公共服务相关技术、培养共建共享观念，不断推动城市群公共服务治理体系内政府与社会组织的良性互动。

三、城市群公共服务治理体系构建方向

综上所述，城市群公共服务治理体系的构建已经势在必行，这也是推动我国服务型政府建设的重要途径之一。通过我国现有的城市群政府已开展的公共服务治理改革的有益探索，对比西方国家的公共服务改革成果，今后我国城市群公共服务治理体系的构建方向包括以下三点。

（一）疏通公民公共服务需求表达渠道

改革开放以来，我国政府逐渐鼓励公民参与到公共服务治理体系中，使得公民公共服务的权益意识逐渐有所加强，关于城市群公共服务的公民满意度调查也取得初步进展，公民真实诉求的充分表达也逐渐在一些地方政府层面得以实施，在很大程度上促进公共服务的供给质量。因此，是否能够及时回应公民的真实公共服务诉求是衡量公共服务供给能力、供给效率的基本标准。目前，城市群政府

也越来越懂得借助私人部门的力量强化公共服务的竞争，也在逐渐合理使用第三部门的力量来补充政府和市场的不足，但是在这种情况下，对于公民服务需求的关注度却仍然停留在较低水平，公民日益差异化、个性化的公共服务需求难以得到满足。可以说，目前城市群公共服务供给手段单一、内容落后、质量低下在很大程度上是因为公民公共服务需求难以有效传达，难以在相关公共服务政策上有所体现。但是公民公共服务的真实诉求很难通过有效的渠道传递给政府部门的相关政策决定者，他们会更多地依据部门与自身掌握的各种信息而非大量公民的需求偏好进行决策，这就会使需求表达渠道形同虚设，致使最终的公共服务供给难以满足公民个性化、差异化的真实公共服务需求。所以，合理有效的需求表达渠道可以将公民真实的公共服务需求和政府部门的公共服务决策供给体系连接起来，将整合后的、符合公民普遍需求的公共服务输送到决策中心，形成高效优质的城市群公共服务治理体系。

（二）激发城市群公共服务供给主体活力

尽管各级政府为鼓励市场中的相关企业以及社会中的非营利组织积极供给多样化的公共服务设立了不少资质标准，但与西方国家在公共服务领域中的相关奖项及激励政策的设置相比还是存在明显的不足。目前，城市群各级政府还没有意识到在接纳市场与社会主体到公共服务治理体系中以后，仍然需要出台相应的激励政策，不利于私人部门与第三部门在城市群公共服务创新方面发挥积极性。同时，也未意识到形成标杆式的公民评选的公共服务相关奖项对市场、社会组织尤其是公民个体的激励作用，不利于培育公民公共服务的权益意识，也不利于强化城市群政府为民服务的意识，可能会阻碍城市群公共服务体系质量的提升。因此，今后城市群公共服务供给主体的鼓励途径可以从政府层面及公民层面分别设立从供给者出发的公共服务奖项与从享用者出发的公共服务奖项，在实现城市群公共服务供给主体的自我提升与创新的同时，也不断满足公民日益丰富的个性化公共服务需求，最终达到促进城市群公共服务治理体系向着可持续发展方向迈进的终极目标。

（三）改进城市群公共服务质量评价体系

目前，我国城市群公共服务治理体系缺少的最重要一环就是对所提供的公共服务质量的管理。无论是公共部门还是私人部门，大多是将公共服务作为一种一次性的供给。例如，政府投入大量资金新建的公共文化体育设施，有的没有进行科学的选址规划界定，建成后使用效率极低，同时缺乏后期的维护，使得这些基础设施成为“政绩”的一次性献祭品；又如，目前市场中大量充斥着良莠不齐的教育机构，美其名曰弥补公共教育的“一刀切”，释放每一个孩子的创造性，但是缺乏相应的效果反馈及监管，很难说这是教育体系的成功补充。因此，对于城市群公共服务而言，质量评价也是一个不可或缺的重要组成部分。然而，卓有成效的城市群公共服务质量评价并不是独立于其他机制存在的，它应当是嵌入城市群公共服务治理体系中的。目前，我国的城市群公共服务整体发展已经取得一定的成绩，但是仍存在区域协调性不足、政府以外的主体参与程度低等问题，如何真正从制度化层面改善这些问题，并进行以城市群为主体的有序实践仍存在很大拓展空间。因此，需要在这些重点环节和主要机制上，加大政府的改革力度，真正从落实层面为城市群公共服务治理体系贡献力量。

参考文献

阿格拉诺夫 R，麦圭尔 M. 2007. 协作性公共管理：地方政府新战略[M]. 李玲玲，鄞益奋译. 北京：北京大学出版社.

曹志来. 2006. 发展农村公共文化事业应以政府为主导[J]. 东北财经大学学报，（5）：58-60.

陈坚良. 2007. 和谐社会视野下公共文化服务体系的构建[J]. 学术论坛，（11）：176-179.

陈威. 2006. 公共文化服务体系研究[M]. 深圳：深圳报业集团出版社.

陈志强. 2008. 非政府组织在构建公共文化服务体系中的作用[J]. 北京观察，（3）：54-57.

傅才武，耿达，张立志. 2013. 国家文化行业：概念、范畴、功能及其工具性局限[J]. 江汉学术，32（5）：111-116.

顾金孚. 2009. 农村公共文化服务市场化的途径与模式研究[J]. 学术论坛，（5）：171-175.

李景源，陈威. 2007. 中国公共文化服务发展报告（2007）[M]. 北京：社会科学文献出版社.

李少惠，王苗. 2010. 农村公共文化服务供给社会化的模式构建[J]. 国家行政学院学报，（2）：44-48.

林闽钢，杨钰. 2016. 公共服务质量评价：国外经验与中国改革取向[J]. 宏观质量研究，4（3）：90-98.

刘淑兰. 2008. 政府创新与新农村公共文化服务体系的构建——以福建省为例[J]. 福建农林大学学报（哲学社会科学版），11（2）：41-45.

任珺. 2014. 跨域视角下的文化政策研究[M]. 北京：社会科学文献出版社.

疏仁华. 2007. 论农村公共文化供给的缺失与对策[J]. 中国行政管理，（1）：60-62.

斯托克 G，华夏风. 1999. 作为理论的治理：五个论点[J]. 国际社会科学杂志（中文版），（1）：19-30.

王大为. 2007. 公共文化服务的基本特征与现代政府的文化责任[J]. 齐齐哈尔师范高等专科学校学报，（3）：67-69.

俞可平. 2014. 推进国家治理体系和治理能力现代化[J]. 前线，（1）：5-8，13.
赵战军，谢梅. 2005. 我国农村公共产品供给的市场化途径[J]. 农村经济，（12）：23-25.
钟君. 2014. 减小改革“内轮差”[J]. 前线，（8）：14-16.
周晓丽，毛寿龙. 2008. 论我国公共文化服务及其模式选择[J]. 江苏社会科学，（1）：90-95.
周志忍. 2009. 认识市场化改革的新视角[J]. 中国行政管理，（3）：11-16.
朱旭光，郭晶晶. 2010. 双重失灵与公共文化服务体系建设[J]. 经济论坛，（3）：57-59.
竺乾威. 2008. 从新公共管理到整体性治理[J]. 中国行政管理，（10）：52-58.

第十二章　“智慧型”城市群公共服务治理逻辑与回应策略

随着我国越来越多城市群相继建立，我国正在逐步形成以城市群为主体的健康生态系统和经济发展格局。公共服务是城市群治理的核心内容，2014 年国务院印发的《国家新型城镇化规划（2014—2020 年）》提出，“建立完善跨区域城市发展协调机制”，“促进基础设施和公共服务设施共建共享”。但是从近年城市群内部现实来看，城市群公共服务数据融合问题正成为其发展的“死亡之谷”，这从三个方面得以体现：一是我国越来越多的城市开放政府数据并打造智慧城市，但数字政府之间的区域合作较少，难以实现数据区域合作治理；二是城市群中不同类型城市公共服务层次与水平差异显著，公共服务数据的碎片化现象严重，多源数据难以协同进而识别潜在价值；三是城市群公共服务数据结构失衡，缺乏有效公共服务数据反馈机制，难以捕捉识别城市群不同区域的公共服务需求。

随着数据挖掘技术、智能计算技术的应用和数据思维与动态网络系统的推广，城市群公共服务向以计算科学为导向的城市定量研究转型，基于大数据、信息通信技术（information communication technology，ICT）、智能决策的城市群公共服务得到更多关注，智慧城市群的概念便孕育而生。就其智慧概念向实体应用路径转型而言，城市群公共服务治理模式经历何种演进过程？机器学习所支撑的人工智能建模技能、深度学习模拟空间信息整合能力以及人机交互的城市复杂算法治理系统，将为智慧城市群数字决策、多城市空间信息流行为预测、创新公共服务供给制订方案提供何种路径支撑？由于固有多主体城市治理问题和传统供给模式的矛盾，智慧城市群视阈下的供给主体、供给结构、供给方式可能面临哪些困境？基于此，本章从城市群角度探究公共服务供给机制特征，借助大数据技术分析智慧城市群为公共服务供给带来的诸多机遇和现实困境，以及在人工智能趋势下推动城市群公共服务配置的因应策略。

第一节　智慧城市群的现代意涵与大数据技术耦合分析

智慧城市群的概念源于现代城市对绿色低碳经济、健康社会、环境可持续发展的追求，它是近年来智慧城市概念在空间组织上的扩散延伸。事实上，20 世纪末城市化进程中交通拥挤、环境污染和社会不平等的“大都市病”蔓延以后，智慧增长运动（the smart growth movement）提出的智慧治理（smart governance）理念便出现在各界学者和政府规划人员的未来设想之中（Neirotti et al.，2014），由此产生诸如数字化城市（digital cities）、知识城市（knowledge-cities）、创业城市（entrepreneurial cities）、低碳生态城市（low carbon eco-cities）、智能社区（intelligent communities）等相关概念（de Jong et al.，2015），初步认为信息通信技术是城市数字网络系统的中心功能，同时又强调人力资本（如研究型大学、知识密集型公司和公共机构）根据不同城市需求在信息网络系统中改善城市宜居性的作用，即培养城市的学习和创新能力（于文轩和许成委，2016）。到21 世纪初期，跨区域协作关系也非常显著地推动着城市智慧运动，提出诸如京都倡议书（The Kyoto Protocol）、IBM 智慧星球（Smart Planet）、欧洲 2020 战略（The Europe 2020 Strategy），将智慧技术与智慧行动提升到空间形态的新水平，以国家政府、城市和国际组织（如欧盟、非盟）为提供主体的智慧城市群雏形逐步出现（Kummitha and Crutzen，2017）。

在对智慧城市群的理解上，大数据在泛在网络、认知科学、空间地理信息、人工智能等领域取得突破性进展，大数据技术对智慧城市群下的社会治理及资源联动共享产生变革性影响，许多研究将大数据看作智慧城市群初级阶段的重要表征，即智慧城市群是以大数据为基础的互动过程，大数据作为智慧城市群建设的应有之义，不但是其掌握蕴含亟待挖掘潜在价值的复杂庞大信息存量，而且在其基于智能决策算法对存量和增量数据专业化处理和分析的全过程。在我国，“大数据”一词首次在2014 年《政府工作报告》中出现，此后“大数据”逐渐成为国家战略的定位出现在公众视野，其中，国务院分别在 2015 年 7 月和 8 月发布的《国务院办公厅关于运用大数据加强对市场主体服务和监管的若干意见》《促进大数据发展行动纲要》中对利用和发展大数据改进公共服务质量提出明确的发展方向与目标，进一步细化大数据发展部署，深化大数据在公共服务供给中的有效利用。

在大数据驱动下的城市群公共服务供给模式不但能够提升区域城市群公共服

务质量和均等化水平，而且能够促进区域社会稳定和经济协调发展，推动城市群向协同发展的智慧城市群、开放共享的国际化城市群转型，对于提升城市群治理的智能化水平意义深远。首先，推动公共服务治理主体由“单元”向“多元”转变。相似地域文化、不同差异等级的多元主体，依托大数据为基础的事实决策削弱“霸权式”话语体系，更精准真实反映城市群公共服务配置信息。其次，推动公共服务治理形式由“静态”向“动态”转变。随着区域合作的进一步深入，多个紧密联系城市之间的关联数据为城市群公共服务配置提供有利条件，大数据为多元主体城市及时获取区域不均衡公共服务信息提供技术支撑。最后，推动公共服务治理模式由“技术导向”向“社会需求”转变。大数据通过对城市群内部公民与组织差异情感的搜集、识别分析与表达，实现数据驱动下公共服务的人机交互，改变原有依靠纯数字错配公共服务资源现象，从而形成有效公共服务需求的反馈机制，进而实现智慧城市群建设。

第二节 基于大数据的智慧城市群公共服务治理功用

20 世纪 80 年代末，有学者讨论从数据走向智慧的逻辑演进关系，Rowley（2007）在此基础上提出智慧模型是具有层级关系的金字塔结构。智慧城市群公共服务治理既是一项公共管理活动，也是不断完善的公共管理的过程。智慧城市群公共服务治理是基于大数据逐级满足居民个性化、定制化需求的过程，在这种模式下，智慧城市群实现从隐性数据向显性数据的转变，具有催化经济增长、社会公平、环境保护的治理功效（Martin et al.，2018）。智慧城市群公共服务治理体系具有复杂性，它不是简单地由多个能级不同的政府部门、市场机制及社会组织提供公共服务的线性叠加过程，而是在此基础上形成的城际公共服务治理协作联动模式。党的十九大报告提出：“善于运用互联网技术和信息化手段开展工作”，“善于贯彻新发展理念，不断开创发展新局面”。国家实施的大数据战略，不但为智慧城市群公共服务供给协同优化提供新思路、新方法，而且有助于创新现代城市群的治理模式，提升现代城市群的治理能力。在智慧城市群公共服务治理的进程中，大数据技术成为“互联网+”时代跨区域治理的重要支撑。

一、智能识别多源数据与分流处理，筛选有效信息与数据管理

智慧城市群在新数据环境下每日产生海量数据，公共服务治理在智能识别多源数据超负荷计算的同时，也由于数据有效筛选和数据管理分析技术的延时性，

面临增量与提质的双重压力，表现在公共服务供给偏差的结构性矛盾上。整体性治理（holistic governance）是20世纪90年代佩里·希克斯提出的治理理念，它是对新公共管理理论中公共服务碎片化的修正和回应，强调以公民需求为导向，跨行政组织边界基础上的协调与整合。智慧城市群依托整体性治理理念，在大数据背景下实时收集、识别跨区域公共服务的多源数据，实现公共服务需求处理与信息加工，提供挖掘公共服务数据洪流的有效思路。首先，大数据利用多源数据建立基于云服务的分布式储存技术平台，替代传统计算机或电子设备的本地存储，进而使用虚拟化技术开发的云应用推动对数据的计算和评估（Hashem et al.，2016）。其次，集群计算（cluster computing）将数据分析云平台中各种类型信息资源和处理方法的新模式进行匹配，对半结构化或非结构化的公共服务需求进行数据归纳、统计、语义引擎、模型重组和分流处理。最后，云系统终端汇集已处理的数据信息进行二次整合，基于以往经验数据架构建模、推导、预测智慧城市群公共服务治理问题，构建智慧城市群网络虚拟模型分析公共服务配置趋势，精准定位智慧城市群公共服务区域布局、时空演变及资源配置效率。

二、模拟智慧城市群公共服务场景，辅助公共服务智能化决策

智慧城市群公共服务治理体系依赖于数字政府和电子政务的快速发展，受限于现代产业和高新技术的发展现状，其中不仅限于物理基础设施的建设，还取决于知识交流与社会基础设施的质量和可用性。当前高科技型智慧科技产业涉及智慧制造业、智慧服务业、智慧农业等诸多方面，不同企业在各自行业理性规范基础上，搭建和挖掘集模型评估、动态仿真、定量预测为一体的智能技术和决策规律，但是有研究表明，神经网络（neural network）、遗传算法（genetic algorithm）、人工蜂群（artificial bee colony）、布谷鸟搜索算法（cuckoo search algorithm）在知识科学领域是有效的，而且具有鲁棒性。换言之，这些智能算法的信效度和稳健性仅限于小数据集，它并不能适用于智慧城市群大数据分析，因为它们在数据容量增加时，数据的效率和稳健性会降低。此外，在公共服务领域，不同等级城市公共产品供给水平也会有显著差异，即使同一类型的公共产品由于高维规模数据和复杂性也能导致实际需求失真，智慧城市群在大数据时代下利用高质量特征数据分析公共服务需求面临考验。大数据与机器学习结合下的增强型分析（augmented analytics）、持续性智能（continuous intelligence）技术能够实时改善真实数据环境和模拟服务场景。鉴于数据科学领域的重大突破，将虚拟现实（virtual reality，VR）、空间分析等可视化流程应用于智慧城市群公共服务实践。因此，凭借大数据并行处理技术的不断推进，公共服务智能化决策水平也逐渐提高，根据区域组织的协调关系、自适应组合及运筹模拟，最优化模拟和处理

真实情境的城市群问题。

三、测度社会空间与生态环境系统，自适应调节公共服务情境

智慧城市群公共服务治理体系是以跨区域公共服务供给为核心的系统工程，该系统既包括以跨区域居民公共产品调配为导向的服务社会空间价值追求，也包括贯彻生态保护红线规定的绿色资源环境系统的互动平衡。在此公共服务治理体系中，社会行为系统与资源环境系统相互渗透，使得城市群依托传统数据资料管理价值判断难以把控动态系统变化。欧洲环境署提出分析环境问题的“驱动力–压力–状态–影响–响应”（driving force-pressure-state-impact-response，DFPSIR）框架，构建超越国家城市层级的跨区域治理环境公共服务的重要指标和措施（Yigitcanlar et al.，2015），以适应调节公共服务系统。

大数据既是智慧城市群公共服务治理的平台和工具，也是智慧城市群公共服务治理的对象和结果。大数据利用遥感技术自适应地模拟跨区域公共服务历史动态变化及生态环境时空演变，并利用数据库中的知识发现（knowledge discovery in database，KDD）和地理信息系统（geographic information system，GIS）空间分析功能，构建可视化城市群全景模型，使得区域间公共服务情景再现，智能分辨、识别、测度评估城市群公共服务质量和水平。此外，大数据实现多种信令等复杂信息的智能处理，自动捕捉社会空间及生态环境系统模糊情境，将以更加智慧的系统模拟运行并进行社会科学计算，从而根据“底线思维”生态安全空间格局完成智慧城市群社会治理目标。

第三节 智慧城市群下大数据治理公共服务的现实困境

大数据技术在智慧城市群公共服务供给中具有独特的治理功效，应用大数据资源在智慧城市群公共服务治理的同时，也会产生大数据驱动下的多层面公共服务决策的现实困境，本节就以下三个方面进行讨论。

一、多级主体大数据公共服务治理技术困境

城市在城镇化过程中会显现人口过度集中、资源依附发展、经济负外部性等承载问题。Albino 等（2015）认为，智慧治理意味着不同的利益相关者参与政策

制定和公共服务。从这个角度来看，治理的一个重要元素是跨区域和跨部门的合作，不同等级、不同城镇化发展阶段的多元城市主体在相互协作中达到主体间利益的最大化，但理念化的多主体公共服务治理格局却与现实情况存在较大差距，尤其是在智慧城市群发展背景之下，多级城市主体能否有效结合利用大数据技术，实现公共服务优化配置仍值得深思。首先，尽管现在多数地方城市在国家政策引导下最大限度地开放数据系统，但它们大多为城市部门、产业之间的静态存量数据，复杂的动态实时大数据捕获的技术和能力有限，实现多元城市主体之间的实时数据资源协同存在难度。其次，数据共享是搭建大数据网络云平台的基础，城市公共服务供给数据涉及地方政府机密、个人隐私等安全性问题，单个城市大数据云空间管理经验尚有限，且存在一定的安全风险，不同层级多元政府公共服务数据管理能力有别，多主体政府间的数据协同更存在技术难度和挑战。最后，就政府内部而言，现有的政府部门多为行政化倾向明显的机关组织，具备专业化数据挖掘、数值分析能力的社会组织也不成熟，更缺少智慧城市群共享信息平台和数据服务系统，特别是硬件基础设施与知识通信网络的有效集合，难以为智慧城市群发展提供精准度高的技术服务。

二、多级主体大数据公共服务治理结构困境

在智慧城市群时代，信息网络技术发展使虚拟世界和现实世界不断融合，它不但改变数据传播的规模和效率，而且更新人们的生活方式和行为习惯。人们对公共产品的需求不单通过政府统计数据评估反馈，每个人的公共服务体验及需求会不自觉地以网络动态信息数据形式发布，数据产业和公共服务大数据爆破性涌现发展造成数据形式的复杂性、混乱性及多样性，必然要求城市群公共服务供给能有更灵活开放的组织结构系统。

多级政府在智慧城市群架构下的公共服务供给在跨区域数据协商中实现共治，但是“自上而下”的纵向组织与分工难以适应智慧城市群公共服务的发展，此时传统经典“金字塔”结构的科层模式也出现单中心组织的治理困境，体现在城际政府沟通不畅、垂直治理结构僵化滞后、大数据格式标准和应用范围不同等方面。城市群内部之间数据共享传递阻碍重重，形成智慧城市群公共服务治理的孤岛效应和大数据传播的壁垒约束。面对在大数据时代下的跨区域公共服务供给需求，智慧城市群治理对数据信息的要求和依赖也越来越高，在微观层面，单核城市公共服务和政府部门利用大数据协同分析被看作对传统电子政务、电子治理的继承（黄璜和黄竹修，2015），而横向城际同类部门间的数据隔阂也影响公共部门决策的科学性，造成大数据资源的兼容问题和有效信息流动缺失，阻碍智慧城市群公共服务精细化治理的进一步提升。

三、多级主体大数据公共服务制度伦理困境

治理能力现代化是智慧城市群公共服务供给的保障，随着大数据思维和技术引入公共治理领域，城市群内多级主体能够通过数据聚集对公共服务供给过程、公共服务市场行为信息、社会组织公共服务供给效率进行分析并预测，这种可预见能力评估建立在优化算法原理之中，此时城市群公共服务智能决策过程时常会面临道德问题和伦理困境。首先，目前城市群内多级主体对公共服务治理的智慧化达成共识，但是却鲜有规范性城市群大数据公共服务配置的制度约束。在“经济人”假设下的城市主体会在公共服务利益矛盾时发生道德风险，制定的制度不仅包括城市主体供给公共服务的运营规则、程序和行动准则，同时也为城市群内相关利益主体提供符合跨区域文化认知共性的道德要求和伦理规范。其次，大数据技术在城市群公共服务智慧预测过程中，可能会伴随理性决策与民意决策矛盾。理性决策强调依托现代科学技术和理论方法上的决策选择过程，民意决策是侧重考虑民情、尊重民权的决策选择方案，它能够最大限度地满足公民利益。两者决策并不总是达到一致，特别是在大数据公共服务治理空间模拟仿真走向精准化、科学化的过程中，两者利益不一致时可能会出现多级政府选择困境，智慧城市群公共服务数据治理逻辑亟待在不同情境下进行验证。

第四节　智慧城市群下大数据公共服务治理的回应策略

为应对智慧城市群背景下的大数据公共服务所面临的一系列治理困境，必须重新规划多级城市主体在公共服务供给时的内外治理权限，培养多主体协同治理公共服务的数据思维，优化大数据时代公共服务治理的组织结构，完善智慧城市群公共服务治理现代化的道德伦理建设，消除大数据时代公共服务治理的诸多困境。

一、完善多级主体数据治理功能，协同公共服务治理格局

大数据技能是否能够促进城市群公共服务治理的转型，关键在于是否形成“互联网+”大数据时代的智慧城市群公共服务治理模式，这需要城市群内多级城市主体的协同参与，使各个城市内部公共服务供给的组织和部门以合作共赢的形式分解利益矛盾，建立具有大数据思维逻辑的跨区域公共服务治理技术平台，

进而提高多级城市主体公共服务协同治理能力和水平。

首先，构成城市群的多级城市行政部门要重视大数据战略的重要意义，充分认识城市群公共服务数据治理的设计理念，强调跨区域空间公共服务的数据意识和挖掘能力。不仅要求在大数据技术推动下进行跨区域合作行为，解决公共服务供给“碎片化”难题，更要用大数据技术实现多级主体的网上虚拟资源协同调配，模拟公共服务供给精细化配置过程并应用于实践。其次，传统公共服务信息化平台是为满足特定部门需求的闭源式管理平台，而大数据网络公共服务云平台是获取多级城市主体公共服务信息、搭建公共服务数据共享平台的桥梁，是迫切需要建立的公共服务现代化的综合信息服务设施。智慧城市群公共服务治理亟待建立数据衔接兼容的决策信息系统，既包括已有硬件通信基础设施的升级改造，也包括符合智慧城市群发展的物联网基础设施。最后，重视虚拟与现实空间公私边界的界限和划分，协调处理居民生活数据隐私保护和国家数据安全，强化数据共享的交叉区域边界职责，共同提升智慧城市群公共服务数据治理的安全指数和信息保护能力。

二、优化多级主体扁平治理结构，促成公共服务数据融合

大数据作为智慧城市群公共服务治理的技术手段，只能从数据分析、数值模拟、数字决策的角度提升公共服务治理的效率，却难以转变传统组织结构的治理模式弊端，而扁平化网络结构是推动智慧城市群公共服务与数据共享的新形态（汪超和刘涛，2017），它能有效拓宽城市群内不同等级城市公共服务的沟通渠道，积极动员城市群内的多个政府、市场、社会相互协作，形成智慧城市群范围的公共服务数据治理的新举措。

一方面，“众创众包、服务创新”是大数据时代城市公共服务治理的创新行为，这也为智慧城市群公共服务治理结构提供新思路（谭海波和孟庆国，2018）。众创众包将智慧城市群公共服务任务逐步分解为众多小任务，具有竞争优势和经验的组织成为公共服务供给方参与激励（Liu，2017），不同等级城市依据大数据资源对公共服务采用众包治理方案，能够有效集中不同城市的优势资源实现功能互补，同时依靠“多政府+多市场”组合提出智能化公共服务供给方案，推动智慧城市群协同伙伴关系建立，提升跨区域公共服务的质量。另一方面，面对数据相关产业发展和数据收集方式不断优化，建立公共数据信息服务协同处理机制，在智慧城市群公共服务大数据平台系统中制定统一的数据标准和规格，对人们生产生活中公共服务的多源异构数据实行互通互联，消除行政条块化格局造成的数据壁垒缺陷。此外，针对不同算法的城市群公共服务的大数据应用情境及适用范围，不断对城市、资源、环境系统的模拟共生和可持续发展进行模

拟和评估，进而改进算法，提升城市群公共服务的智慧化水平。

三、制定多级主体数据治理政策，修复公共服务道德伦理

政策是城市群公共服务体系正常运转的依据，也是大数据时代下公共服务治理现代化的关键因素。制定政策是政府机关为解决城市治理问题而执行的规制性机制，其核心是如何将公共难题化解为智慧锦囊，特别是面对城市群背景下的公共服务数据治理，既有跨区域数据共建共享问题，也存在新技术革命冲击下的衔接困境。首先，在大数据时代下的城市群公共服务供给模式变革必将使原有公共服务治理体系产生道德风险和技术难题，有必要对智慧城市群建设中的相关风险提出防范措施和约束机制，多级城市主体的行政部门需要及时出台达成一致的跨区域公共服务共建法律法规，设立比较完善的大数据动态监管标准和行为约束制度。其次，作为智慧城市群公共服务的大数据本就是一项新兴治理工具，需要对利益相关者的思想观念和道德意识进行更新，避免大数据技术应用于城市群公共服务治理出现的伦理误区和投机行为之中。最后，人们在公共生活中都将成为数据制造者，海量数据将有可能形成公共服务需求导向标，但同时也对人们生活隐私产生潜在威胁，需要考量数据相关产业的资格认证和准入机制，提升相关单位数据使用门槛，实现多目标价值平衡。

参考文献

常江，魏学瀚，刘伟. 2018. 大数据背景下智慧城市三维分类建设路径研究[J]. 科技进步与对策，35（24）：13-19.

黄璜，黄竹修. 2015. 大数据与公共政策研究：概念、关系与视角[J]. 中国行政管理，（10）：25-30.

李磊，马韶君，代亚轩. 2020. 从数据融合走向智慧协同：城市群公共服务治理困境与回应[J]. 上海行政学院学报，21（4）：47-54.

刘晓洋. 2017. 大数据驱动公共服务供给的变革向度[J]. 北京行政学院学报，（4）：73-79.

孙轩，孙涛. 2018. 基于大数据的城市可视化治理：辅助决策模型与应用[J]. 公共管理学报，15（2）：120-129，158，159.

谭海波，孟庆国. 2018. 政府3.0：大数据时代的政府治理创新[J]. 学术研究，（12）：57-61.

汪超，刘涛. 2017. 大数据与城市群：智慧引擎、融合实践与整合改革[J]. 电子政务，（6）：16-22.

于文轩，许成委. 2016. 中国智慧城市建设的技术理性与政治理性——基于 147 个城市的实证分析[J]. 公共管理学报，13（4）：127-138，159，160.

张翔. 2018.“复式转型”：地方政府大数据治理改革的逻辑分析[J]. 中国行政管理，（12）：37-41.

Ackoff R L. 1989. From data to wisdom[J]. Journal of Applied Systems Analysis，16（1）：3-9.

Albino V，Berardi U，Dangelico R M. 2015. Smart cities：definitions，dimensions，performance，and initiatives[J]. Journal of Urban Technology，22（1）：3-21.

Caragliu A，Bo C D，Nijkamp P. 2009. Smart cities in Europe[J]. Journal of Urban Technology，18（48）：45-59.

de Jong W M，Joss S，Schraven D，et al. 2015. Sustainable-smart-resilient-low carbon-eco-knowledge cities；making sense of a multitude of concepts promoting sustainable urbanization[J]. Journal of Cleaner Production，109（16）：25-38.

Dizdaroglu D. 2015. Developing micro-level urban ecosystem indicators for sustainability assessment[J]. Environmental Impact Assessment Review，54：119-124.

Hall P A，Taylor R C R. 1996 . Political science and the three new institutionalisms[J]. Political Studies，44：936-957.

Hashem I A T，Chang V，Anuar N B，et al. 2016. The role of big data in smart city[J]. International Journal of Information Management，36（5）：748-758.

Hashem I A T，Yaqoob I，Anuar N B，et al. 2015. The rise of“big data”on cloud computing：review and open research issues[J]. Information Systems，47：98-115.

Kummitha R K R，Crutzen N. 2017. How do we understand smart cities？An evolutionary perspective[J]. Cities，67：43-52.

Liu H K. 2017. Crowdsourcing government：lessons from multiple disciplines[J]. Public Administration Review，77（5）：656-667.

Martin C J，Evans J，Karvonen A. 2018. Smart and sustainable？Five tensions in the visions and practices of the smart-sustainable city in Europe and North America[J]. Technological Forecasting and Social Change，133：269-278.

Neirotti P，de Marco A，Cagliano A C，et al. 2014. Current trends in smart city initiatives：some stylised facts[J]. Cities，38：25-36.

Rowley J. 2007. The wisdom hierarchy：representations of the DIKW hierarchy[J]. Journal of Information Science，33（2）：163-180.

Tsihrintzis G A，Virvou M，Jain L C. 2016. intelligent computing systems[J]. Studies in Computational Intelligence，627：1-4.

Yigitcanlar T，Dur F，Dizdaroglu D. 2015. Towards prosperous sustainable cities：a multiscalar urban sustainability assessment approach[J]. Habitat International，45：36-46.